普通高等院校物流管理与工程类专业系列教材

现代物流学概论

主 编 彭 扬 骆丽红 陈金叶

北京理工大学出版社
BEIJING INSTITUTE OF TECHNOLOGY PRESS

内 容 简 介

本书系统地阐述了物流的基本概念、基本理论和基本方法，旨在让学生通过学习，能够正确理解物流学的基本概念，了解物流学的历史沿革和发展趋势，掌握物流要素的基本组成以及物流系统、企业物流管理、物流战略和物流规划、物流成本管理、供应链管理、第三方物流以及物流产业等相关基础理论知识和实践应用，以奠定读者继续学习物流专业知识的基础，提高读者从事物流管理职业的兴趣。

本书可作为物流管理、物流工程及经济管理类专业本科及高职高专学生的教学用书，同时也可作为研究生和企业物流管理人员的业务学习参考书。

版权专有　侵权必究

图书在版编目（CIP）数据

现代物流学概论 / 彭扬，骆丽红，陈金叶主编. -- 北京：北京理工大学出版社，2022.3（2022.4 重印）
　ISBN 978-7-5763-1073-3

　Ⅰ. ①现… Ⅱ. ①彭… ②骆… ③陈… Ⅲ. ①物流-高等学校-教材 Ⅳ. ①F25

中国版本图书馆 CIP 数据核字（2022）第 033940 号

出版发行 /	北京理工大学出版社有限责任公司
社　　址 /	北京市海淀区中关村南大街 5 号
邮　　编 /	100081
电　　话 /	（010）68914775（总编室）
	（010）82562903（教材售后服务热线）
	（010）68944723（其他图书服务热线）
网　　址 /	http：//www.bitpress.com.cn
经　　销 /	全国各地新华书店
印　　刷 /	北京国马印刷厂
开　　本 /	787 毫米×1092 毫米　1/16
印　　张 /	16.25
字　　数 /	341 千字
版　　次 /	2022 年 3 月第 1 版　2022 年 4 月第 2 次印刷
定　　价 /	49.00 元

责任编辑 / 王晓莉
文案编辑 / 王晓莉
责任校对 / 周瑞红
责任印制 / 李志强

图书出现印装质量问题，请拨打售后服务热线，本社负责调换

前言

我国于20世纪70年代末从国外引入"物流"概念，80年代开展物流启蒙和宣传普及教育，90年代物流起步，21世纪初物流"热"开始升温。从中央到地方，已充分认识到现代物流业在国民经济中的重要地位和作用，明确指出要将现代物流培育成国民经济发展的重要产业和新的经济增长点。在21世纪，"谁掌握了物流和配送，谁就掌握了市场"，物流是"第三利润来源"，"物流管理是提高企业核心竞争力和经济效益的有效途径"，已经成为人们新的共识。

物流管理是西方现代管理的重要组成部分，经过半个多世纪的发展演变，在美国、英国等西方国家已形成完善的体系，国外许多著名大学开设了与物流有关的专业、相关课程或职业培训课程。我国受早期计划经济的影响和整体经济发展水平的制约，现代物流的发展起步较晚，大约在20世纪末，有关现代物流的概念和管理思想才开始普及，迅速实现广泛应用。

要真正理解物流，认识物流的重要性，需要有一个过程，在这个过程中不可避免地会遇到或多或少的问题，其中，对物流系统概念与物流基础理论的正确认识和把握不可缺失。目前，有关物流管理概论的书籍比较多，但考虑到物流理论与实践发展都比较快，同时也基于使用者的知识基础和学习特点，本书力图为读者提供关于物流理论与实践的起源、发展和企业运作的比较全方位的介绍，并尽量保证知识的系统性和新颖性，在理论阐述时，配备了较多的实际案例，并通过复习思考题的形式引起读者的思考和探索。相信本书的出版对读者认识和了解现代物流，进一步从事物流理论研究与实践运作，将起到非常积极的作用。

本书由浙江工商大学彭扬、浙江广厦建设职业技术大学骆丽红、浙江经济职业技术学院陈金叶编写，编者基于长期从事物流专业教学与研究的经验，汲取现代物流的最新进展，根据理论与实践相结合的原则进行撰写。本书在编写过程中，得到了多位物流管理专业教师的宝贵建议，物流专业研究生李美华帮助收集和整理了许多资料，在此一并表示感谢。在成稿过程中，参考了大量相关的书籍、论文、报刊、网站的资料，在此对其作者深表敬意，他们的观点和材料使本书编者受益匪浅，编者已尽可能在参考文献中列出，谨对他们表示衷心的谢意，但难免也有所疏漏，敬请谅解。

由于物流知识仍在不断发展和完善当中，更由于编者水平有限，成稿时间仓促，书中表述难免出现疏忽和谬误，敬请各位专家、读者提出批评意见，并及时反馈给作者，以便逐步完善（联系邮箱：pengyang@mail.zjgsu.edu.cn）。

编　者

2021 年 4 月

目录

第1章 物流概述 …………………………………………………………… (1)

  1.1 物流的基本概念与演变 ………………………………………… (1)

    1.1.1 物流的定义 ……………………………………………… (1)

    1.1.2 物流概念的演变 ………………………………………… (3)

  1.2 物流的发展过程 ………………………………………………… (4)

    1.2.1 实物分销阶段 …………………………………………… (4)

    1.2.2 物流开发阶段 …………………………………………… (4)

    1.2.3 物流现代化阶段 ………………………………………… (5)

  1.3 物流基本功能要素 ……………………………………………… (5)

    1.3.1 运输活动 ………………………………………………… (5)

    1.3.2 储存活动 ………………………………………………… (6)

    1.3.3 包装活动 ………………………………………………… (6)

    1.3.4 装卸搬运活动 …………………………………………… (6)

    1.3.5 流通加工活动 …………………………………………… (7)

    1.3.6 配送活动 ………………………………………………… (7)

    1.3.7 物流信息活动 …………………………………………… (7)

  1.4 物流的分类 ……………………………………………………… (8)

    1.4.1 按物流的作用分类 ……………………………………… (8)

    1.4.2 按物流系统性质分类 …………………………………… (9)

    1.4.3 按照物流活动的空间分类 ……………………………… (9)

  1.5 物流的价值与特点 ……………………………………………… (10)

    1.5.1 物流的宏观价值 ………………………………………… (10)

    1.5.2 物流的微观价值 ………………………………………… (11)

    1.5.3 现代物流与传统物流 …………………………………… (12)

第2章 物流系统与其功能要素 …………………………………………… (19)

  2.1 物流系统概述 …………………………………………………… (20)

2.1.1　物流系统的含义 ………………………………………………………… (20)
　　2.1.2　物流系统构成要素 ……………………………………………………… (20)
2.2　物流系统的目标与特征 …………………………………………………………… (23)
　　2.2.1　物流系统的目标 ………………………………………………………… (23)
　　2.2.2　物流系统的特征 ………………………………………………………… (24)
2.3　物流系统的基本结构 ……………………………………………………………… (25)
　　2.3.1　物流系统的流动结构 …………………………………………………… (25)
　　2.3.2　物流系统的功能结构 …………………………………………………… (25)
　　2.3.3　物流系统的治理结构 …………………………………………………… (26)
　　2.3.4　物流系统的网络结构 …………………………………………………… (28)
2.4　物流系统常用技术 ………………………………………………………………… (30)
　　2.4.1　仿真技术 ………………………………………………………………… (30)
　　2.4.2　最优化技术 ……………………………………………………………… (31)
　　2.4.3　分解协调技术 …………………………………………………………… (31)
2.5　物流系统化 ………………………………………………………………………… (32)
　　2.5.1　物流系统化的含义 ……………………………………………………… (32)
　　2.5.2　物流系统化的目标 ……………………………………………………… (32)
　　2.5.3　物流系统合理化 ………………………………………………………… (33)
　　2.5.4　物流系统分析 …………………………………………………………… (33)

第3章　运输与配送 …………………………………………………………………… (38)

3.1　运输的内涵与作用 ………………………………………………………………… (39)
　　3.1.1　运输的内涵 ……………………………………………………………… (39)
　　3.1.2　运输的地位和作用 ……………………………………………………… (39)
3.2　运输方式及其特点 ………………………………………………………………… (40)
　　3.2.1　铁路运输 ………………………………………………………………… (41)
　　3.2.2　公路运输 ………………………………………………………………… (41)
　　3.2.3　水路运输 ………………………………………………………………… (42)
　　3.2.4　航空运输 ………………………………………………………………… (42)
　　3.2.5　管道运输 ………………………………………………………………… (42)
　　3.2.6　综合运输 ………………………………………………………………… (42)
3.3　运输合理化 ………………………………………………………………………… (43)
　　3.3.1　不合理运输形式 ………………………………………………………… (43)
　　3.3.2　运输合理化内涵 ………………………………………………………… (45)
　　3.3.3　运输合理化措施 ………………………………………………………… (46)
　　3.3.4　运输性能评价 …………………………………………………………… (48)
3.4　配送概述 …………………………………………………………………………… (50)
　　3.4.1　配送的定义与内涵 ……………………………………………………… (50)
　　3.4.2　配送的作用 ……………………………………………………………… (51)
　　3.4.3　配送的类型 ……………………………………………………………… (51)

3.5 配送服务与配送合理化 (57)
3.5.1 配送功能要素 (57)
3.5.2 配送服务模式 (58)
3.5.3 不合理配送的表现形式 (59)
3.5.4 配送合理化 (60)
3.6 配送中心概述 (63)
3.6.1 配送中心概念 (63)
3.6.2 配送中心的功能 (63)
3.6.3 配送中心的种类 (63)
3.6.4 配送中心的核心工艺 (65)
3.6.5 配送中心的运作与管理 (67)

第4章 仓储与库存控制 (71)
4.1 仓储的概念及功能 (72)
4.1.1 仓储的概念 (72)
4.1.2 仓储的功能 (73)
4.2 仓储作业管理 (74)
4.2.1 仓储技术作业过程 (75)
4.2.2 仓库入库作业管理 (75)
4.2.3 仓库保管作业管理 (78)
4.2.4 仓库出库作业管理 (80)
4.3 仓储组织 (81)
4.3.1 仓储作业组织 (82)
4.3.2 仓储管理组织 (82)
4.4 库存 (83)
4.4.1 库存的概念 (83)
4.4.2 库存的类型 (84)
4.5 库存控制系统 (85)
4.5.1 库存控制系统概念与要素 (85)
4.5.2 库存控制系统目标 (86)
4.5.3 库存控制系统的若干制约条件 (86)
4.6 库存控制方法 (87)
4.6.1 经济批量订货的库存控制 (87)
4.6.2 定量库存控制的运作 (89)
4.6.3 定期库存控制的运作 (91)
4.6.4 定量库存控制与定期库存控制的比较与运用 (92)
4.6.5 ABC库存分类管理法 (93)

第5章 包装、流通加工与装卸搬运 (99)
5.1 包装 (100)
5.1.1 包装概述 (100)

  5.1.2 包装的功能 …………………………………………………………………… (100)
  5.1.3 包装的种类 …………………………………………………………………… (100)
  5.1.4 包装合理化 …………………………………………………………………… (101)
  5.1.5 包装管理与包装设计 ………………………………………………………… (102)
  5.1.6 包装的操作技法 ……………………………………………………………… (105)
  5.1.7 现代化物流包装 ……………………………………………………………… (107)
 5.2 流通加工 ……………………………………………………………………………… (108)
  5.2.1 流通加工的内涵 ……………………………………………………………… (108)
  5.2.2 流通加工类型 ………………………………………………………………… (109)
  5.2.3 流通加工合理化 ……………………………………………………………… (111)
 5.3 装卸搬运 ……………………………………………………………………………… (112)
  5.3.1 装卸搬运概述 ………………………………………………………………… (112)
  5.3.2 装卸搬运方式 ………………………………………………………………… (114)
  5.3.3 装卸搬运合理化原则 ………………………………………………………… (115)
  5.3.4 装卸搬运机械及工具合理配置 ……………………………………………… (116)
  5.3.5 现代装卸搬运系统 …………………………………………………………… (118)

第6章 物流信息管理 …………………………………………………………………… (121)

 6.1 信息流与物流管理 …………………………………………………………………… (122)
  6.1.1 一体化的四流 ………………………………………………………………… (122)
  6.1.2 物流信息的种类 ……………………………………………………………… (123)
  6.1.3 物流信息特点 ………………………………………………………………… (124)
  6.1.4 物流信息的作用 ……………………………………………………………… (124)
  6.1.5 物流系统与物流信息的关系 ………………………………………………… (124)
 6.2 物流信息系统 ………………………………………………………………………… (126)
  6.2.1 物流信息系统内涵 …………………………………………………………… (126)
  6.2.2 物流信息系统的功能 ………………………………………………………… (127)
  6.2.3 物流信息系统的层次结构 …………………………………………………… (129)
 6.3 常用物流信息技术 …………………………………………………………………… (130)
  6.3.1 数据库（DB）技术 …………………………………………………………… (130)
  6.3.2 条形码系统 …………………………………………………………………… (132)
  6.3.3 射频及标签系统 ……………………………………………………………… (134)
  6.3.4 销售时点信息系统 …………………………………………………………… (137)
  6.3.5 电子数据交换系统 …………………………………………………………… (137)
  6.3.6 地理信息系统 ………………………………………………………………… (138)
  6.3.7 全球卫星定位系统 …………………………………………………………… (139)
  6.3.8 智能运输系统 ………………………………………………………………… (139)

第7章 国际物流 …………………………………………………………………………… (143)

 7.1 国际物流概述 ………………………………………………………………………… (144)
  7.1.1 国际物流的含义及特点 ……………………………………………………… (144)

7.1.2　国际物流的产生和发展 …………………………………………………… (145)
　　7.1.3　国际物流的基本分类 …………………………………………………… (146)
7.2　国际物流系统 ………………………………………………………………………… (146)
　　7.2.1　国际物流系统的组成 …………………………………………………… (146)
　　7.2.2　国际物流系统网络 ……………………………………………………… (149)
　　7.2.3　国际物流运输线路 ……………………………………………………… (150)
7.3　国际物流运作 ………………………………………………………………………… (153)
　　7.3.1　国际物流运作的主要业务 ……………………………………………… (153)
　　7.3.2　国际物流运作的主要环节 ……………………………………………… (156)
7.4　国际物流的发展 ……………………………………………………………………… (157)
　　7.4.1　集装箱运输的发展方向 ………………………………………………… (157)
　　7.4.2　国际物流发展的支撑体系 ……………………………………………… (158)

第8章　供应链管理 …………………………………………………………………… (162)

8.1　供应链概述 …………………………………………………………………………… (163)
　　8.1.1　供应链的定义 …………………………………………………………… (163)
　　8.1.2　供应链的结构模型 ……………………………………………………… (163)
　　8.1.3　供应链的特征 …………………………………………………………… (164)
8.2　供应链管理 …………………………………………………………………………… (165)
　　8.2.1　供应链管理的概念 ……………………………………………………… (165)
　　8.2.2　供应链管理产生的背景 ………………………………………………… (165)
　　8.2.3　供应链管理模式 ………………………………………………………… (165)
　　8.2.4　供应链管理的作用 ……………………………………………………… (166)
　　8.2.5　供应链管理的发展 ……………………………………………………… (167)
　　8.2.6　供应链管理的基本特征 ………………………………………………… (167)
　　8.2.7　供应链管理的原理 ……………………………………………………… (168)
　　8.2.8　供应链管理的发展趋势 ………………………………………………… (170)
8.3　供应链管理的基本内容 ……………………………………………………………… (170)
　　8.3.1　供应链管理的主要领域 ………………………………………………… (170)
　　8.3.2　供应链管理的主要内容 ………………………………………………… (171)
　　8.3.3　企业供应链管理面临的转变 …………………………………………… (172)
　　8.3.4　供应链管理实施的基本步骤 …………………………………………… (174)
8.4　供应链管理方法 ……………………………………………………………………… (175)
　　8.4.1　联合库存管理 …………………………………………………………… (175)
　　8.4.2　供应商掌握库存 ………………………………………………………… (176)
　　8.4.3　供应链运输管理 ………………………………………………………… (176)
　　8.4.4　连续补充货物 …………………………………………………………… (177)
　　8.4.5　快速反应与有效客户反应 ……………………………………………… (177)
　　8.4.6　电子化、信息化 ………………………………………………………… (178)
　　8.4.7　物流业务外包 …………………………………………………………… (178)

第9章 企业物流管理 (181)
9.1 企业物流及其经营模式 (182)
9.1.1 企业物流 (182)
9.1.2 物流自营方案 (186)
9.1.3 物流外包方案 (186)
9.1.4 物流联盟方案 (187)
9.1.5 企业物流模式选择 (188)
9.2 企业物流组织结构 (189)
9.2.1 物流组织结构的概述 (189)
9.2.2 企业物流组织结构形式 (189)
9.3 企业采购与供应物流管理 (192)
9.3.1 供应采购的重要性 (192)
9.3.2 采购流程 (193)
9.3.3 采购原则 (193)
9.3.4 现代采购技术 (194)
9.3.5 供应商管理 (195)
9.4 企业生产物流管理与优化 (196)
9.4.1 企业生产物流管理基础 (196)
9.4.2 企业生产物流计划 (197)
9.4.3 生产物流控制 (197)
9.4.4 生产物流的系统化改造 (198)
9.5 销售物流管理 (199)
9.5.1 销售物流概述 (199)
9.5.2 销售物流的流程与功能 (200)
9.5.3 销售物流服务 (201)
9.5.4 销售物流控制 (203)
9.5.5 销售物流的管理 (206)
9.5.6 分销需求计划 (207)
9.6 逆向物流管理 (208)
9.6.1 逆向物流定义与分类 (209)
9.6.2 逆向物流经营模式 (212)

第10章 物流发展 (215)
10.1 电子商务物流 (216)
10.1.1 电子商务物流的概述 (216)
10.1.2 电子商务物流的特点 (216)
10.1.3 电子商务物流的主要模式 (217)
10.1.4 电子商务物流的业务流程 (218)
10.2 智慧物流 (219)
10.2.1 智慧物流的概念 (219)

10.2.2　智慧物流的发展现状 ……………………………………………………（220）
　　10.2.3　智慧物流未来趋势 …………………………………………………………（222）
10.3　冷链物流 ………………………………………………………………………………（226）
　　10.3.1　冷链物流的概念 ……………………………………………………………（226）
　　10.3.2　冷链物流的构成 ……………………………………………………………（227）
　　10.3.3　冷链物流的分类 ……………………………………………………………（227）
　　10.3.4　冷链物流的特点 ……………………………………………………………（228）
10.4　精益物流 ………………………………………………………………………………（230）
　　10.4.1　精益物流的概念 ……………………………………………………………（230）
　　10.4.2　精益物流的特点 ……………………………………………………………（230）
　　10.4.3　精益物流的实施 ……………………………………………………………（231）
10.5　绿色物流 ………………………………………………………………………………（232）
　　10.5.1　绿色物流产生背景 …………………………………………………………（232）
　　10.5.2　绿色物流的概念 ……………………………………………………………（233）
　　10.5.3　绿色物流的特征 ……………………………………………………………（233）
　　10.5.4　绿色物流的实施 ……………………………………………………………（234）
10.6　物流发展趋势 …………………………………………………………………………（234）
　　10.6.1　产业布局：新的物流中心伴随产业转移而兴起 …………………………（235）
　　10.6.2　产业分工：物流产业由水平分工转向垂直分工 …………………………（235）
　　10.6.3　运营模式：物流管理与设施"软""硬"分离 ……………………………（236）
　　10.6.4　产业驱动力：物流的经济效益与社会环境效益趋于一致 ………………（236）

参考文献 ………………………………………………………………………………………（244）

第 1 章 物流概述

学习目标

本章从物流的起源开始论述，介绍了物流的基本概念、物流活动的构成、物流的不同分类方法、物流的价值以及现代物流的一些理念，主要的知识点和学习目标包括：
1. 理解物流的源起及发展意义。
2. 理解物流对于社会经济的价值。

案例导入

沃尔玛（Wal-Mart）公司是全世界零售业年销售收入位居第一的巨头企业，多年来居"全球500强企业排行榜"冠军。一个成立于1962年阿肯色州罗杰斯城的小商店，经过三四十年的发展，已变成有几千个商店，总营业额超过1 600亿美元的跨国公司，成为世界最大的零售商。投资人在1970年投入1 650美元，现在已经增长到430亿美元，沃尔玛"不灭的神话"，是现代化的物流技术和高科技战略创造的。

思考：什么是物流？物流是如何在经济活动中发挥其巨大的潜能？物流的发展情况如何？本章从认识物流的基本概念入手，进入这一有着强大生命力和广阔发展前景的领域。

1.1 物流的基本概念与演变

1.1.1 物流的定义

物流概念随着时间的推移有一定的变化，亦即广义（Logistics）与狭义（Physical Distribution）的区分。最初的物流概念主要侧重于商品物质移动的各项机能，即发生在商品流通领域中的在一定劳动组织条件下凭借载体从供应方向需求方的商品实体定向移动，是在流通的两个阶段（G-W，W-G，即货币—商品，商品—货币）上发生的所有商品实体的实际流动。显然这种物流是一种商业物流或销售物流，它作为一种狭义的物流具有明显的"中介性"，是连接生产与消费的手段，直接受商品交换活动的影响和制约，只有在商品交换时才会出现，不会永恒存在，具有一定的时间性。

进入 20 世纪 80 年代以后，随着社会经济的高速发展，物流所面临的经济环境有了很大变化，狭义的物流概念受到了前所未有的挑战和批判，一是传统的狭义物流观念只重视商品的供应过程，而忽视了与生产有关的原材料和部件的调达物流，而后者在增强企业竞争力方面处于重要的地位，因为原材料以及部件的调达直接关系到生产的效率、成本和创新，诸如日本丰田公司的生产管理首先从原材料和部件生产、调达上入手；二是传统的物流是一种单向的物质流通过程，即商品从生产者手中转移到消费者手中，而没有考虑商品消费之后包装物或包装材料等废弃物品的回收以及退货所产生的物流活动；三是传统物流只是生产销售活动的附属行为，并主要在于物质商品的传递，从而忽视了物流对生产和销售在战略上的能动作用，特别是以日本为主的 Just-in-time（JIT）生产管理体系在世界范围内推广后，以时间为中心的竞争愈益重要，并且物流行为直接决定了生产决策。

与上述环境的变化和对传统物流的批判相对应，1984 年美国物流管理协会正式将物流这一概念从 Physical Distribution 改为 Logistics，并将现代物流定义为"为了符合顾客的需求，将原材料、半成品、产成品以及相关的信息从发生地向消费地流动的过程，以及为使保管能有效、低成本地进行而从事的计划、实施和控制行为"。这个定义强调顾客满意度、物流活动的效率性，以及将物流从原来的销售物流扩展到了调达、企业内和销售物流等更广领域。

随着物流科学的迅速发展，世界许多国家的专业研究机构、管理机构以及物流研究专家对物流概念给出了不同的定义。

德国物流协会认为，物流是"有计划地将原材料、半成品和产成品由生产地送至消费地的所有流通活动，其内容包括为用户服务、需求预测、情报信息联系、物料搬运、订单处理、选址、采购、包装、运输、装卸、废料处理及仓库管理等"。

日本通产省运输综合研究所对物流的定义十分简单，认为物流是"商品从卖方到买方的全部转移过程"。

1999 年，联合国物流委员会对物流作了新的界定：物流是为了满足消费者需要而进行的从起点到终点的原材料、中间过程库存、最终产品和相关信息有效流动和存储计划、实现和控制管理的过程。这个定义强调了从起点到终点的过程，提高了物流的标准和要求，确定了未来物流的发展，较传统的物流概念更为明确。

美国物流管理权威机构——美国物流管理协会 2001 年对物流（Logistics）的最新定义原文如下："Logistics is that part of the supply chain process that plans, implements, and controls the efficient, effective forward and reverse flow and storage of goods, services, and related information between the point of origin and the point of consumption in order to meet customers' requirements." 即物流是供应链过程的一部分，它是对商品、服务及相关信息在起源地到消费地之间有效率和有效益地正向和反向移动与存储进行的计划、执行与控制，其目的是满足客户要求。

《中华人民共和国国家标准·物流术语》（GB/T 18354—2021）中对物流的定义是：根据实际需要，将运输、储存、装卸、搬运、包装、流通加工、配送、信息处理等基本功能实施有机结合，使物品从供应地向接收地进行实体流动的过程。

还有一些专家提出了物流的"7R"定义，认为物流就是"以恰当数量（Right

Quantity）和恰当质量（Right Quality）的恰当产品（Right Product），在恰当的时间（Right Time）和恰当的地点（Right Place），以恰当的成本（Right Cost）提供给恰当的消费者（Right Customer）"的过程。在该定义中，用了7个恰当（Right），故称作"7R"，该定义揭示了物流的本质，有助于我们对物流概念的理解。

1.1.2 物流概念的演变

物流概念的发展经过了漫长而曲折的过程，回顾物流的发展历程并理解历史上经典的物流概念，不仅有利于人们了解物流的发展规律，更有利于全面深入地理解物流的内涵。

以詹姆士·约翰逊（James C. Johnson）和唐纳德·伍德（Donald F. Wood）为代表的学者认为"物流一词首先用于军事"，1905年美国少校琼斯·贝克（Chauncey B. Baker）认为"那个与军备的移动和供应相关的战争艺术的分支就叫物流（Logistics，国内也翻译为'后勤'）"。

英国克兰菲尔德物流与运输中心（Cranfield Center for Logistics and Transportation，CCLT）主任、资深物流与市场营销专家马丁·克里斯多夫（Martin Christopher）教授认为，阿奇·萧（Arch W. Shaw）是最早提出物流（Physical Distribution）概念并进行实际探讨的学者。阿奇·萧在1915年哈佛大学出版社出版的《市场流通中的若干问题》一书中指出："创造需求与实物供给的各种活动之间的关系说明存在平衡性和依赖性两个原则。""物流是与创造需求不同的一个问题……流通活动中的重大失误都是创造需求与物流之间缺乏协调造成的。"

1916年，L. D. H. Weld在《农产品的市场营销》中指出，市场营销的效用中包括时间效用、场所效用、所有权效用和营销渠道的概念，从而肯定了物流在创造产品的市场价值中的时间价值及场所价值中的重要作用。

1922年，克拉克（F. E. Clark）在《市场营销原理》中将市场营销定义为：影响商品所有权转移的活动和包括物流的活动。

1935年，美国销售协会对物流进行了定义："物流是包含于销售之中的物质资料和服务从生产地点到消费地点的流动过程中，伴随的种种经济活动。"

美国韦勃斯特大词典在1963年把后勤定义为"军事装备物资、设施与人员的获取、供给和运输"。

1970年，美国空军在一份技术报告中对后勤学下的定义是：后勤学即"计划和从事部队的输送、补给和维修的科学"。日本将引进的后勤学译为"兵站学"，并将其含义表述为"除了军需资料的订购、生产计划、采买、库存管理、配给、输送、通用外，还包括规格化、品质管理等军事作战行动所必需的资材管理"。

美国学者鲍尔索克斯（Donald J. Bowersox）在1974年出版的《后勤管理》一书中，将后勤管理定义为"以卖主为起点将原材料、零部件与制成品在各个企业间有策略地加以流转，最后达到用户其间所需要的一切活动的管理过程"。这时后勤一词已经不仅仅是军事上的含义了。

1981年在美国出版的《后勤工程与管理》是用于大学生和研究生课堂教学的教科书，书中引用了美国工程师学会（The Society of Logistics Engineers，SOLE）对后勤学的定义，即"对于保障的目标、计划及其设计和实施的各项要求，以及资源的供应和保持等有关的管理、工程与技术业务的艺术与科学"。

1.2 物流的发展过程

物流发展也反映了经济社会的发展,也是人们在不同时期对物流认识过程的反映。物流的发展过程,大体上经历了三个不同的阶段,即实物分销阶段、物流开发阶段和物流现代化阶段。

1.2.1 实物分销阶段

物流分拨阶段是指 20 世纪 50 年代前后的一段时间。在这一时期,美国将物流称为"实物分销(Physical Distribution)",其物流运作内容也停留在这一层面上。

当时,社会的专业化分工发展程度不高,生产与流通被界定为两个不太相关的领域,生产企业的精力主要集中在产品的开发与生产上,管理的重点是如何开发新的产品、如何保证产品质量等,对物流在产品成本方面的作用缺乏充分认识,重生产轻流通。随着社会经济的不断发展,生产和生活消费对物质产品需求数量的增加,生产过程与流通之间有机协调的不足,迫使人们逐渐重视物流的研究和物流管理工作。如,日本在第二次世界大战后的国民经济恢复初期,物流尚未被人们认识,运输、储存、包装等物流环节在流通过程中基本是分散管理,而生产过程中的物流活动更未引起重视。随着战时经济向和平经济的转变,物流管理和货物运输严重落后的问题日益暴露,各企业、商社之间无法协调配合,使供销、运输、储存等方面出现了许多矛盾,造成物质产品积压和市场短缺同时存在、损坏率高、运输流向不合理等现象。这些问题成为影响当时日本经济发展的一个重要原因,为此,日本组织考察团去美国进行实地考察,引进物流管理技术,并将"物资分拨"起名为"物流"。

1.2.2 物流开发阶段

物流开发阶段的标志是经济学界和实业界对物流的重要性有了较为深刻的认识,并推动了整个经济社会的物流开发,这一阶段大体上在 20 世纪 60 年代至 70 年代。随着生产社会化的迅速发展,单纯依靠技术革新、扩大生产规模、提高生产率来获得利润的难度越来越大,这促使人们开始寻求新的途径,如通过改进和加强流通管理。因此,加强物流管理就成为现代企业获得利润的新的重要源泉之一。

美国经济学家和商业咨询家彼得·德鲁克,把流通领域的潜力比喻为"一块经济界的黑大陆""一块未被开垦的处女地"。

在 20 世纪 70 年代中期出现的经济衰退,迫使企业更加重视降低成本,以提高商品的竞争力,但其着眼点从生产领域转向了流通领域,通过流通开发和改进对顾客的服务和降低运输费用、储存费用来增加利润。

日本早稻田大学商学部教授西泽修在《主要社会的物流战》中指出:"1970 年开始,物流革命以惊人的势头不断进行,有突然进入物流时代的感觉。"在产业界,大型公司和企业设立了物流部、物流管理部、物流对策室等机构。物流之所以如此急速发展,主要是人们认识到它是降低产品成本、提高经济效益的可行手段,这一时期改进物流的工作主要是在各企业内部进行。尽管在包装、装卸、保管、运输、情报信息方面实现了局部的合理化，但由于缺乏从整体研究开发物流系统，各部门、行业、企业之间缺乏紧密配合，所以从整个社会来看，物流费用并没有明显下降，总体上经济效益不高。

1.2.3 物流现代化阶段

这一阶段，在物流研究和管理方面的特点是把物流的各项作为一个系统进行研究，从整体上进行开发。在美国，加强物流系统的管理被视为美国"再工业化"的重要因素。日本设立了专门机构来统筹全国的物流活动，使物流的系统化、综合化、协调化有了很大的发展，物流现代化水平明显提高，在运输设施方面，政府拨出巨款，扩建港口，整修道路，建设高速公路和集装箱专用码头等；在装卸工具方面，托盘、叉车、传送带、自动分拣机、自动输送机等现代化装卸搬运机械被普遍运用；在包装方面，积极推行规范化、标准化；在仓库方面，建立了一大批自动化立体仓库、恒温仓库、配送中心、流通加工基地、卡车终端集散点等现代化物流基础设施；无人驾驶车辆相继使用和配送过程中高新技术相继应用等；商品销售的网络化、系统化逐步实现，批发、代理、专营、百货商店、超级市场在各地相继建立。借助现代化设施、计算机输送方式的改革，在大力发展运输设施的基础上谋求系统化，组织铁路-水路、公路-铁路、公路-水路、公路-空运等联运活动；改变仓库单纯的储存保管功能，使其变为集储存保管、配送、流通加工于一体的物流中心；在物流技术上，注意改进硬件（物流设施）的同时，十分重视软件的改进和提高，加强现代情报信息技术和电脑技术的应用，使物流向系统化、整体优化方向发展。

1.3 物流基本功能要素

根据我国的物流术语标准，物流活动由物品的包装、装卸搬运、运输、储存、流通加工、配送、物流信息等工作构成，以上内容也常被称为"物流的基本功能要素"。

1.3.1 运输活动

运输指用设备和工具，将物品从一地点向另一地点运送的物流活动，其中包括集货、分配、搬运、中转、装入、卸下、分散等一系列操作。

运输可创造场所效用，同种物品由于空间场所不同，其使用价值的实现程度则不同，其效益的实现不同。运输功能是物流系统最主要的功能之一，物流系统的其他许多功能是伴随着运输功能而存在的，如装卸搬运功能。运输功能通过载体发挥出来。

运输要考虑两个方面：第一，实现货物的空间位移。空间位移越大，运输费用就越高。设计运输功能首先需要考虑的问题是流体是否需要发生空间位移，有多少流体要发生空间位移，或者要发生什么样的空间位移（位移的方向、距离、时间、频率等）。第二，降低运输费用。如果以上问题是确定的，这就是运输必须达到的服务目标，满足服务目标是第一位的，在此基础上再考虑如何组织运输才能使运输总成本最小。

运输使物品产生空间上的转移，即从一个地点转移到另一个地点，因为生产、流通和消费活动需要使流体发生空间转移，物流系统是通过运输工具实现这种转移的。对于有形物品的转移，要靠道路等基础设施和车辆等物流设备来共同完成；对于无形的货品，比如信息，要靠通信线路等基础设施和计算机等设备来共同完成，电力、水、天然气、石油等要根据物体自身的性质，依靠特殊的输送设施设备，如电线、管道等来实现运输功能；对于有些特殊的生产、流通和消费活动，交易发生后物品本身并不发生空间转移，比如不动产的流通，发生空间转移的只是"商品所有权证书"，它的物流就简单得多；对于期货交易，买卖各方在交易所经过无数次买卖交易，但是只有那些购买到期合约的买者才进行实物交割，这时运输才发挥功能，这是商流与物流分离的很好的例子。

1.3.2　储存活动

储存活动也称保管活动，是为了克服生产和消费在时间上的不一致所进行的物流活动。物品通过储存活动以满足用户的需要，从而产生了时间效用。储存活动借助各种仓库、堆场、货棚等，完成物资的保管、养护、堆存等作业，以便最大限度地减少物品使用价值的下降。储存管理要求组织者确定仓库的合理库存量，建立各种物资的保管制度，确定仓储作业流程，改进保管设施和提高储存技术等。储存的目的是"以与最低的总成本相一致的最低限度的存货来实现所期望的顾客服务"。储存活动也是物流的核心，与运输活动具有同等重要的地位。

在社会经济生活中，储存发挥着调节生产和消费在时间上的偏离的功能。储存活动普遍存在于商品生产和商品流通活动之中，伴随着商品的生产和流通活动，必将产生商品的暂时储存、生产储存、季节储存、转运储存、消费储存或长期储存等物资的保管活动，这些储存活动涉及接货入库、提货出库、安全保存、库存管理等仓库业务。储存活动的主要场所是仓库，除此之外，车站码头的临时保管库、货物中转站等物流结点设施也参与保管活动。

1.3.3　包装活动

包装大体可以分为工业包装和商业包装两大类，具体包括产品的出厂包装，生产过程中制成品、半成品的包装以及在物流过程中的换装、分装、再包装等。工业包装纯属物流的范畴，它是为了便于物资的运输、保管，提高装卸效率和装载率而进行的。商业包装则是把商品分装成方便顾客购买和易于消费的商品单位，属于销售学研究的内容，商业包装的目的是向消费者展示商品的内容和特征。包装与物流的其他功能要素有着密切的联系，对物流合理化改进有极为重要的推动作用。

1.3.4　装卸搬运活动

装卸搬运活动是指为衔接物资的运输、储存、包装、流通加工等作业环节而进行的，以改变"物"的存放地点、支承状态或空间位置为目的的机械或人工作业过程。运输、保管等物流环节的两端都离不开装卸搬运活动，在全部物流活动中只有装卸搬运伴随着物流全过程的始终，其具体内容包括物品的装上卸下、移送、拣选、分类等。对装卸搬运活动的管理包括：选择适当的装卸搬运方式，合理配置和使用装卸搬运机具，减少装卸搬运事故和损失等。

1.3.5 流通加工活动

流通加工活动又称流通过程中的辅助加工。流通加工是在物品从生产者向消费者流动的过程中,为了促进销售、维护产品质量、实现物流的高效率所采取的使物品发生物理和化学变化的功能。商业企业或物流企业为了弥补生产过程中加工的不足,更有效地满足消费者的需要,更好地衔接产需,往往需要进行各种不同形式的流通加工。

流通加工是在流通领域从事的简单生产活动,具有生产制造活动的性质。流通加工与生产领域的制造活动的区别是,前者改变加工对象的基本形态和功能,是一种创造新的使用价值的活动;而流通加工不改变商品的基本形态和功能,只是完善商品的使用功能,提高商品的附加价值。流通加工越来越成为流通领域的一项重要功能活动,原因在于流通加工可以促进物流的效率化和满足消费者日益多样化的需求,同时也给流通业者带来可观的经济收益。

1.3.6 配送活动

配送活动是按用户的订货要求,在物流据点完成分货和配货等作业后,将配好的货物送交收货人的物流过程。配送活动大多以配送中心为始点,而配送中心本身又具备储存的功能。配送活动中的分货和配货作业是为了满足用户要求而进行的,所以经常要开展拣选、改包装等组合性工作,在必要的情况下还要对货物进行流通加工。配送的最终实现离不开运输,所以人们经常把面向城市或特定区域范围内的运输也称为"配送"。

配送是物流系统的一项十分重要的活动。随着消费的多样化和个性化,物流需求也朝着多品种、小批量方向发展,配送作为直接面向最终用户提供的物流服务功能,在满足柔性化的物流需求方面发挥着极其重要的作用。配送中心是从事配送活动的物流结点设施,其合理布局和建设对于提高配送作业效率、降低配送成本极其重要。配送在社会再生产中,处于接近客户的那一段流通领域,因此有一定的局限性,不能解决流通中的所有问题;配送又是一项综合的功能,在配送环节要进行物品储存、物品的包装、物品的装卸搬运、物品的拣选等活动,要将物品送达客户,还要进行配送运输。许多配送中心还具有流通加工的职能。配送还要讲求与供货商或客户之间的联系,这种联系需要有物流信息系统做保障。物品的拣选作业是配送的特色作业,是区别于其他物流功能的标志性活动。

1.3.7 物流信息活动

物流活动中大量信息的产生、传送和处理为合理组织物流提供了可能,物流信息对上述各种物流活动的相互联系起着协调作用。物流信息包括与上述各种活动有关的计划、预测、动态信息,以及相关联的费用情况、生产信息、市场信息等。对物流信息的管理,要求组织者建立有效的情报系统和渠道,正确选定情报科目,合理进行情报收集、汇总和统计,以保证物流活动的可靠性及及时性。现代物流信息以网络和计算机为手段,为实现物流的系统化、合理化、高效率提供了技术保证。

物流信息活动可分为两部分:第一部分是将物流作为一个系统与其他任何一个系统需要的一般信息进行处理的活动,有人将其称为事务处理,比如人、财、物信息处理,决策支持方面的信息处理等。第二部分是关于物流的特殊性方面的信息处理活动,这主要是针对物流系统、商流系统与生产系统等特殊业务所进行的信息处理,它又包括两部分:①物流系统内部的物流业务信息处理，包括从各种物流业务中衍生出来的信息处理，比如按照物流系统的功能要素，如运输、储存、包装等的业务信息处理等。②物流系统与外部系统的物流信息处理。生产系统、销售系统、客户服务系统中与物流相关的信息的处理越来越重要，如，生产系统需要跟踪物流过程中原材料、半成品或者产成品的库存、运输、配送等状况，销售系统需要实时跟踪处在物流环节的商品库存、运输、配送等状况，用户需要查询处于物流系统的配送或者退货信息等。这是物流系统与其他外部系统能够进行有机集成的重要保证，实际上是物流系统通过信息流与其环境进行联系的表现形式。

1.4 物流的分类

社会经济领域中的物流活动无处不在，对于各个领域的物流，虽然其基本要素都存在且相同，但由于物流对象不同，物流目的不同，物流范围、范畴不同，形成了不同的物流类型。目前对物流的分类标准还没有统一的看法，主要的分类方法有以下几种。

1.4.1 按物流的作用分类

1. 供应物流

企业为保证本身生产的节奏，不断组织原材料、零部件、燃料、辅助材料供应的物流活动，这种物流活动对企业正常、高效生产起着重大作用。企业供应物流的目标是用最低成本、最少消耗来最大限度地保证物流活动的正常进行，有很大的运行难度。企业竞争的关键在于降低这一物流过程的成本，这是企业物流的最大难点，因此，企业供应物流必须解决有效的供应网络、供应方式、零库存等问题。

2. 销售物流

销售物流是企业为保证经营效益，伴随销售活动，将产品所有权转给用户的物流活动。在现代社会中，市场基本是买方市场，销售物流活动便带有极强的服务性，以满足买方的需求，最终实现销售。在这种市场前提下，销售往往以送达用户并经过售后服务才算终止。因此，销售物流的空间范围很大，这便是销售物流的难度所在，企业销售物流的特点，便是通过包装、送货、配送等一系列物流活动实现销售，这就需要研究送货方式、包装水平、运输路线等，并采取各种诸如少批量、多批次、定时、定量配送等特殊的物流方式来达到目的，因而，其研究领域是很宽的。

3. 生产物流

生产物流指企业在生产工艺中的物流活动，这种物流活动与整个生产工艺过程伴生，实际上已构成生产工艺过程的一部分。企业生产过程的物流大体为原料、零部件、燃料等辅助材料从企业仓库或企业的"门口"开始，进入生产线的开始端，再进一步随生产加工过程一个又一个环节地流转，在流转的过程中，原料等本身被加工，同时产生一些废料、余料，直到生产加工终结，再流转至成品仓库，由此终结企业生产物流过程。

过去，人们在研究生产活动时，主要注重一个一个的生产加工过程，而忽视了将每一个生产加工过程串在一起，使得一个生产周期内，物流活动所用的时间远多于实际加工的时间。所以，对企业生产物流进行研究，可以大大缩减生产周期，节约劳动力。

4. 回收物流

企业在生产、供应、销售的活动中会产生各种边角余料和废料，这些东西的回收需要物流支持，而且，在一个企业中，如果回收物品处理不当，往往会影响整个生产环境，甚至影响产品的质量，也会占用很大空间，造成浪费。

5. 废弃物物流

废弃物物流是对企业排放的无用物进行运输、装卸、处理等的物流活动。废弃物物流没有经济效益，但是具有不可忽视的社会效益。

1.4.2 按物流系统性质分类

1. 社会物流

社会物流是全社会物流的整体，又称宏观物流。社会物流是指超越一家一户的以整个社会为范畴，以面向社会为目的的物流。这种社会性很强的物流往往由专门的物流承担人承担，社会物流的范畴是社会经济大领域。社会物流研究再生产过程中随之发生的物流活动，研究国民经济中的物流活动，研究如何形成服务于社会、面向社会又在社会环境中运行的物流，研究社会中物流体系结构和运行，因此带有宏观性和广泛性。

2. 行业物流

同一行业中的企业是市场上的竞争对手，但在物流领域中常常互相协作，共同促进行业物流系统的优化，如，日本的建设机械行业提出的行业物流系统化的具体内容有：形成各种运输手段的有效利用，建设共同的零部件仓库，实行共同配送；建立新旧设备及零部件的共同流通中心；建立技术中心，共同培训操作人员和维修人员；统一机械规格等。又如，在大量消费品方面采用统一传票，统一商品规格，统一法规政策，统一托盘规格，包装模数化等。行业物流系统化的结果是参与的各个企业都得到相应的利益。

3. 企业物流

从企业角度研究与之有关的物流活动，是具体的、微观的物流活动的典型领域。企业物流又可以区分为供应物流、生产物流、销售物流、回收物流与废弃物物流。

1.4.3 按照物流活动的空间分类

1. 地区物流

地区物流可按行政区域、经济圈、地理位置划分。

2. 国际物流

国际物流是相对国内物流而言的，是不同国家之间的物流。它是国内物流的延伸和进一步扩展，是跨国界的、流通范围扩大的物的流通，是国际贸易的组成部分。

国际物流是随着国际经济大协作、工业生产社会化和国际化的发展而产生的，跨国公司的发展使一个企业的经济活动范畴可以遍布各国，不同国家之间原材料与产品的流通也随之发达。

1.5　物流的价值与特点

1.5.1　物流的宏观价值

1. 物流是国民经济的基础之一

物流是国民经济的基础，是从物流对国民经济的重要作用而言。

物流通过不断输送各种物质产品，使生产者不断获得原材料、燃料以保证生产过程的正常进行，又不断将产品运送给不同需求者，以使这些需求者生产、生活得以正常进行，这些互相依赖的存在，是靠物流来维系的，国民经济因此得以成为一个有内在联系的整体。

从物流是实现某种经济体制的资源配置的作用而言，物流是国民经济的基础。

经济体制的核心问题是资源配置，资源配置不仅解决生产关系问题，而且必须解决资源的实际运达问题。

物流还以本身的宏观效益支持国民经济的运行，改善国民经济的运行方式和结构，促使其优化。

2. 物流是企业生产的前提

从企业这一微观角度来看，物流对企业的作用如下。

(1) 为企业创造经营的外部环境

一个企业要正常运转，必须有这样的外部条件：一方面，保证按企业生产计划和生产节奏提供、运达原材料、零部件；另一方面，将产品不断运离企业。这种最基本的外部环境要依靠物流及有关其他活动来创造和提供保证。

(2) 物流是企业生产运行的保证

企业生产过程的连续性和衔接性，依靠生产工艺中不断的物流活动，有时候生产过程本身便和物流活动结合在一起，物流的支持保证不可缺少。

(3) 物流是发展企业的重要支撑力量

企业的发展靠质量、产品和效益，物流作为企业全面质量的一环，是最接近用户阶段的质量保证手段。更重要的是，根据"第三个利润源"理论，物流通过降低成本，间接增加企业利润，通过改进物流直接取得效益，会有效地促进企业的发展。

总之，物流不论对国民经济整体还是国民经济的基础——企业，都起着非常重要的作用。

3. 特定条件下，物流是国民经济的支柱

有些国家处于特定的地理位置或产业结构条件下，物流在国民经济和地区经济中发挥带动和支撑整个国民经济的作用，成为国家或地区财政收入的主要来源，成为主要就业领域，如欧洲的荷兰、亚洲的新加坡、美洲的巴拿马等，特别是日本以流通立国，物流的支柱作用显而易见。

1.5.2 物流的微观价值

1. 物流降低成本的价值

物流合理化能大幅度降低企业经营成本。发展物流产业，能够有效降低社会流通成本，从而降低企业供应及销售成本，起到改善企业外部环境的作用。企业生产过程的物流合理化，又能够降低生产成本。

2. 物流的利润价值

对于专门从事物流经营活动的企业而言，通过为生产企业提供有效的物流服务，不仅可以为生产企业节约成本，还能为物流供应企业带来利润。

3. 物流的服务价值

物流可以提供良好的服务，这种服务有利于企业参与市场竞争，有利于树立品牌形象，有利于和服务对象结成长期的、稳定的、战略性的合作伙伴，这对企业长远的、战略性的发展有非常重要的意义。

物流的服务价值，实际上就是促进企业战略发展的价值。物流既是增值性经济活动，也是增加成本、增加环境负担的经济活动。

（1）物流创造时间价值

物流改变物从供给者到需求者之间本来存在的一段时间差创造的价值，具体通过以下几种形式实现。

① 缩短时间创造价值。物流缩短物的流通时间，减少货物损失、降低流通消耗、增加物的周转速度、节约资金。从全社会物流的总体来看，加快物流速度，缩短物流时间，是物流必须遵循的一条经济规律。

② 弥补时间差创造价值。另一种时间差的表现形式是由生产和消费的特性决定的，如粮食，生产集中而消费不集中，物流便以科学的、系统的方法弥补。有时是改变这种时间差，以实现其"时间价值"。

③ 延长时间差创造价值。配合伺机销售的囤积性营销活动的物流，便是一种有意识地延长物流时间、有意识地增加时间差来创造价值的方法。

（2）物流创造场所价值

由于改变物的不同位置而创造的价值，称作场所价值。

① 从集中生产场所流入分散需求场所创造价值。现代化大生产的特点之一，往往是通过集中的、大规模的生产以提高生产效率，降低成本。在一个小范围集中生产的产品可以覆盖大面积的需求地区，有时甚至可以覆盖一个国家乃至若干国家。通过物流将产品从集中生产的低价位区转移到分散于各处的高价位区，可以获得很高的利益。

② 从分散生产场所流入集中需求场所创造价值。与上面一种情况相反的情况在现代社会中也不少见，如，粮食生产是在一亩①地一亩地上分散生产出来的，而一个大城市的需求却相对集中；一个大汽车厂的零配件生产也分布得非常广，却集中在一个大厂中装配，这也形成了分散生产和集中需求，物流便以此取得了场所价值。

③ 从低价值生产地流入高价值需求地创造价值。现代社会中供应与需求的空间差比

---

① 1亩≈666.67平方米。

比皆是，除了与大生产因素有关之外，有不少是由自然地理和社会发展因素所决定的，如，城郊生产粮食、蔬菜而异地消费于城市，南方生产荔枝而异地消费于各地，北方生产高粱而异地消费于各地，等等。现代人每日消费的物品几乎都相距一定距离，甚至是距离十分遥远的地方生产的，如此复杂交错的供给与需求的空间差都是靠物流来弥合的，物流也从中取得了利益。

在经济全球化的浪潮中，随着国际分工和全球供应链的构筑，一个基本的选择是在成本最低的地区进行生产，通过有效的物流系统和全球供应链，在价值最好的地区销售。信息技术和现代物流技术为此创造了条件，使物流得以创造价值。

(3) 物流创造加工价值

物通过加工而增加附加值，取得新的使用价值，这是生产过程的职能。在加工过程中，由于物化劳动和活劳动的不断注入，增加了物的成本，同时更增加了它的价值。

在流通过程中，通过流通加工的特殊生产形式，使处于流通过程中的物通过特定的加工而增加附加值，这就是物流创造的加工价值的活动。

物流创造加工价值是有局限性的，它不能完全取代正常的生产活动，只能是生产过程在流通领域的一种完善和补充。但是，物流过程的增值功能往往通过流通加工得到很大的体现，所以，根据物流对象的特性，按照用户的要求进行这一加工活动，可以对整个物流系统的完善起重要作用。

(4) 物流占用成本

无论是国民经济领域还是企业经济领域，物流都是成本的重要部分，具体数字如表1-1所示。

表1-1 部分国家和地区物流成本统计（选自流通仓储协会2000年统计）

国家	GDP/10亿美元	物流总费用/10亿美元	物流占GDP百分比/%
美国	8 083	849	10.5
日本	3 080	351	11.4
英国	1 242	125	10.1
中国	1 025	173	16.9

(5) 减轻环境负担

物流活动对环境有一定影响，这个影响随物流量的增加而增大，随物流合理规划而降低。物流管理的责任，就是在保证物流满足国民经济和企业经济发展的前提下，尽量减轻环境的负担。

现代物流业是20世纪90年代以来应用了现代管理技术和现代信息技术发展起来的新兴产业，它以先进的管理技术和组织方式，对资源进行优化整合，是流通方式的一场革命，从整体上改变了企业的运行方式。由于它降低了产品的总成本，因而被称为第三利润源。现代物流业对增强国力和国际竞争力有积极作用，因而在西方发达国家，现代物流业得到了迅速的发展。

1.5.3 现代物流与传统物流

1. 对物流常见的错误或者片面认识

对物流常见的错误或者片面认识主要有：

①认为物流就是物资流通；
②认为物流就是储运；
③认为物流是生产销售活动的附属行为；
④认为物流只属于流通领域，是流通运动的一个组成部分；
⑤将物流等同于"实物分配"。

2. 现代物流与传统物流的区别

现代物流业是一项投入大、回报慢、本身效益低但综合效益高的产业。它的最终目的是通过资源配置的合理化，实现整个国民经济流通的合理化，以降低总流通成本。

现代物流与传统物流的区别，主要在于现代物流有计算机网络和信息技术的支撑，并应用了先进的管理技术和组织方式，将原本分离的商流、物流、信息流和采购、运输、仓储、代理、配送等环节紧密联系起来，形成了一条完整的供应链。传统物流与现代物流的对比如表1-2所示。

表1-2 传统物流与现代物流的对比

项目	传统物流	现代物流
物流服务	各种物流功能相对独立；无物流中心；不能控制整个物流链；限地区内物流服务；被动服务；短期合约；价格竞争；提供标准服务	强调物流功能的整合；采用物流中心；供应链的全面管理；跨区域的物流服务；主动服务；第三方物流的普遍应用；长期战略伙伴关系；降低总物流成本；增值物流服务；定制物流服务
物流信息技术	无外部整合系统；有限或无限EDI联系；无卫星跟踪系统	实时信息系统；广泛应用EDI；有卫星跟踪系统
物流管理	有限或没有现代管理；分散管理	现代化、信息化管理；系统管理；全面质量管理等

3. 现代物流的特点

现代物流具有几个方面的特点：第一，物流是个过程，是物质从开始地到目的地的流通过程；第二，物流有多个环节，它要经过运输、仓储、装卸、搬运、配送、流通加工、信息传递等七个作业环节，通过一个有计划、管理、控制的过程，把这七个环节加以组合，以最少的费用、最高的效率、客户最满意的程度，把产品送到用户手里。最终达到为工商企业降低产品流通费用、物流公司取得良好经济效益的目的。具体来讲，有以下几个方面。

（1）物流是成本中心

自20世纪80年代以来，随着科学技术的进步和生产力的发展，消费者的需求不断提高，企业已经在新的管理策略（如JIT、精益制造、全面质量管理等）方面投入了大量资源，降低了成本，更好地参与了市场竞争。许多优秀企业已将生产制造成本降到极限，而进一步降低成本、增加利润和市场占有率的策略在于有效的物流管理，物流业因此被称为第三利润源。国内物流费用占GDP的比重一直处于较高水平，表1-3为1997—2020年国内社会物流总费用占同期国民生产总值（GDP）的比重，从表中可以看出，国内社会物流总费用及运输费用、保管费用、管理费用占GDP比重呈整体下降趋势，说明国内物流管理水平在稳步提升。2020年物流总费用为14.9万亿元，与GDP的比率降至14.70%。

表 1-3　1997—2020 年国内社会物流总费用占 GDP 的比重

年份	运输费用占比/%	保管费用占比/%	管理费用占比/%	社会物流总费用占比/%
1997	10.40	7.40	3.30	21.10
1998	10.30	6.70	3.20	20.20
1999	10.60	6.00	3.30	19.90
2000	10.20	6.00	3.20	19.40
2001	10.00	5.90	2.90	18.80
2002	10.00	6.00	2.90	18.90
2003	10.40	5.90	2.60	18.90
2004	10.60	5.60	2.60	18.80
2005	10.30	5.80	2.50	18.60
2006	10.00	5.90	2.40	18.30
2007	10.00	6.10	2.30	18.40
2008	9.52	6.28	2.30	18.10
2009	10.01	5.94	2.15	18.10
2010	9.60	6.00	2.20	17.80
2011	9.40	6.23	2.17	17.80
2012	9.45	6.34	2.21	18.00
2013	9.45	6.30	2.25	18.00
2014	8.78	5.79	2.03	16.60
2015	8.59	5.48	1.93	16.00
2016	8.00	4.93	1.87	14.80
2017	8.00	4.70	1.90	14.60
2018	7.70	5.10	2.00	14.80
2019	7.75	5.04	1.91	14.70
2020	7.80	5.03	1.87	14.70

物流是成本中心的特点，决定了物流行业将吸引越来越多的现代技术和现代设备，成为科研和管理的关注中心，降低成本的需求使专业物流公司应运而生。

（2）物流服务对经济活动具有依赖性

从社会整体物流来说，物流的水平取决于社会整体经济的活力和规模。美国多年统计结果表明，物流的整体经营规模相当于国民经济 GDP 的 10% 左右，而物流产业的增长速度也大致相当于国内 GDP 的增长速度。

从物流企业角度，与需求者的利益一体化是专业物流企业的利润基础。

物流企业的利润从本质上讲来源于现代物流管理科学的推广使用所产生的新价值，也就是我们经常提到的第三利润源。以美国为例，1980 年全美企业存货成本总和占 GNP

（国民生产总值）的29%，由于物流管理中零库存控制的实施，这一比例在1992年下降到19%，下降了近10个百分点。可以说，这种库存成本的降低就是物流科学创造的新价值。这种新价值是第三方物流与客户共同分享，这就是利益一体化，即"双赢"。

所以，与运输企业相比，第三方物流服务的利润来源不是运费、仓储费用等直接收入，不是以客户的成本性支出为代价的，而是来源于与客户共同在物流领域创造的新价值。为客户节约的物流成本越多，利润率就越高，这与传统的经营方式有本质不同。

（3）服务性

物流的根本目标是"以尽可能低的成本为企业提供物质资料在时间和空间上转移的服务"。美国和欧洲等一些国家的学者也认为，物流活动最大的作用，并不在于为企业节约了消耗，降低了成本或增加了利润，而是在于提高企业对用户的服务水平，进而提高企业的竞争能力。因此，他们在使用描述物流的词汇上选择了"后勤"一词，特别强调其服务保障职能。通过物流的服务保障，企业以其整体能力来压缩成本，增加利润，这一特点决定了物流行业的生存方式和目标。

（4）新的利润源泉

物流的运输和配送环节，为企业的产品创造空间和时间价值，这部分价值是产品或物质资料为消费者创造实用功能的前提，表现为成本支出。在物流管理的作用下，物流成本的降低，成为竞争格局基本确定的前提下，企业在提高销售价格之外寻求利润的新的源泉。

物流在库存管理和产品周转方面，创造了新的利润。以美国为例，1980年全美企业存货成本总和占GNP的29%，由于物流管理中零库存控制的实施，到1992年这一比例下降到19%。这部分成本的节约，就是一种利润贡献。

（5）综合性

现代物流服务相对于传统的运输方式来说，是一个革命性的突破。

首先，它是多种运输方式的集成，把传统运输方式中相互独立的海、陆、空各种运输方式按照科学、合理的流程组织起来，从而实现最佳的运输路线、最短的运输时间、最高的运输效率、最安全的运输保障和最低的运输成本，形成一种有效利用资源、保护环境的绿色服务体系。

其次，物流把仓储、运输、装卸、包装、信息追踪等各项环节综合起来，形成一个紧密配合的整体，为节约中间环节的成本，降低中间投入和重复投入，提供了切实的解决方案。

最后，物流打破了运输环节独立于生产环节之外的分业界限，通过供应链的概念建立起对企业供产销全过程的计划和控制，从整体上完成最优化的生产体系设计和运营，在利用现代信息技术的基础上，实现了货物流、资金流和信息流的有机统一，降低了社会生产总成本，达到了供应商、厂商、销售商、物流服务商及最终消费者共赢的战略目的。

（6）管理集约化、信息化

物流是成本中心的特点，决定了物流的管理必然集约化。运输服务的宗旨是客户第一，客户的需求决定运输服务的内容和方式，在生产趋向小批量、多样化而消费者需求趋向多元化、个性化的情况下，物流服务提供商需要发展专业化、个性化的服务项目。

在各种运输要素中，物流更着眼于运输流程的管理和信息情报的收集，使传统运输的"黑箱"作业变得公开和透明，有利于适应生产的节奏和产品销售的计划。库存和仓储、配送等环节，也要求对物质资料信息有快速而准确的反应与处理能力。

随着互联网的普及，电子商务的应用呈迅猛增长之势。电子商务的推广，加快了世界经济的一体化，使国际物流在整个商务活动中占有举足轻重的地位。电子商务对物流的巨大需求，推动了物流的进一步发展，而物流也反过来促进了电子商务的发展，因此二者互相依存，共同发展。实践表明，凡是电子商务业务蓬勃发展的企业，必定物流技术发达、物流服务到位；相反，由于缺乏及时配送等物流服务，电子商务必不能成功运营。

阅读材料

沃尔玛的物流配送

沃尔玛的业务之所以能够迅速增长，并且成为非常著名的公司，是因为沃尔玛在节省成本及在物流运送、配送系统方面取得了一些成就，最起码在美国市场上是这样的。

与其他竞争者相比，沃尔玛能够给顾客提供更好的价值，这是由于沃尔玛把注意力放在物流运输和配送系统方面，这也正是沃尔玛公司的焦点业务。沃尔玛公司的新任CEO董明伦，就来自物流部门，由此可见物流和配送在公司中的重要地位。

沃尔玛公司的总部在阿肯色州的一个小城市本顿维尔，人口大约是20 000人。沃尔玛公司的总部也就是沃尔玛第一配送中心，就在这个配送中心之中，在不断扩大的过程当中，沃尔玛也建立了一些新的配送中心，但是沃尔玛的总部仍然在阿肯色州本顿维尔市的配送中心附近。

沃尔玛的成功，不在于其所从事的行业类别，而在于它将传统与现代经营模式成功地结合在一起，优化了传统企业，从而得以在新时代纵横驰骋，所向披靡。这家世界最大的传统零售商"不灭的神话"，正是在高科技的鼎力支持下创造的。

（一）供应链管理长盛不衰

沃尔玛之所以在零售市场战胜强大对手，迅速脱颖而出，并多年活力不减，最重要的是因为它能真正为顾客节省每一分钱，将"低价销售、保证满意"作为经营宗旨，向顾客提供"高品质服务"和"无条件退款"等承诺。而沃尔玛之所以能够提供"每日低价"和"最周到的服务"，又是因为它拥有比其他任何竞争对手更高效节省开支的能力。沃尔玛采取了快速高效的现代化供应链管理，通过对信息流、物流、资金流的有效调控，利用最先进的技术和设备，把供应商、分销商和零售商，直到最终的用户连成一个整体的功能性网链结构，以便进行更加有效的协调和管理。可以说，沃尔玛是最早尝试现代企业式管理和信息传输技术的传统企业代表。

沃尔玛不仅改变了竞争逻辑，对传统零售企业的经营战略进行了革命性的转变，即绕开中间商，直接从工厂进货，从而大大减少进货的中间环节，为压低价格提供了更大的空间。沃尔玛还打破了传统零售行业的存销方式，实行"过站式"物流管理，即"统一定货、统一分配、统一运送"。为此，早在1970年，沃尔玛就建立了第一间配送中心，由公司总部负责，统一订来的商品全部被送到指定的配送中心，每家分店只是一个纯粹的卖场。

当时沃尔玛在它的配送中心应用了两项最新的物流技术——交叉作业和电子数据交换（EDI）。供货商将货物运到配送中心之后，配送中心根据每个分店的需求量对商品进行就地筛选、重新打包。沃尔玛的价格标签和统一产品条形码早已在供货商那里贴好，货物在配送中心的一侧作业完成之后，被运送到另一侧，准备送到各个分店。配送中心配备有激光制导的传送带，足有几英里①长，货物被成箱地送上传送带。在48小时以内，装箱的商品从一个卸货处运到另一个卸货处，而不在库房里消耗宝贵的时间，这种类似网络零售商"零库存"的方法使沃尔玛每年都可以节省数百万美元的仓储费用。目前，沃尔玛85%以上的商品是由公司的配送中心供应的，而其竞争对手仅能达到50%的水平，与行业平均值相比，沃尔玛的销售成本降低了2%到3%。

然而，这种配送系统的管理相当烦琐。为了能够有效协调各方的要求，沃尔玛通过电子数据交换来自动提示和控制商品库存量，使公司总部能够全面掌握销售情况，合理安排进货结构，及时补充库存和不足，降低存货水平，大大减少了资金成本和库存费用。由于使用了电子数据交换，沃尔玛1992年的配送成本降至销售额的3%，而竞争对手所占比例则高达5%到6%。

此外，沃尔玛还特别投入4亿美元，委托休斯公司发射了一颗商用卫星，实现了全球联网，以先进的信息技术为其高效的配送系统提供保证，通过全球网络，沃尔玛总部可在1小时内对全球4 000多家分店内每种商品的库存、上架，以及销售量全部盘点一遍。

（二）网络零售锦上添花

曾经，沃尔玛在全球网上零售业中的排名跌到第43位，远远低于在网络泡沫膨胀时期迅猛发展起来的eBay和BUY.COM等"暴发户"。当美国亚马逊网上书店迎来第100万个用户时，沃尔玛的网站却只有几万人光顾。在网站经营不振的时期，沃尔玛的在线销售额只占实际总销售额的3%。沃尔玛因此被称为电子商务领域的侏儒。

但沃尔玛没有因公司网站几年来的萧条经营而退缩。21世纪到来之前，沃尔玛开始仔细研究网络竞争者的特性，制订了一系列有针对性的计划，尤其是计划建立一个从牙刷到电器等无所不包的销售网站，来与它实力雄厚的配送系统相匹配。

新网站大大增加一些贵重商品，如DVD播放器和数字摄像机等的品种，在线图书也从五百万册增加到七百万册。正如沃尔玛的执行总裁戴维·格拉斯所说："我们会在网络零售领域加强攻势，我们的顾客已经告诉我们什么是他们真正想要的，我们会满足他们。"这表明，这个传统零售业的巨人期望其网上零售业有一个快速的增长。

目前，沃尔玛的新型交互式网站仍在建设之中，据美国著名的经济权威杂志《商业周刊》网络专家分析，这项措施相当于沃尔玛新建了25个新商场，同时也使消费者网上购物的选择范围扩大了将近两倍。

沃尔玛拥有众多的分支、完善的配送系统、低廉的价格优势、忠实的客户群体，以及强大的技术力量，这一整套的坚实后盾令积极涉足网上零售的沃尔玛如虎添翼。

也许这正验证了网络上最流行的一句话："优化的传统企业等于成功。"目前，已有许多市场分析专家逐渐意识到，雨后春笋般不断兴起的IT产业固然是网络经济的先锋，但只有那些懂得搭上新经济快车的传统企业才是网络经济的主角。

可以肯定的是，那些顺应网络时代的需求，懂得应用数字化工具的传统企业，会因采取了优化策略，导入了新经济管理模式，从而获得新的竞争能力。如今的沃尔玛就是最好的范例。

---

① 1英里≈1 609.34米。

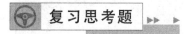 **复习思考题**

1. 阐述现代物流的概念内涵，并探讨与传统物流的区别。
2. 简述物流活动的主要构成。
3. 物流的价值主要体现在哪些方面？
4. 阐述物流的主要分类方法和具体分类。

第 2 章 物流系统与其功能要素

学习目标

通过本章的学习，熟悉物流的功能和特点、现代物流的特征；了解物流管物流系统常用技术，掌握物流系统的概念和要素。

案例导入

从商场的货架上随手取下一瓶洗发水，你能想象这瓶洗发水从走下生产线那一刻起，至你拿到手中为止，中间究竟被多少辆卡车运转到多少个物流配送中心，历经多少道批发商及多少人的手才被送上货柜吗？它要经过多少道工序才变成你看到的样子？更重要的是，需要怎样做才能更经济地将这瓶洗发水送到零售店里？

这些运输、储存、装卸、搬运、包装、流通加工、配送、信息处理的过程，就是本章要介绍的"物流系统"，这与人们的日常生活息息相关。在一年的 52 周、一周的 7 天和一天的 24 小时内，物流始终存在，例如，家中的纯净水用完了，电话预约后，配送工会按时送来并装到饮水机上；身在异地的大学生，在父母生日之时，可以通过快递公司送上一束鲜花；工厂里搬运小车在车间里来回穿梭，将半成品工件由上道工序传到下道工序，由一个车间传到另一个车间；仓库里装卸车在忙着把货物从汽车上卸下来又堆放到货垛上；商店里，店员把从仓库里提出来的货物放到货架上，由售货员向顾客销售，并按顾客的要求包装好，交到顾客手中。此类人们习以为常的现象，都需要物流系统的支持，可以说，如果没有物流系统的支持，商品的营销和制造都无法实现。

思考：什么是物流系统？我们要理解它背后的各个环节和功能要素，了解商品是怎么来到我们身边的。

现代物流是一个动态的、复杂的系统组合，并且各构成要素之间存在强烈的效益背反现象，往往随着消费需求、市场供给、购销渠道、商品价格等社会因素的变化，其系统内各种构成要素及运行方式经常发生变动。为实现社会经济的可持续发展，人们必须用系统的观点、系统的方法对物流系统的各组成部分不断进行修改、完善，即重新规划设计物流系统，使物流活动按照人们设定的目标有序运行，达到系统整体的最优化。因此，对物流系统构成要素进行分析与诊断，对物流系统进行整体规划与优化设计，是推进物流系统化、构筑效率化物流系统，实现物流合理化、效率化的有效途径。本章从物流系统的概念、特征、系统化的途径等方面入手介绍了物流系统规划设计概念、意义、类型与内容，以及物流系统分析对规划设计的意义。

2.1 物流系统概述

2.1.1 物流系统的含义

对于物流系统来说，首先要有明确的目的，即物流系统要实现的目标。构筑物流系统的目的可以归纳为：

①将货物按照规定的时间、规定的数量送达目的地；
②合理配置物流中心，维持适当的库存；
③实现装卸、保管、包装等物流作业的省力化、效率化；
④维持合适的物流成本；
⑤实现从订货到出货全过程信息的顺畅流动等。

由此，物流系统的定义可以这样来表述：所谓物流系统，是指按照计划为达成物流目的而设计的相互作用的要素的统一体。值得一提的是，单一的运输或单一的包装不能称为物流，只有基本的功能要素组合在一起才能称为物流和物流系统。

从物流系统结构看，企业物流系统大致可以分为作业系统和信息系统。作业系统是为了实现物流各项作业功能的合理运转，通过各项作业功能的有机结合，使物流实现效率化的统一体。信息系统是将采购、生产、销售等活动有机地联系在一起，通过信息的顺畅流动，推进库存管理、订货处理等作业活动效率化的支持系统。

2.1.2 物流系统构成要素

1. 资源要素

物流系统资源要素一般指人、财、物、设备、信息和任务目标等。人，指劳动者。财，是物流活动中不可缺少的资金。从商品流通角度来看，物流过程实际也是以货币为媒介实现交换的资金运动过程，同时物流服务本身也是商品，需要以货币为媒介，另外，物流系统建设是资本投入的一大领域，离开资金这一要素，物流不可能实现。物，是物流系统传递的对象，如物流作业中的原材料、产成品、半成品等物质实体，以及劳动工具、劳动手段，如各种物流设施、工具，各种消耗材料等。信息，是物流过程中的数据、资料、指令等。任务目标，指物流活动预期安排和设计的物资储存计划、运输计划以及与其他单位签订的各项物流合同等。

2. 物流功能要素

物流系统的功能要素一般指运输、储存、装卸、搬运、包装、流通加工、配送、信息处理等基本物流活动环节，这些活动环节有效地结合在一起，便形成物流的整体功能，能合理、有效地实现物流系统的目的。有关物流系统功能要素的分类和定义说法不一，按照 20 世纪 90 年代美国物流管理协会对物流（Logistics）的定义，运输、仓储、包装、物料搬运、装卸，存货控制、订单处理，需求预测、生产计划、采购、客户服务、工厂和仓库选址，物品回收、零部件及服务保障、废品处理、情报信息联系等均为系统子功能或附属功能。

3. 节点线路要素

工厂、商店、仓库、物流中心、车站、码头、空港等物流据点以及连接这些据点的运输线路、运输方式与信息传递手段构成了物流系统的基本要素，这些要素为实现物流系统的目的有机结合在一起，相互联动，无论哪个环节哪个要素的行动发生了偏差，物流系统的运行就会发生紊乱，也就无法达成物流系统的目的。

4. 支撑手段要素

物流系统的支撑手段要素主要包括：

①体制、制度。物流系统的体制、制度决定了物流系统的结构、组织、领导、管理方式，国家对其的控制、指挥、管理方式，以及这个系统的地位、范畴，是物流系统的重要保障。

②法律、规章。物流系统的运行，都不可避免地涉及企业或人的权益问题，法律、规章一方面限制和规范物流系统的活动，使之与更大系统相协调，另一方面能提供保障。

③行政、命令。物流系统和一般系统的不同之处在于，物流系统关系国家军事和经济命脉，所以，行政、命令等手段也常常是物流系统正常运转的重要支持要素。

④标准化系统。系统是保证物流环节协调运行，保证物流系统与其他系统在技术上实现联结的重要支撑条件。

5. 物质基础要素

物流系统的建立和运行，需要有大量技术装备手段，这些手段构成了物流系统的物质基础要素，物质基础要素的有机联系对物流系统的运行有决定意义。物质基础要素有：

①物流设施，包括站场、物流中心、仓库，物流线路，建筑、公路、铁路、港口等。

②物流装备，它是保证物流系统开动的条件，包括仓库货架、进出库设备、加工设备等。

③物流工具，它是物流系统运行的物质条件，包括包装工具、维护保养工具、办公设备等。

④信息技术及网络，它是掌握和传递物流信息的手段，根据所需信息水平不同，包括通信设备及线路、传真设备、计算机及网络设备等。

⑤组织及管理，计划、组织、协调、指挥其他各要素，以保障物流系统目的的实现。

6. 系统的流动要素

物流系统有六个流动要素：流体、载体、流向、流量、流速、流程。在物流过程中，这六个流动要素一个都不能少，并且相互联通。

(1) 流体

流体指物流中的物，即物质实体。流体具有自然属性和社会属性。自然属性是指其物理、化学、生物属性，物流管理的任务之一是要保护好流体，使其自然属性不受损坏，因而需要对流体进行检验、养护，在物流过程中需要根据物质实体的自然属性合理安排运输、保管、装卸等物流作业。社会属性是指流体所体现的价值属性，以及生产者、采购者、物流作业者与销售者之间的各种关系，有些关系国计民生的重要商品作为物流的流体还肩负着国家宏观调控的重要使命，因此在物流过程中要保护流体的社会属性不受任何影响。

(2) 载体

载体指流体进行流动的设施和设备。载体分成两类：第一类载体指基础设施，如铁路、公路、水路、港口、车站、机场等基础设施，它们大多是固定的；第二类载体指设备，即以第一类载体为基础，直接承载并运送流体的设备，如车辆、船舶、飞机、装卸搬运设备等，它们大多是可以移动的。物流载体的状况，尤其是第一类载体即物流基础设施的状况直接决定物流的质量、效率和效益。

(3) 流向

流向指流体从起点到终点的流动方向。物流的流向有四种：一是自然流向，指根据产销关系所决定的商品的流向，即商品从产地流向销地；二是计划流向，指根据流体经营者的商品经营计划而形成的商品流向，即商品从供应地流向需要地；三是市场流向，指根据市场供求规律由市场确定的商品流向；四是实际流向，指在物流过程中实际发生的流向。

(4) 流量

流量指通过载体的流体在一定流向上的数量表现。流量与流向不可分割，每一种流向都有一种流量与之相对应，因此，流量的分类可以参照流向的分类，也分为四种，即自然流量、计划流量、市场流量和实际流量。但是，对流量的分类也有特殊性。根据流量本身的特点，可以将流量具体分为以下两类：第一类是实际流量，即实际发生的物流流量，实际流量又可分为按照流体统计的流量、按照载体统计的流量、按照流向统计的流量、按照发运人统计的流量和按照承运人统计的流量。第二类是理论流量，即从物流系统合理化角度计算应该发生的物流流量，也可按照与实际流量相对应的五个方面来分类。另外，流量统计的单位也可视具体统计目的确定，如吨、立方米、元等。

(5) 流速

流速指通过载体的流体在一定流程上的速度表现。流速与流向、流量、流程共同构成物流的四个向量指标，反映物流的数量特征，是衡量物流效益、效率的重要指标。一般来说，流速快，意味着物流的效率高，可以节约时间成本。在相同的载体条件下，流速快，意味着物流成本的减少，物流价值的提高。

(6) 流程

流程指通过载体的流体在一定流向上行驶路径的数量表现。流程与流向、流量一起构成物流向量的三个数量特征，流程与流量的乘积是物流的重要指标，如吨公里。流程的分类与上述流向和流量的分类基本类似，可以分为自然流程、计划流程、市场流程与实际流程，还可以像流量的分类那样，将物流流程分为两类：第一类是实际流程，这又可按照五种口径来统计,第一种是按照流体统计,第二种是按照载体统计,第三种是按照流向统计,第四种是按照发运人统计,第五种是按照承运人统计。第二类是理论流程,理论流程往往是可行路径中的最短路径。路径越长,物流运输成本越高,如果要降低运输成本,一般就应设法缩短运输里程。

2.2 物流系统的目标与特征

2.2.1 物流系统的目标

现代物流是指从产品采购到销售并送达客户手中这一范围很广的系统。因此,物流系统的目标就是把其中的各个环节联系起来,进行整体设计和管理,以最佳的结构和最好的配合,充分发挥其系统功能和效率,实现系统整体合理化。物流系统要实现的具体目标主要有以下几个方面。

1. 服务性(Service)

物流系统服务性的衡量标准主要有:
(1) 对用户的订货能很快进行配送。
(2) 接受用户订货时商品的在库率高。
(3) 在运送中交通事故、货物损伤、丢失和发送错误少。
(4) 保管中变质、丢失、破损现象少。
(5) 能很好完成具有运送、保管功能的包装。
(6) 装卸搬运功能满足运送和保管的要求。
(7) 能提供保障物流活动流畅进行的物流信息系统,能够及时反馈信息。
(8) 合理的流通加工,以保证生产费、物流费之和最少。

2. 快捷性(Speed)

把货物按照指定的地点和时间迅速送达客户,为此可以把配送中心建立在供给地区附近,或者利用有效的运输工具和合理的配送计划等手段。

3. 有效地利用面积和空间(Space Saving)

必须充分考虑对城市市区面积的有效利用,应该逐步发展立体化设施和有关物流机械,实现空间的有效利用。

4. 规模适当化(Scale Optimization)

应该考虑物流设施集中与分散得是否适当,机械化与自动化如何合理利用,情报系统的集中化所要求的电子计算机等设备的利用等。

5. 库存控制(Stock Control)

库存过多需要更大的保管场所,而且会产生库存资金积压,造成浪费。因此,必须按照生产与流通的需求变化对库存进行控制。

上述物流系统设计的目标简称为"5S",要实现以上目标,就要把从采购到消费的整个物流过程作为一个流动的系统进行研究,依靠缩短物流路线以及使物流作业合理化和现代化,降低其总成本。

2.2.2 物流系统的特征

1. 目的性

物流系统有明确的目的,而且这个目的只有一个,就是保证将市场所需要的商品,在必要的时候,按照必要的数量送达需求者。

2. 追求系统整体最优

构成物流系统的各个功能要素,或者说子系统相对于上位系统,只是实现系统目标的手段。在物流系统中,部分的合理化和最优化并不代表整体的合理化或最优化。为保证物流系统目的的实现,构成物流系统的各个功能要素或子系统必须围绕物流系统的整体目标相互衔接,构成一个有机结合体。

3. 系统要素之间存在效益背反关系

所谓"效益背反",指一个环节的成本的降低或效益的提高会因另一个环节的高成本而抵消,这种相关活动存在相互制约关系。例如,提高物流服务水平要以增加物流成本为代价;仓库里货物的高层堆码才能够提高保管效率,却降低了货物拣选等作业的效率;要提高供货率即降低缺货率,必须增加库存,其相互制约关系如图2-1所示。掌握效益背反的原理,对于正确理解和把握物流系统各个部分之间的关系十分重要。

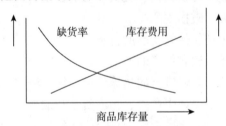

图2-1 物流服务和成本的制约关系

4. 物流系统作为其上位系统的子系统而发挥作用

企业物流系统的上位系统是企业的经营系统,物流系统是企业经营大系统的一部分或子系统。物流系统目标的设定,如物流服务水准的设定,要以企业总体的经营目标、战略目标为依据,服从企业总体发展的要求。企业物流的最终目的是要促进企业的生产和销售,提高企业的盈利水平。

5. 物流系统需要通过信息的反馈加以控制

物流系统中各个环节的衔接配合离不开信息功能,信息是构成物流系统的核心要素。为使物流系统按预定目标运行,必须对物流系统运行中出现的偏差加以纠正,设计出的物流系统在运行的过程中也需要不断完善,这都建立在对信息充分把握的基础之上。

2.3 物流系统的基本结构

物流系统的要素在时间和空间上的排列顺序构成了物流系统的结构。要素为什么要有时间或者空间排列顺序呢？因为这些要素都有特殊的使命，要素之间都有冲突或者协调的联系，要将它们组成一个整体，达到物流系统的特定目的，就要求这些要素在时间和空间的排列上形成一定的秩序。要素是凌乱、无序的，但系统一定是要素的规则、有序排列。物流系统的目标是通过要素实现的，但不是通过要素独立实现的，而是将要素组织起来，形成一个物流系统整体，通过要素的协同运作而共同实现的。

2.3.1 物流系统的流动结构

物流系统有六个流动要素：流体、载体、流向、流量、流程、流速。不同的物流样本都有这六个流动要素，不过，它们的流体不同，所用的载体不同；流向不同，流量和流程也不尽相同，但每个物流系统的六个流动要素息息相关，流体的自然属性决定了载体的类型和规模，流体的社会属性决定了流向、流量、流程和流速，流体、流量、流向、流程和流速决定了采用的载体的属性，载体对流向、流量和流程、流速有制约作用，载体的状况对流体的自然属性和社会属性均会产生影响，等等。因此，应该根据流体的自然属性和社会属性确定流向、流程的远近及具体运行路线，根据流量的大小与结构来确定载体的类型与数量。

在网络型的物流系统中，一定的流体从一个点向另一个点转移时经常会发生载体的变换、流向的变更、流量的分解与合并、流程流速的调整等。这种调整和变更在某些情况下是必要的，但也应尽力减少变换时间、减少环节、降低变换的成本。

2.3.2 物流系统的功能结构

从物流系统功能结构上分析，不同的物流系统需要进行的物流作业大同小异。整个物流系统的基本功能要素包括运输（含配送）、储存（仓储管理和储存控制）、包装、装卸、流通加工和信息处理等。一般而言，供应链各个阶段都要具备的功能首先是运输，然后是储存。装卸搬运功能伴随运输方式或者运输工具的变换（比如从公路运输换装到铁路运输）、物流作业功能之间的转换（比如从运输作业转变成仓库储存作业，或者从仓库储存作业变换为运输作业等）而产生。物流中的包装功能、流通加工功能是在流通过程中才发生的，但不是每一个物流系统都需要进行的作业。

一个物流系统的功能结构取决于生产、流通模式。直销模式省略了大量的中间仓库和以仓库为基础进行的各种物流作业；以中间商为基础进行生产和销售的传统模式，由于环节的增加、中间物流作业的增加，物流效率受到影响。直销的物流系统比较简单，但是对时间的要求很高，因为没有中间库存可以缓冲，又必须遵守承诺的送达期限，否则就会对用户利益和公司利益造成损害，因此，直销模式的运输功能最重要。直销并不意味着用直运减少运输成本，而是必须提高运输的集约程度，因此路线规划、货物组配等物流管理作业必不可少。而经过中间商的物流系统的功能结构就复杂得多，在渠道中间进行环节转换时需要进行运输、储存、包装、装卸搬运、物流信息处理等作业，在最后一个环节可能还需要进行流通加工作业等。

物流系统的功能结构还受可用的物流载体的影响。如 Dell 公司在直销广告关于发运的条款中往往要加上一句"有些地区用户需要加收 340 元的运费"之类的话，"有些地区"就是指交通不大方便或者订单很少的边远地区，如果用户的订货得到确认，在收到货款后，Dell 公司必须将用户的订货与邻近城市的其他订货一起进行组配发运，到达这个城市后，再另外安排其他运输方式将货物送到用户手中，或者从发货点直接委托速递公司送货到收件人手中，这两种选择都会改变公司原有的作业系统结构。

从上面的分析可以得出：判断物流系统功能发挥得是否合理，不是看物流系统中进行了多少作业，而是看物流系统为生产和销售降低了多少成本。从生产和流通企业的角度看，物流作业进行得少的物流系统才是好的物流系统，但是，不是物流系统本身需要进行什么样的作业，而是生产和销售系统决定了物流系统应该进行什么样的作业。所以，应该将物流系统与生产、销售系统进行集成，在保证生产和销售目标实现的前提下，尽量减少物流作业，降低物流总作业成本。

2.3.3　物流系统的治理结构

物流系统的治理是指物流系统资源配置的管理和控制的机制和方法，物流系统的资源在区域、行业、部门、企业之间的初始配置状态是历史形成的，不是按照一个特定的物流系统的要求来分布的，如何将这种产权分散的物流资源集成从而为众多特定的物流系统服务？如何能够在达到这些目标的同时，使物流资源的集成长期进行，而不是偶尔或借助于政府的宏观管理来进行呢？这就需要考虑物流系统的治理机制问题。不同的治理机制形成了不同的物流的治理结构。

（1）多边治理

多边治理也称市场治理或合同治理，即不管是哪一个物流系统，需要的所有资源都能够从物流市场上通过交易购买得到，但这不是专门为某一个物流系统制定的专用性资源。多边治理适用于很多物流系统，比如一般的铁路运输资源、一般的公路运输资源等，这种物流市场的特征如下。

第一，参与物流市场资源交易各方的身份并不重要。

第二，交易各方通过合同确立交易关系，合同的内容被仔细规定，正式合同条款完备，口头合同等非正式条款也得到认可，但是市场更倾向于各方订立正式合同。

第三，合同出现纠纷，可以引进第三方机制（法律），但是这种方式不被提倡，强调合同各方自行解决纠纷。

这种高度标准化、重复进行的物流交易是理想化的，在实际存在的规模小、资源分散、充满不确定性、缺乏法律秩序、机会主义盛行的物流市场上，各方很难对长期因素进行理性预期。将所有后果都事先预测出来，并且明确地规定在合同中，是不可能的，或者预测成本极高。并且，由于交易各方对"履约"标准的理解难以完全统一，在各方信息不对称的前提下，履约也容易产生纠纷，因而第三者的介入成为必要，但提起法律诉讼或者执行法律的成本也极高。因而，多边治理模式在中国仍然是一种治理成本较高的物流系统资源集成模式。

多边治理就是第三方治理，第三方物流是多边治理结构中物流服务的主要形式。第三方物流服务提供商是在发达的物流市场上专门为需要者提供物流服务的供应商，它的存在是物流市场发展的必然，其经济学意义在于它将物流服务作为一项专门服务从企业的内部事务中独立出来，以便企业将有限的资产集中于核心业务。因此，第三方物流提高了企业物流的技术效率，提供的物流服务应该是成本最低且最专业的。同时，采用第三方物流服务，不涉及专用性物流资产配置问题，避免了合作各方的机会主义以及由此产生的交易费用。20世纪90年代以来，第三方物流在全世界的领先企业中得到高度重视，并为企业降低了生产和销售总成本，提高了企业的总技术效率。

（2）三边治理

三边治理是指通过物流资源的需求方、供给方和第三方（法律）来共同治理的模式。这种模式适用于两类物流资源交易：一是偶尔进行的，如满载货物的卡车在长途运输中抛锚，需要一次性租用当地的装卸设备和人员；二是交易的物流资源是高度专用化的，如专门为麦当劳提供沙拉酱、圆白菜、黄瓜、薯片、面包、牛肉等新鲜食品原料的配送中心，因为麦当劳严格的质量和服务要求，必须采用专用的运输车辆、包装材料、冷库等物流设备以及配送人员等。

对于高度专用性交易，交易主体维持交易关系的动机较强。专用性投资是双方的，提供物流服务的一方必须投资购买车辆、建设仓库，有的还要专门建设配送中心；需要物流服务的一方为对方提供企业的经营数据和其他资源，这些资源是不对社会公开的，双方都要安排"大客户管理"人员对合作项目进行协调和管理。

摩托罗拉、沃尔玛、IBM等外国企业在中国寻找物流合作伙伴时，条件很苛刻，如IBM公司在深圳福田保税区寻找配送合作伙伴时，需求说明书达上百页，对于专用性仓库、车辆、人员等条件也一一严格审查，最后确定了深圳海福公司作为合作伙伴，确定了合作伙伴后，IBM也投入人力、物力来发展和培养这种合作关系，帮助合作伙伴开展配送业务，不会轻易更换合作伙伴。在这种合作中，如果出现了纠纷，在很大程度上双方事先都知道应该负什么责任，调解和仲裁是关系破裂的最后解决办法，这对双方成本都是高昂的，所以在三边治理框架中，第三方或许只是防止万一的补救措施，当事双方都应该避免合作破裂。

（3）双边治理

双边治理是指通过物流资源买卖双方共同治理的模式，双边治理结构有以下几个适用条件。

①交易应该是重复发生的，不是一次性的、偶尔发生的。进行专门投资也能够收回成本，这就为这项交易进行商业性投资提供了经济规模基础。

②交易需要的资产必须是高度专用的。当然不可能所有的投资都是专用性的，但其中的核心投资部分是专用的，如果不用于这些交易，这些投资基本上没有价值，或者价值会大打折扣。

③交易是非标准化的。如果交易是标准化的，可以通过多边治理方式实现，但是交易目的、交易价格、交易条件等还没有市场标准可以遵循，需要合作各方有战略上的合作意愿和默契，因而交易双方之间要有紧密的"关系"，显然这种"关系"不会存在于市场上的一般交易者之间。前面已经分析过，在古典多边治理结构中，交易双方的身份、关系并不重要，身份和关系不具有价值；但是在双边治理结构中，关系和身份具有明显的市场价值，是合作的基础，这样，尽管交易本身是非标准的，但是交易对于双方的重要性已经使

交易双方要采取接近垂直一体化的方式进行战略联盟，实现共同治理。

许多企业的物流需求，包括对物流资源的需求都有特殊性，物流服务需求方存在与物流服务提供方进行双边治理的强烈动机，如果要实现此目标，双方必须首先培养和发展战略伙伴关系，因为双边治理合同是一种关系合同，关系是避免诉讼和第三方参与解决纠纷的基础，但关系需要信任和信用的润滑，中国的物流市场迫切需要建立这样一种物流合作环境。中国国内许多物流服务提供商都把跨国公司作为大客户对待，公司内部专门配置了为大客户服务的组织机构和其他资源，但这种合作合同是一般的古典合同或者新古典合同，而不是关系合同，战略联盟关系是双边治理的重要基础，所以这些物流服务提供商与跨国公司大客户之间的合同很容易被真正的关系合同取代。

(4) 单边治理

单边治理也称一体化治理，一体化治理结构的条件是：

①交易高度专用化，投资于这样交易的物流资源（人力与实物）转移到其他用途上的价值趋近于零；

②此项交易与企业的核心业务具有很强的相关性；

③交易本身具备一定规模，使得投资人可以获得该项投资的规模效益，因此，外部供应商非常愿意进行此项投资，但是，比起让外部投资者进行投资，企业自身进行投资将减少关系培养和维持成本，避免外部交易带来的风险，企业总收益最大；

④单边治理这种模式并不支持没有条件的垂直一体化、多种经营，或者"大而全""小而全"，生产、销售企业只有在所需的物流资源高度专用化，投资于某项物流业务能够获得规模效益，并且这项物流业务与生产和销售业务紧密相关的情况下，进行这种垂直一体化、多种经营、"大而全、小而全"才是有效率的。

以上从四个方面分析了物流系统资源交易的治理结构，可以看出，偶尔发生的需要专用型资产的交易既可采取三边治理，也可采取单边治理；如果投资专用型资产可以获得市场平均利润，可以采取三边治理方式；如果采用三边治理所花的交易成本高于投资的一方的预期成本，可以采取单边治理方式。

2.3.4 物流系统的网络结构

物流的过程，由许多运动过程和相对停顿过程组成。一般情况下，两种不同形式的运动过程或相同形式的两次运动过程中都有停顿，而一次暂时的停顿也往往联结两次不同的运动。物流过程就是由这种多次的运动—停顿—运动—停顿组成。

与这种运动形式相呼应，物流网络结构也由执行运动使命的线路和执行停顿使命的结点两种基本元素组成。线路与结点的相互关系、相对配置及其结构、组成、联系方式不同，形成不同的物流网络，物流的网络水平、功能则取决于网络中两个基本元素的配置及其本身。

物流系统的网络由两个基本要素组成：点、线。

1. 点

在物流系统中供流动的商品储存、停留，以进行相关后续作业的场所称为点，加工厂、商店、仓库、配送中心、车站、码头等，也称点。点是物流基础设施比较集中的地方。

（1）点根据功能的分类

根据功能可以将点分为以下三类。

①单一功能点。只具有某一种功能，或者以某种功能为主，比如专门进行储存、运输、装卸、包装、加工等单一作业，或者以其中一项为主，以其他功能为辅；需要的基础设施比较单一和简单，但规模不一定小；在物流过程中处于起点或终点。工厂的原材料仓库、不具备商品发运条件的储备型仓库、仅承担货物中转、拼箱、组配的铁路站台、仅供停泊船只的码头等，就是这样的点。这类点的业务比较单一，比较适合进行专业化经营。但是从物流系统的角度来看，必须将许多单一功能集成起来才能完成所有的物流业务，因此，如何将各个行使单一功能的不同的点集成起来，由谁来集成以及如何集成，都是物流系统中非常重要的问题。

②复合功能点。具有两种以上主要物流功能；具备配套的基础设施；一般处于物流过程的中间。这类点多以周转型仓库、港口、车站、集装箱堆场等形式存在；规模可能较小，比如商店后面的一个小周转仓，在那里要储存商品、处理退货、粘贴商品条形码、重新包装商品、为顾客发货等；规模也可能较大，如年处理 80 万个大型集装箱的堆场，除了储存集装箱以外，还有集装箱掏箱、商品检验、装箱，同时，一般的集装箱堆场都与码头或港口在一起，那里有大规模的集装箱吊车、大型集装箱专用运输车辆等。

③枢纽点。物流功能齐全；具备庞大配套的基础设施以及附属设施；庞大的吞吐能力；对整个物流网络起着决定性和战略性的控制作用，一旦形成很难改变；一般处于物流过程的中间。如，辐射亚太地区市场的大型物流中心，辐射全国市场的配送中心，一个城市的物流基地，全国或区域铁路、公路、航空枢纽港等。枢纽点的设施一般具有公共设施性质，因而必定采用第三方进行专业化经营。它的主要优势是辐射范围大，通过这个点连接的物流网络非常庞大，但是这类点面临着非常复杂的协调和管理问题，信息的沟通、设施设备的运转效率是这类点的主要问题。在一个物流资源高度分散、封闭，物流状况非常落后的国家，建设连接多种载体的枢纽点对于形成全国统一、开放和先进的物流网络具有战略意义。

以上三类点主要从功能的角度划分，从单一功能点、复合功能点到枢纽点，功能不断完善，在物流网络结构中的辐射范围也不断扩大，规划、设计和管理的难度也逐渐加大。

（2）物流结点的功能

①衔接功能。物流结点将各个物流线路联结成一个系统，使各个线路通过结点更为贯通，这种作用称为衔接功能。物流结点的衔接功能可以通过各种方法实现，主要有：通过转换运输方式衔接不同运输手段；通过流通加工，衔接干线物流及配送物流；通过储存衔接不同时间的供应物流和需求物流；通过集装箱、托盘等集装处理衔接整个"门到门"运输，使之成为一体。

②信息功能。物流结点是整个物流系统或与结点相接物流的信息传递、收集、处理、发送的集中地，这种信息功能在现代物流系统中起着重要作用，也是将复杂的物流诸单元联结成有机整体的重要保证。

在现代物流系统中，每一个结点都是物流信息的一个点，若干个这种类型的信息点和物流系统的信息中心结合起来，形成了指挥、管理、调度整个物流系统的信息网络，这是一个物流系统建立的前提条件。

③管理功能。物流系统的管理设施和指挥机构往往集中设置于物流结点之中，实际

上，物流结点大都是管理、指挥、调度、信息、衔接及货物处理为一体的物流综合设施。整个物流系统运转的有序化和正常化，整个物流系统的效率和水平取决于物流结点的管理职能水平。

2．线

连接物流网络中的结点路线称为线，或称为连线。物流网络中的线是通过一定的资源投入而形成的，具有如下特点。

①方向性。一般在同一条路线上有两个方向的物流同时存在。

②有限性。点是靠线连接起来的，一条线有起点和终点。

③多样性。线是一种抽象的表述，公路、铁路、水路、航空路线、管道等都是线的具体存在形式。

④连通性。不同类型的线必须通过载体的转换才能连通，并且任何不同的线之间都是可以连通的，线间转换一般在点上进行。

⑤选择性。两点间具有多种线路可以选择，既可以在不同的载体之间进行选择，又可在同一载体的不同具体路径之间进行选择，物流系统理论要求两点间的物流流程最短，因此，需要进行路线和载体的规划。

⑥层次性。物流网络的线包括干线和支线。不同类型的线，如铁路和公路，都有自己的干线和支线，各自的干线和支线又分为不同的等级，如铁路一级干线、公路二级干线等。

物流网络不是靠孤立的点或线组成的，点和线之间通过有机联系形成物流网络，点和线其实都是孤立的、静止的，但是采用系统的方法，将点和线有机地结合起来后形成的物流网络则是充满联系的、动态的，点和线之间的联系也是物流网络的要素之一，这种联系才是物流网络的灵魂。

2.4　物流系统常用技术

从以上内容可以看出，物流系统中的某部分已如此复杂，涉及面如此宽，更别说其整体——整个物流了，因此，我们必须采用一定的技术或方法来对其进行研讨。

2.4.1　仿真技术

要对物流系统进行有效研究，在系统设计和控制过程中，得出有说服力的结论，要抓住其作为系统对象的系统数量特性，建立系统模型。

所谓系统模型是由实体系统经过变换而得到的一个映像，是对系统的描述、模仿或抽象。模型化就是用说明系统结构和行为的适当的数学方程、图像以至物理的形式来表达系统实体的一种科学方法。模型表现了实体系统的各组成因素及其相互间的关系，反映实际系统的特征，但它高于实际系统，而且具有同类系统的共性。

物流系统仿真的目标在于建立一个既能满足用户要求的服务质量，又能使物流费用最低的网络系统，其中最重要的是使"物流费用最小"。因此，物流系统仿真的目标应是物流费用。在进行仿真时，首先分析影响物流费用的各项因素，诸如销售点、流通中心，与工厂的数量、规模和布局有关的运输费用、发送费用等。由于大型管理系统中包含有人的因素，用数学模型来表现他们的判断和行为是困难的。但是，仿真方法本身属于一种统计分析的方法，比起一般的解析方法更粗略，但这并不影响仿真方法在物流系统中的应用和推广。

2.4.2 最优化技术

所谓最优化，是在一定的约束条件下，如何求出使目标函数为最大（或最小）的解，求解最优化问题的方法称为最优化方法。一般讲，最优化技术是对众多方案进行研究，并从中选择一个最优的方案。一个系统往往包含许多参数，受外部环境的影响较大，有些因素属于不可控因素。因此，优化问题是在不可控参数发生变化的情况下，根据系统的目标，有效确定可控参数的数值，使系统经常处于最优化状态。系统最优化离不开系统模型化，先有模型化而后才有系统最优化。

物流系统包含的参数绝大多数属于不可控因素，且它们相互制约，互为条件。在外界环境条件约束下，要正确处理好众多因素之间的关系，除非采用系统最优化技术，否则难以得到满意结果。物流系统的基本思想是整体优化的思想，对所研究的对象采用定性、定量（主要是定量）的模型优化技术。经过多次测算、比较，求好选优，统筹安排，使系统整体目标最优。

系统最优化的方法很多，大部分是以数学模型来处理一般问题，如物资调运的最短路径问题、最大流量、最低输送费用（或最低物流费用）以及物流网点合理选择、库存优化策略等，具体有以下几种：①数学规划法；②动态规划法；③探索法；④分割法。此外，博弈论和统计决策也是较好的方法。

2.4.3 分解协调技术

在物流系统中，组成系统的项目繁多，相互之间关系复杂，涉及面广，这给系统分析和量化研究带来一定的困难。可以采用"分解—协调"方法对系统和各方面进行协调平衡，处理系统内外的各种矛盾和关系，使系统能在矛盾中不断调节，处于相对稳定的平衡状态，充分发挥系统的功能。

分解，先将复杂的大系统，如物流系统，分解为若干相对简单的子系统，以便运用通常的方法进行分析和综合，其基本思路是先实现各子系统的局部优化，再根据总系统的总任务、总目标，使各子系统相互协调配合，实现总系统的全局优化。物流总系统可分解为运输子系统、储存子系统、包装子系统、装卸子系统、流通加工子系统以及信息子系统等。因此，物流系统的优化可以采取分别对各子系统局部优化，并从系统的整体利益出发，不断协调各子系统的相互关系，达到物流系统费用省、服务好、效益高的总目标。此外，还要考虑如何处理好物流系统与外部环境的协调、适应。

协调，根据大系统的总任务、总目标的要求，各分系统相互协调配合，在各子系统局部优化的基础上，通过协调控制，实现大系统的全局最优化。协调须从以下两方面予以注意。

①协调的原则。这是设计协调机构或协调器的出发点，包括用什么观点来处理各子系统的相互关系，选取什么量作为协调变量，以及采取什么结构方案构成协调控制系统等。

②协调的计算方法。求得协调变量，加速协调过程，保证协调的收敛性，简化协调器的技术复杂性，都需要探求一定的方法，这是设计协调机构的依据。

除以上技术外，预测、决策论和排除论等方法也较广泛地应用于物流系统的研究中。

2.5 物流系统化

2.5.1 物流系统化的含义

所谓物流系统化，就是把物流的各个子系统联系起来，视为一个物流大系统，进行整体设计和管理，以最佳的结构、最好的配合，充分发挥其系统功能的效率，实现整体物流系统的合理化。

2.5.2 物流系统化的目标

1. 适当的系统规模

对物流系统进行总体设计时，首先要确定其规模，对其所处的地理位置、周围环境、服务对象，特别是物流量、流向等，都要进行详细调查和预测，进行综合分析研究，以确定物流系统的规模。系统设计过大，会造成物流设施、技术装备和功能浪费；系统设计过小，又满足不了需要。

2. 高水平的物流服务

物流系统是流通系统的一部分，具有联结生产与消费的功能，因此具有较强的服务性。这种服务性体现在满足客户需求，达到客户满意的标准。物流系统采用送货、配送等形式，以及近些年出现的"准时供货方式""快递方式"等，都是物流系统提高服务质量和水平的体现。

根据需求，及时运输和配送，按顾客提出的时间、地点，把货物迅速、准确地送到收货地，这是流通对物流的基本要求。

3. 合理的库存调节

库存合理化涉及物流系统本身的效益。物流系统通过本身的库存调节，一方面，满足顾客对到货时效的需求；另一方面，通过库存的调节实现提高物流系统运行效率、降低成本的目的。

4. 较低的物流成本

整个物流系统和各子系统都要求降低成本，以提高相对产出、提高物流系统的能力，降低客户的物流费用，取得物流系统整体的最佳效益。通过降低成本，体现物流是第三利润源。

5. 最佳的整体经济效益

对物流企业来说，构造一个比较完善的物流系统，最终的经营目标是取得最佳的经济效益，即以最小的投入取得同样的产出，或以同样的投入取得最大的产出。

2.5.3 物流系统合理化

物流系统化的最终目标是实现物流系统的合理化。

1. 规模化

通过一次性处理大量货物，提高设备设施的使用效率和劳动生产效率，以降低物流成本，如干线部分的大批量运输、配送中心集中进货、库存集中化等。规模化还有利于采用先进的作业技术，实现自动化和省力化。

2. 合理化

通过有计划地组织物流活动达到物流合理化的目的，如按事先计划的线路和时间从事配送活动、按计划实施采购和进货等。

3. 最优化

通过尽量减少中间环节，选择最短的路线完成商品的空间转移，包括网络整体的优化和子系统的优化，但子系统的优化必须服从整体的最优。

4. 共同化

通过物流业务合作，提高单个企业的物流效率，如共同配送中心内的共同作业、共同集中、配送活动等；通过加强企业之间的协作实施共同物流是中小企业实现物流合理化的重要途径；物流共同化可以货主企业为主体，也可以物流企业为主体。

5. 标准化

标准化包括作业标准化、信息标准化和工具标准化等，实现标准化是有效开展物流活动，提高物流效率不可缺少的环节。物流涉及多个部门、多个环节，标准化是实现物流各个环节相互衔接、相互配合的基础条件，如集装箱的标准化、包装容器的标准化、托盘的标准化，以及保管、装卸器具的标准化等。

6. 信息化

利用现代计算机技术、信息网络技术和数字通信技术，构筑起能够对物流活动相关信息进行高效率搜集、处理和传输的物流信息系统，通过信息的顺畅流动，将物流系统与采购、生产、销售系统密切联系起来，以便有效控制物流作业活动。

2.5.4 物流系统分析

1. 物流系统分析的概念

物流系统是多种不同功能要素的集合，各要素相互联系、相互作用，形成众多的功能模块和各级子系统，使整个系统呈现多层次结构，体现出固有的系统特征。对物流系统进行系统分析，可以了解物流系统各部分的内在联系，把握物流系统行为的内在规律性。因此，不论从系统的外部或内部，设计新系统或是改造现有系统，进行系统分析都是非常重要的。

系统分析是从系统最优出发，在选定系统目标和准则的基础上，分析构成系统的各级子系统的功能和相互关系，以及系统同环境的相互影响。运用科学的分析工具和方法，对系统的目的、功能、环境、费用和效益进行充分的调研、收集、比较、分析和数据处理，并建立若干替代方案和必要的模型，进行系统仿真试验；把试验、分析、计算的各种结果同早先制订的计划进行比较和评价，寻求使系统整体效益最佳和有限资源配备最佳的方案，为决策者的最后决策提供科学依据和信息。

2. 物流系统分析的基本内容

（1）系统目标

这是系统分析的首要工作，只有目标明确，才能获得最优的信息，才能建立和提供最优的分析依据。

（2）替代方案

足够的替代方案是系统分析选优的前提，如一个仓储搬运系统，可采用辊道、输送机、叉车或机器人搬运，使用时要根据具体情况选择不同的搬运系统，替代方案足够多就有较大的选择余地，使系统更优。

（3）模型

模型包括数字模型、逻辑模型，可以在建立系统之前预测有关技术参数，系统建立之后帮助分析系统的优化程度、存在问题及提出改进措施等。

（4）费用与效益

效益大于费用是基本原则。如果费用大于效益，则要检查系统是否合理，是暂时性的，还是长期的；是表面上的，还是本质上的。

（5）评价标准

评价标准用于确定各种替代方案优先选用的顺序。系统的评价准则要根据系统的具体情况而定，但必须具有明确性、可计量性和适度的灵敏度。

系统分析的目的在于通过分析比较各种替代方案的有关技术经济指标，得出决策者决策所需的资料和信息，以便获得最优系统方案。

物流系统分析所涉及的问题范围很广，如搬运系统、系统布置、物流预测、生产—库存系统等。由于系统分析需要的信息量大，为了准确地收集、处理、分析、汇总、传递和储存各种信息，要应用多种数理方法和计算机技术，才能对不同系统目标和采用不同方案的效果进行分析比较，为系统评价和系统设计提供足够的信息和依据。

3. 系统分析的特点

系统分析是以系统整体效益为目标，以寻求解决特定问题的最优策略为重点，运用定性和定量分析方法，给予决策者价值判断的依据，以实现有利的决策。

（1）以整体为目标

在一个系统中，处于各个层次的分系统都具有特定的功能及目标，彼此分工协作，才能实现系统整体的共同目标，如在物流系统布置设计中，既要考虑需求，又要考虑运输、储存、设备选型等；在选择厂（库）址时，既要考虑造价，又要考虑运输、能源消耗、环境污染、资源供给等因素。因此，如果只改善某些局部问题，而其他分系统被忽略或不健全，则系统整体效益将受到不利影响。所以，从事任何系统分析，都必须以发挥系统总体的最大效益为准，不可只局限于个别部分，以免顾此失彼。

（2）以特定问题为对象

系统分析是一种处理问题的方法，有很强的针对性，其目的在于寻求解决特定问题的最佳策略。物流系统中的许多问题都含有不确定因素，而系统分析就是针对不确定因素，研究解决问题的各种方案及其可能产生的结果。不同的系统分析所解决的问题不同，即使对相同的系统所要解决的问题也要进行不同的分析,制订不同的求解方法,所以,系统分析必须以求得解决特定问题的最佳方案为目标。

(3) 运用定量方法

解决问题,不应单凭想象、臆断、经验和直觉。在许多复杂的情况下,需要有精确可靠的数字、资料,并以此为科学决断的依据;有些情况下,利用数字模型有困难,还要借助于结构模型、解析法或计算机模型等进行定量分析。

(4) 凭借价值判断

从事系统分析时,必须对某些事物进行某种程度的预测,或者以过去发生的事实为参照,推断未来可能出现的趋势或倾向。由于所提供的资料有不确定的变量,而客观环境又会发生各种变化,因此在进行系统分析时,还要凭借各种价值观念进行综合判断和选择。

4. 物流系统分析的原则

(1) 外部条件与内部条件相结合的原则

注重外部条件与内部条件的相互影响,了解物流活动的内在和外在关联,正确处理好它们之间的转换与相互约束的关系,促使系统向最优方向发展。

(2) 当前利益与长远利益相结合的原则

所选择的方案,既要考虑目前的利益,又要兼顾长远利益。只顾当前不顾长远,会影响企业和社会的发展后劲;只顾长远不顾当前,会挫伤企业的发展积极性。只有方案对当前和将来都有利,才能使系统具有生命力。

(3) 子系统与整个系统相结合的原则

物流系统是由多个子系统组成的,并不是所有子系统都最好,整个系统才是最好的,而应以整体系统最好为评价标准,只有当子系统以能发挥最大功能为目标组合在一起并且使整个系统最佳时,才为最好,如一辆汽车,整车的使用年限为十年,而轮胎的年限即使有二十年,其作用也只有十年,而当所有汽车零配件的使用年限都最为接近时,整个汽车(相当于整体系统)年限才达到最佳。

(4) 定量分析与定性分析相结合的原则

当分析系统的一些数量指标时,采用定量分析的方法,有利于使系统量化,便于根据实际确定对策,如车辆发车的时间间隔、仓库的大小适宜度等;而当分析那些不能用数字量化的指标时,如政策因素、环境污染对人体的影响等,则采用定性分析的方法,这可以减少弯路,节省成本。

5. 系统分析的基本步骤

系统工程的核心就是用科学的方法进行系统分析,而系统分析的过程大致要经过以下几个基本步骤。

(1) 明确问题的性质,划定问题的范围

进行系统分析,首先要明确问题的性质,划定问题的范围。通常,问题是在一定的外部环境作用和系统内部发展的需要中产生的,这不可避免地带有一定的本质属性,并限定了其存在范围;只有明确了问题的性质范围后,系统分析才能有可靠的起点。其次,还要研究问题要素、要素间的相互关系以及同环境的关系等,把问题界限进一步划清。

(2) 确定目标

要解决问题,首先要确定具体的目标。目标通过某些指标来表达,系统分析是针对所提出的具体目标而展开的，由于实现系统功能的目标靠多方面因素来保证，因此系统目标也必然有若干个，如物流系统的目标包括物料费用、服务水平，即以低的物流费用获得高的服务水平，以确保物流系统整体效益最大。在多目标情况下，要考虑各项目标的协调，防止发生抵触或顾此失彼，同时还要注意目标的整体性、可行性和经济性。

（3）收集资料，提出方案

拟订方案必须有资料作为依据，方案的可行性论证更需要有精确可靠的数据，为系统分析做好准备。收集资料通常是进行全面调查、实验、观察、记录及分析等。

（4）建立模型

所谓建立模型，就是找出说明系统功能的主要因素及其相互关系并选择适当的分析模式。由于表达方式和方法不同，模型有图式模型、模拟模型、数字模型等。通过模型的建立，可确认影响系统功能和目标的主要因素及其影响程度，确认这些因素相关的程度，可分析出总目标和分目标的达成途径及其约束条件。

（5）系统优化

系统优化是运用最优化的理论和方法，对若干替代方案的模型进行仿真和优化计算，得出几个替代解。

（6）系统评价

根据最优化所得到的有关解答，考虑前提条件、假定条件和约束条件后，再结合经验和知识决定最优解，从而为选择最优系统方案提供足够的信息。

对于复杂的系统，系统分析并非一次即可完成。为完善修订方案中的问题，有时需要根据分析结果对提出的目标进行再探讨，甚至重新界定问题范围后再做系统分析。

阅读材料

荷兰的阿斯米尔鲜花拍卖市场物流系统

荷兰阿斯米尔鲜花拍卖市场成立于1912年，占地71.5万平方米，拥有5 000家股东，1 800名员工，每天鲜花销售量为1 400万枝，绿色植物50万盆，成交额5万笔；全年鲜花销售35亿枝，植物3.7亿盆，80%出口国外，是世界上最大的鲜花拍卖市场。该市场分为拍卖部和货运部，拥有2个停车场、4 500个车位、3万平方米冷藏空间，货运量为2 000辆货车/每天。

鲜花和植物是易损品，储存和运输都很困难，要求很强的时间性和很好的储存设备与技术。阿斯米尔鲜花拍卖市场的鲜花一般在第一天晚上到货，第二天进行拍卖，为保证拍卖的速度与质量，在该拍卖市场交易的顾客必须登记注册，以便使用服务。拍卖行建立了完善的信息组织系统，在该系统中可以查到全部拍卖品种的数量和品质，并且有顾客的记录和账号，在拍卖过程中只要按一下按钮，顾客就完成了鲜花选购。成功拍卖的花束被装进纸箱或塑料箱，运到拍卖行发货中心，装入有冷藏设备的集装箱，发货中心设有海关和检疫站，所有货物在拍卖的当天或第二天通过陆运或空运出现在欧洲或美洲市场上。为确保质量和信誉，未卖出的鲜花和植物在拍卖当天晚上全部销毁，绝不过夜。这是一种社会化的物流系统，它集仓储技术、加工技术、包装技术、配送技术、运输技术、信息技术于一体，整合了市场、仓库、车辆、公路、机场、海关、检疫站等多个环节，通过高效的管理，最终达到省时、保质的结果，这就是困扰整个物流行业的生鲜品物流在阿斯米尔鲜花拍卖市场会如此成功的原因。

资料来源：刘少才. 荷兰阿斯米尔——鲜花拍卖市场 [J]. 园林, 2016 (3)：86-88.

复习思考题

1. 何谓系统，其一般模式如何？
2. 试述物流系统的组成要素。
3. 物流系统中的主要制约关系有哪些？
4. 举例说明物流系统的分析过程。

第 3 章 运输与配送

🎯 **学习目标**

1. 通过本章的学习，理解运输的概念、功能和作用，掌握几种不同的运输方式的特点；了解不合理运输的表现形式，掌握运输合理化的有效措施。
2. 能够根据运输方式特征，合理安排运输作业活动。
3. 掌握配送及配送中心的概念，理解配送合理化，识别配送中心业务流程及配送的基本作业环节。

案例导入

京东的物流配送之殇

京东凭借快速物流积累起来的忠实用户面临流失的危险。家住北京天通苑附近的李女士，一位已经被京东粘了三年的忠实顾客，在 2011 年 8 月就被一次空调的网购经历彻底伤害了——迟缓混乱的物流、严重受损的产品以及机械应付的客服，改变了她对京东商城的印象。

类似的糟糕体验近来并不鲜见。"这是我经历过的最糟糕的网购。""开一辆'金杯'，把冰箱横着就送来了。"……很多用户直接在微博上留言。从用户们给京东商城的网评来看，大部分的投诉均集中在大宗家电的物流、配送和售后环节。事实上，如何解决上述问题，已经成了刘强东及其团队近来的大课题。从客户体验的角度，李女士的抱怨针对的是产品完成下单付款后的环节——配送。在京东大家电项目的买家评论中，差评也主要集中在物流配送环节，大多为送货慢、送错货以及物流损伤。在刘强东的短期任务列表中，"不遗余力地继续投资物流、扩大订单和售后处理能力"，也始终被放在"快速提高销售额，稳步提升毛利率"之前。但这件事非朝夕之功。

刘强东多次承认，京东成长的脚步正被物流环节拖累，订单增长太快成为"甜蜜的烦恼"，物流中心的处理能力无法跟上，消费者体验肯定大打折扣。他坦言："无论过去还是现在，物流都是我们最大的挑战。公司能不能继续平稳地发展，就在于物流体系建设的成功与否。"

思考：什么是配送？配送具有哪些功能？合理配送的标志有哪些？前述提到的京东物流配送有哪些可以优化的地方？

3.1 运输的内涵与作用

从物流系统的功能看,运输实现物品空间的位置转移,并创造物流的空间效用。物流活动的其他各环节都是围绕运输和储运而进行的。从经济体系的角度看,运输业是国民经济的一个重要组成部分,是实现物流系统输送功能的产业。因此,加强运输活动的研究,实现运输合理化,无论是对物流系统整体功能的发挥,还是对促进国民经济持续、稳定、协调发展,都有着极为重要的意义。

3.1.1 运输的内涵

简言之,运输是指借助运输工具将人或货物在空间上进行位置移动,以期实现物流的空间效用。运输作为物流系统的主要功能,包括生产领域的运输、流通领域的运输和居民生活相关运输。

生产领域的运输活动,作为生产过程中一个组成部分,直接为产品的生产服务,其内容包括原材料、在制品、半成品和成品的运输。这种物流服务对象的生产特性决定了运输的运作组织方式,如运输的批量、空间、时间要求、送达的地点及路线等均不同于流通领域、城市配送、快递等物流服务。

流通领域的运输活动,则是作为流通领域里的一个环节,是生产过程在流通领域的继续,其主要内容是对物质产品的运输,是以社会服务为目的,完成物品从生产领域向消费领域在空间位置上的转移。

居民生活相关运输是指国民在日常生活中所产生的运输需求,如零担运输、包裹快递、邮件等。过去我国对这种运输的开发不够,随着国民生活水平的提高和文化习惯的改变,这种需求越来越大。在经济发达国家,为此服务的物流市场具有较大规模,活跃着许多知名企业。

从宏观方面看,运输业是国民经济的重要组成部分,是经济、政治、文化、技术联系的纽带。运输通道构成了国民经济运输的大动脉。没有运输业的活动,国民经济各方面之间的各种联系就会中断,经济就难以发展,社会再生产过程就会停滞。需要从物流系统的功能出发,来研究运输功能的发挥,以促进物流系统整体功能的实现,创造物流过程的空间效益。

从微观方面看,运输业解决物品空间需求的差异。从根本上讲,物质产品的生产以满足社会的各种需求为目的,物质产品的使用价值只有在社会消费或最终消费过程中才能实现。物质产品在进入消费领域进行消费之前,它的使用价值只是一种潜在的可能性。物质产品只有通过运输活动,才能把物品送达用户,进入消费,从而消除物质产品在空间位置上的差异,物质产品的运输功能创造物质产品的空间效用。

3.1.2 运输的地位和作用

1. 运输在国民经济中的地位

在整个国民经济中,专门从事货物和旅客运营的运输业是一个独立的经济部门,运输在整个国民经济中的地位表现在以下几个方面。

(1) 运输是物流的核心功能，是生产过程在流通领域内的继续

交通运输是国民经济的基础设施，是社会再生产得以顺利进行的必要条件。为了完成货物运输，要投入人类的劳动，包括活劳动和物化劳动。为了促使物质产品使用价值的最终实现，必须有运输这种追加劳动，它表现为一种生产性的劳动。

(2) 运输是连接产销、实现流通的纽带

国民经济各部门之间既相互独立，又相互联系、相互促进和相互制约。交通运输在整个国民经济中是一个重要的部门，是国民经济的大动脉，是社会发展的一个重要条件，起着连接生产、分配、交换、消费各环节和沟通各地区和各部门的纽带和桥梁作用。社会再生产过程的循环，是通过交通运输这条纽带把各环节构成一个统一的整体，使整个社会经济活动得以正常地运动和顺利地进行。

(3) 运输是加速社会再生产和促进社会再生产连续进行的前提条件

交通运输业的生产目的是最大限度地满足国民经济发展对运输的需要。因此，交通运输作为一个独立的经济部门，在社会再生产过程中处于"先行"的战略地位。只有通过运输业的活动，才能使社会经济活动顺利进行。

(4) 运输是保证市场、满足生产建设、实现生产目的的基本条件

运输业作为国民经济的物质生产部门，不同于工业、农业、建筑业等其他物质生产部门，它不增加物质产品的使用价值，但增加了物质产品的价值。

2. 运输在物流过程中的作用

运输是物流的两大支柱之一，是物流过程各项业务活动的核心。物流合理化，在较大程度上取决于运输的合理化。因此，在物流过程的各项业务活动中，运输是关键。

首先，运输是物流网络上物品动态流动的实现载体，是物流系统的动脉；其次，运输真正创造了物流的空间效用；再次，通过提高物流速度，可以发挥物流系统整体功能；最后，运输目的的实现可以加快资金周转速度，降低资金占用时间，是提高物流经济效益和社会效益的重点。

在物流过程中，直接耗费活劳动和物化劳动，产生的直接费用主要有运输费、保管费、包装费、装卸搬运费等，其中，运输费用所占的比重最大，是影响物流费用的重要因素。因此，在物流各环节中，搞好运输工作，开展合理运输，不仅关系到时间，而且影响物流费用。不断降低物流运输费用，对于提高物流经济效益和社会效益，都起着重要的作用。

3.2 运输方式及其特点

商品运输可以采用不同的运输方式，不同的运输方式各有自身的特点，基本的运输方式有铁路运输、公路运输、水路运输、航空运输以及管道运输，每一种运输方式所能提供

的服务内容和服务质量各不相同，因而，每一种运输方式的成本也各不相同。企业应该根据自身的要求，综合考虑各方面的因素，选择合适的运输方式。

3.2.1 铁路运输

铁路运输最大的优势就是能够以相对较低的价格运送大量的货物。中华人民共和国成立以来，铁路运输一直是我国运输业的主力。铁路运输的主要货物有煤炭、矿石、钢铁、石油、谷物、水泥等，这些产品都有一个共同的特点，即低价值和高密度，且运输成本在商品售价中所占的成本比较大。

铁路运输优点是速度快、可靠性高、连续性强、远距离运输费用低，一般不受气候因素影响等。其缺点是：铁路运输受线路、货站限制，机动性差；铁路运输受运行时刻、配车、编列或中途编组等因素的影响，不能适应用户的紧急需要，难以做到"门到门"服务；近距离运输时，其运费较高。

铁路货物的运输，按照货物的数量、性质、形状、运输条件等可区分为整列运输、整车运输、集装箱运输、混装运输（零担货物运输）和行李货物运输等，另外还有营业性线路运输和专用线路运输等。

目前，随着其他运输形式，尤其是公路运输业的发展，铁路运输在运输行业中所占的比例有逐渐减少的趋势，但在可预见的未来，铁路运输仍是中、长距离客货运输的主力。

3.2.2 公路运输

公路运输的工具主要是汽车，它主要承担短途运输和无其他陆路运输形式的运输任务。汽车运输是一种适应性强、机动灵活、送达速度快、投资少、可以广泛参与联合运输的运输方式。它可以将两种或两种以上运输方式串联起来，实现多种运输方式的联合运输，做到货物的"门到门"服务；可以承担空运班机、船舶、铁路的衔接运输，起到集疏运的作用。同时，它也是一个独立的运输体系，可以独立完成货物运输的全过程，在运输过程中，换装环节少，适宜于近距离、中小量货物运输，运输费用相对较低。公路运输是货物运输的主要形式。

汽车运输的不足主要表现为运量较小、效率低、能耗大、环境污染较大等。

基于不同的角度，汽车货物运输的种类也不同。按运输形式不同，公路运输可分为以下几类。

（1）整车货物运输

凡托运人一次托运的货物重量在3吨以上，或虽不足3吨，但其性质、体积、形状需要一辆汽车运输的，为整车货物运输。

（2）零担货物运输

凡托运人一次托运货物计费重量3吨以下的，为零担货物。

（3）特种货物运输

由于货物性质、体积、重量的特殊要求，需要以大型汽车或挂车以及罐车、冷藏车、保温车等车辆运输的，称为特种货物运输。

（4）大型货物运输

大型货物运输指在我国境内道路上运载大型物件的运输，它是特种货物运输的一种典型运输形式。

（5）集装箱运输

集装箱运输指采用汽车承运装货集装箱或空箱的过程，主要运输形式有港口码头、铁路车站集装箱的集疏运输，门到门运输，以及公路直达的集装箱运输。

（6）包车运输

包车运输指把车辆包给托运人安排使用，并按时间或车辆行驶里程计费的运输。包车运输通常有两种形式，一是按货物运输里程计算运费的计程包车运输，二是按包车时间计算运费的计时包车运输。

从公路运输业的业务特征看，可分为汽车运输业、汽车公路业、汽车运输管理业、轻型车辆运输业等。按运输货物种类又可区分为普通货物汽车运输业、特殊货物汽车运输业和无偿货物汽车运输业三类。

3.2.3 水路运输

水路运输是利用船舶运载工具在水路上进行的运输，所以又称为船舶运输，简称水运。水运又可分为利用海洋的海上运输，利用河川、湖泊等内陆水域的内水运输。从运输的组织形式上，水路运输又分为定期运输和不定期运输两类。

水路运输的优点是载重量大、能耗小，能够以较低的单位运输成本提供较大的货运量，尤其在运输大宗货物或散装货物时，采用专用的船舶运输，可以取得更好的技术经济效益。

水路运输的缺点是运输速度较慢，装卸搬运费用较高，航运和装卸作业受天气的影响较大等。

3.2.4 航空运输

航空运输是在具有航空线路和航空港的条件下，利用飞机等运载工具进行的运输。航空运输在货物运输业中，货运量所占比重不大，但其运输货物多为高附加值货物。

航空运输的最大特点是速度快，适合于运输费用负担能力强、货运量小的中、长距离运输。

3.2.5 管道运输

管道运输是通过管道运输液体和气体货物的一种运输方式，如原油、成品油、天然气和其他气体等。

管道运输的特点是连续性强、损耗小、运输安全、建设投资小、占地面积小等。但是管道运输是一个单向封闭运输系统，灵活性差。

3.2.6 综合运输

综合运输是将两种或两种以上的运输方式或运输工具有机结合起来，实行多环节、多区段相互衔接的接力式运输，综合运输业称为"多式联运"。

综合运输有以下优点：缩短了货物运输的在途时间，提高了运输工具的利用率，简化了运输手续，有利于开展集装箱单元化运输。

3.3 运输合理化

3.3.1 不合理运输形式

不合理运输主要有以下几种表现形式。

1. 空驶

空驶指空车无货载行驶，是不合理运输的最严重形式。但在实际运输组织中，有时候必须调运空车，从管理上不能将其看成不合理运输。造成空驶不合理运输主要有以下几种原因。

①能利用社会化的运输体系而不利用，却依靠自备车送货提货，出现单程重车、单程空驶的不合理运输。

②由于工作失误或计划不周，货源不实，车辆空去空回，形成双程空驶。

③由于车辆过分专用，无法搭运回程货，只能单程实车、单程回空周转。

2. 迂回运输

迂回运输指商品运输本来可以走直线或经最短的运输路线，却采取绕道而行的不合理运输现象。如图 3-1 所示，由甲地发运货物经过乙和丙两地至丁地，那么在甲、乙、丙、丁各地之间便发生了迂回运输，共运输 170 千米。正确的运输线路，应该从甲地经过戊地至丁地，共 80 千米。

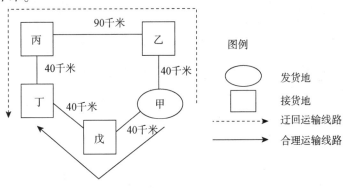

图 3-1 迂回运输示意

3. 过远运输

调运物品舍近求远，近处有资源不用而从远处调，可采取近程运输而未采取，造成了物品运输的浪费现象。过远运输占用运力时间长、运输工具周转慢、物品占压资金时间长、远距离自然条件相差大，又易出现货损，增加了费用支出。过远运输有两种表现形式，一是进货方可从距离较近的销地购进所需要的相同质量的货物，却超出货物合理流向的范围，从远距离的地区运进来；二是两个生产地生产同一种货物，它们不是就近供应邻近的消费者，却调给较远的消费地。如图 3-2 和表 3-1 所示，甲和乙是两个产地、A 和 B 是两个销地，货物需求量和需要量都是 5 吨，从图表信息可得出，如果由甲地供应 B 地、乙地供应 A 地，是不合理的，比甲地供应 A 地、乙地供应 B 地浪费了 2 000 吨公里的运力和运费，所以合理的运输线路是甲地供应 A 地、乙地供应 B 地。

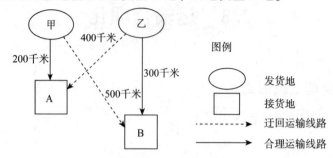

图 3-2 过远运输示意

表 3-1 过远运输与合理化运输比较表

产地	销地	
	A	B
甲	5 吨×200 千米	5 吨×500 千米
乙	5 吨×400 千米	5 吨×300 千米

4. 对流运输

对流运输又称相向运输，指同一种商品或彼此可以代用的商品，在同一运输路线上或在平行的路线上，朝着相反方向运行，与对方运程的全部或部分发生重叠的不合理运输现象。对流运输又分为明显对流运输和隐蔽对流运输，明显对流运输指发生在同一条运输路线上的对流运输，如图 3-3 所示，从图 3-3 中可以看出，某种货物从甲地经过乙地运至丙地，同时又从丁地经过丙地运至乙地，这样在乙地与丙地之间产生了对流运输。隐蔽对流是指同一种货物在违背近产近销的情况下，沿着两条平行的线路朝相对方向的运输，如图 3-4 所示，甲和丁为两个发货地、乙和丙为两个收货地，各地之间的距离分别为 40 千米、30 千米、20 千米、10 千米。从丁地发货 2 吨给丙地，从甲地发运同种货物 2 吨给乙地，这种运输路线是不合理的，其中浪费 40 吨公里的运力。正确的运输线路应该是丁地发给乙地，甲地发给丙地。

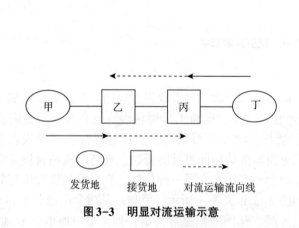

图 3-3 明显对流运输示意

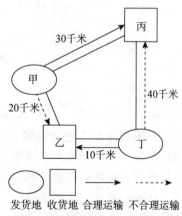

图 3-4 隐蔽对流运输示意

5. 倒流运输

倒流运输是物品从销地或中转地向产地或起运地回流的一种运输现象，这种现象经常表现为对流运输或迂回运输，但其不合理程度要甚于对流和迂回运输，原因在于往返运输都是不必要的，形成了双程浪费。倒流运输也可以看成是隐蔽对流运输的一种特殊形式。

6. 亏吨运输

亏吨运输是商品的装载量没有达到运输工具的装载标准重量或没有装满车船容积而造成亏吨的不合理运输现象。

7. 重复运输

重复运输是一批商品本来可以一次直接运达目的地，但由于组织工作的失误，使商品在中途停卸又重复装运的不合理运输现象。

8. 无效运输

无效运输是运输的商品当地不适销，或商品质量次、杂质多，从而造成运力浪费的不合理运输现象。

9. 运力选择不当

运力选择不当是指未合理利用各种运输工具优势，不正确地选择运输工具造成的不合理现象，常见的有以下三种形式。

①弃水走陆。在同时可以利用水运及陆运时，不利用成本较低的水运或水陆联运，而选择成本较高的铁路运输或汽车运输，使水运优势不能发挥。

②铁路、大型船舶的过近运输。铁路、大型船舶的过近运输是指不是铁路及大型船舶的经济运行里程，却利用这些运力进行运输的不合理做法。主要不合理之处在于火车及大型船舶起运及到达目的地的准备、装卸时间长，且机动性不足，在过近距离中利用，发挥不了运输量大的优势；相反，由于装卸时间长，反而会延长运输时间。另外，和小型运输设备比较，火车及大型船舶装卸难度大，费用也较高。

③运输工具承载能力选择不当。不根据承运物品数量及重量选择，而盲目决定运输工具，造成过分超载、损坏车辆或物品不满载、浪费运力的现象，尤其是"大马拉小车"现象较多，由于装货量小，单位物品运输成本必然增加。

10. 托运方式选择不当

托运方式选择不当是指对于货主而言，可以选择最好托运方式却未利用，造成运力浪费及费用支出加大的一种不合理运输现象，应该选择整车运输却采取零担托运，应当直达运输而选择了中转运输，应当中转运输而选择了直达运输等，都属于这类不合理运输。

3.3.2 运输合理化内涵

物流过程的合理运输，是从物流系统的总体目标出发，选择合理的运输方式和运输路线，即运用系统理论和系统工程原理和方法，选择合理的运输路线和运输工具，以最短的路径、最少的环节、最快的速度和最少的劳动消耗组织运输活动。

1. 运输方式的合理选择

各种运输方式及其所使用的运输工具各具特点，各类物品对运输的要求不尽相同，因此，合理选择运输方式就是合理利用各种运输方式，以确保运输的高效、准时、经济、安全。

运输方式的选择，一般要考虑的基本因素有：一是运输方式的速度问题，二是运输费用问题，三是各种可选运输方式的合理组合。

从物流过程中的运输功能来看，快捷的运输是物流服务的基本要求。但是，速度快往往意味着运输费用高。同时，在考虑运输经济性问题时，仅从运输费用本身进行判断是片面的，快捷的运输可以缩短物品的在途时间，使库存减少，从而减少物品的保管费等。

所以，运输方式或运输工具的选择，应该是综合考虑上述各种因素后，寻求运输费用与保管费用最低的运输方式或运输工具。在许多情况下，由于运输空间对运输方式的限制，并不能选择最理想的运输方式组合，还需要从物流运输的功能来研究，采用综合评价的方法来选择运输方式或运输工具。

2. 运输路径的合理化

组织合理的运输路径是通过合理的安排和筹划，使每次运输或每批次的运输在运送路径、流程等方面达到最佳或接近最佳，以使货物运输准时、经济、安全。

运送路径最佳化的表述指标一般是运送距离最短，或运送时间最短，或运送成本最低，如城市配送业务一般强调最短运输路径设计，国际运输则强调运送时间最短和准确。在城市货物配送、集货过程中，往往根据货物送达地点的布局，合理设计车辆的运行路径，减少车辆绕行。而对于船舶运输而言，则是合理设计船舶的挂港顺序和挂靠地点、合理设计货物的换装或中转地点，以使货物在途时间最短，装卸次数最少。在地区间的零担运输中，则是通过整合零散单位货物为批次货物，利用整车运输来达到规模经济效果。

运输线路的合理化可基于一些理论方法，通过整体规划、优化设计、恰当管理来实现；为了确保上述指标的实现，运输流程的设计和控制十分重要，实际上，运输线路的合理化与运输方式的合理化是紧密相关、相辅相成的。

3.3.3 运输合理化措施

运输成本在物流成本中所占的比重最大。日本通产省对六大类货物物流成本的调查结果表明，运输成本占40%左右，如果将产品出厂包装费计入制造成本，则运输成本是物流成本的50%以上，因此，运输合理化有重要意义。实现运输合理化的途径有以下几方面。

1. 运输网络的合理配置

区别储存型仓库和流通型仓库，合理配置物流基地或物流中心，基地的设置应有利于货物直送比率的提高。

企业在规划运输网络时，要充分考虑经营战略、销售政策等因素，如为了确保销售和市场占有率，需要利用多少个仓库、配送中心；是全部外包，还是自己承担一部分；配送中心、仓库如何布局，密度多大，相距多远等。考虑到这些才可能既满足销售的需要，又能减少交叉、迂回、空载运输，降低运输成本，提高运输效益。

2. 选择最佳的运输方式

铁路、公路、水运、航空、管道五种运输方式，各有特点，其适用的范围有所差别。

铁路和水运运量大、运费低，适于长距离、大批量的干线运输，运输的货物适于"重、厚、长、大"，经济运输里程为 200 千米以上；不足之处是灵活性差，两头需要配套衔接，装卸搬倒次数多。公路运输适合近距离、小批量、多品种、多批次的运输，在运输"轻、薄、短、小"货物方面胜于铁路和水运，同时，又能开展"门到门"的送货服务，中途搬倒、装卸次数少；不足之处是长途运输和大批量的干线运输缺乏优势，汽车废气造成公害，不利于环保。航空运输最大的优势是速度快，保鲜物品，高价值商品，紧急救险、救灾物资等适合航空运输；不足之处是运费高，运量小。管道运输，由于采用密闭装备，运输途中能避免散失、遗漏，而且运输量大，有连续性，占地小、不必包装；但运输物的种类限于气体、液体和粉状物。

图 3-5 表示公路、铁路和水运的运费比较，其中包括在终端的装卸费用。纵轴上的 C_1、C_2、C_3 点表示相应的终端费用，当运输距离小于 D_1 时公路运输费用最低，D_1 至 D_3 的距离内铁路运输最便宜，而长距离运输大于 D_3 时，则以水运为好。

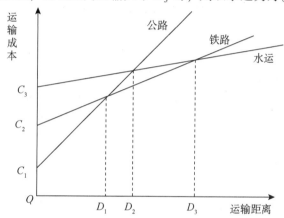

图 3-5　不同运输方式的成本比较

在确定运输方式之后，也要考虑运输工具的问题，如公路运输还要选择汽车车型（大型、轻型、专用），用自有车还是委托运输公司调配车辆等。

3．提高运行效率

努力提高车辆的运行率、装载率，减少车辆空载、迂回运输、对流运输、重复运输、倒流运输，缩短等待时间或装载时间，提高有效工作时间，降低燃料消耗。

防止车辆空载的办法有：充分利用专业运输队伍；周密制订运输计划；有效运用相关信息，如货源信息、道路交通信息、天气预报、同行业运输信息等。

4．推进共同运输

提倡部门之间、集团之间、行业之间和企业之间进行合作，协调运输计划，共同利用运力；批发业、零售业和物流中心之间在组织运输方面加强配合，提高运输工作效率，降低运输成本。

5．采用现代运输方法

为提高运输系统效率，一些新的运输模式应该加以推广，如多式联运、一贯托盘化运输、集装箱运输、散装化运输、智能化运输、门到门运输等。

当然，运输的合理化必须考虑包装、装卸等有关环节的配合及其制约因素，还必须依赖于现代化信息系统，才能实现改善的目标。

6. 减少动力投入，增加运输能力

运输的投入主要是能耗和基础设施的建设，在设施建设已定型和完成的情况下，尽量减少能源投入，这样可以节约运费，降低单位货物的运输成本，达到合理化的目的，如在铁路运输中，在机车能力允许的情况下，多加挂车皮；在水路运输中，利用竹、木本身的浮力，实行拖引和拖带法；在内河运输中，将驳船编成队行，由机动船顶推前进；在公路运输，实行汽车挂车运输，以增加运输能力等。

7. 通过流通加工，使运输合理化

有不少产品，由于产品本身形态及特性问题，很难实现运输的合理化，而进行适当加工，就能够有效解决合理运输问题，如，将造纸材料在产地预先加工成干纸浆，然后压缩体积再进行运输；将轻泡货预先捆紧包装成规定尺寸，提高装载量；将水产品预先冷冻，提高装载率并降低损耗。

要想实现运输合理化就要考虑运输系统的基本特性。对于城市之间、地区之间的长距离运输（干线输送），由于货物的批量大，对时间要求不很苛刻，因此，要实现合理化就要考虑降低运输成本；对于地区内或城市内的短距离运输（末端输送），以向顾客配送为主要内容，批量小，应及时、正确地将货物运到，这种情况下的合理化目标应以提高物流服务质量为主。

3.3.4 运输性能评价

货物运输性能主要通过经济效益、生产力、服务质量和反应时间这四个指标进行衡量评价。

1. 经济效益指标

经济效益指标包括运输费用以及运输设备价值指标等。运输费用包括进出货运费、运输驾驶及管理人员工资、运输车队租赁费、站场使用费、通信费、办公场地租用费、维护费、第三方运输费、业务中介和货物中转费、安全费、包装材料费等，是衡量运输成本高低的标准。

运输设备价值指标包括运输设备价值、运输设备运行成本、运输设备收入、运输设备资本成本、运输设备物流增加值等，它是衡量企业运输设备配置是否经济合理的指标，其中：

物流增加值＝运输设备收入−运输设备运行成本−运输设备资本成本

运输设备资本成本＝运输设备价值×年利率

如果某企业某运输设备的物流增加值为负，说明该企业自有这一运输设备是不经济的，也是不合理的。

2. 生产力指标

生产力指标包括运输设备生产力和操作人员生产力指标。运输设备又分货物装载容器和运输工具。

货物装载容器又分汽运货物容器、水运货物容器、空运货物容器等。由于货物容器的载重、容积等有限，因此在容器利用时应注意和装载货物的重量和体积匹配。

容器利用情况可用容器率指标 CU 衡量，其中：

$$CU = \text{Max} \{\text{容积利用率，载重利用率}\}$$

$$\text{容积利用率} = \text{货物体积}/\text{容器容积}$$

$$\text{载重利用率} = \text{货物重量}/\text{容器最大承重量}$$

运输工具（卡车、飞机、火车和船只）的消耗为实际运行小时数、最大可运行小时数或运输工具投入成本。运输工具的产出包括货运件数、货运吨数、货运立方数、货运价值、货运公里数及货运吨公里数等。因此有以下运输工具的生产力指标：

①运输工具使用率=实际运行小时数/最大可运行小时数；
②运输工具收益率=货运收益/运输工具投入成本；
③单位运行时间的货运件数；
④单位运输工具吨公里数；
⑤单位运行时间吨公里数；
⑥单位运输时间货运吨数。

由于运输工具由操作人员所使用，因此，运输操作人员生产力指标与运输工具生产力指标类似。常见的衡量运输操作人员生产力的指标包括单位人小时的货运站点数、货运公里数、货运容器数、货运吨数及货运托盘数等。

3. 服务质量指标

服务质量指标包括未被索赔货运百分比、完好货运百分比、事故点间距、准时送达百分比、准时发运百分比、完美货运百分比（即单据、到达时间、达到地点、事故、货损等各方面都达到要求，并未受到用户索赔的货运数占总货运数的百分比）、完美路线百分比（全部为完美货运的货运路线所占总货运路线的百分比）等。

4. 反应时间指标

在货运过程中，更快的运输、装卸意味着更大的资产利用率、更大的效益，衡量货运完成速度的指标即为反应时间指标。常见的反应时间指标如下。

货运在途时间——点对点运输运行时间。

货运在途时间变化——点对点运输运行时间的变化。

物资装卸时间——在取货/发货点进行物资装卸的时间。

滞留时间——在取货/发货点进行物资装卸时，由于码头拥塞、收货人或发货人迟到所造成的等待时间。

运输延迟时间——由于交通堵塞等造成运输减速或停止所用的时间。

通过四个货运指标及其分指标，可建立货物运输性能的评价体系，并利用层次分析法、综合评价法等系统工程方法形成对货物运输性能的整体评价，为运输管理工作的改进和进一步提高指出方向。

3.4 配送概述

3.4.1 配送的定义与内涵

1. 配送的定义

我国物流先驱王之泰从两个方面对配送进行了定义：一是从经济学资源配置的角度，将配送在社会再生产过程的位置和配送的本质行为表述为"配送是以现代送货形式实现资源的最终配置的经济活动"；二是从配送实施形态表述为"配送是按用户订货要求，在配送中心或其他物流节点进行货物配备，并以最合理方式送交用户"。

国家标准《物流术语》（GB/T 18354—2021）定义为：根据客户要求，对物品进行分类、拣选、集货、包装、组配等作业，并按时送达指定地点的物流活动。

2. 配送的内涵

配送本身是一种商业行为，虽然在配送活动具体实施时，也有以商物分离形式实现的，但从配送的发展趋势看，它与商流越来越紧密地结合在一起，是商物合一的产物，本身是一种商业形式，所以有人把它叫作商业配送。

配送是送货，但和一般送货有区别：一般送货可以是一种偶然的行为，而配送是一种有确定组织、确定渠道，有一套制度的体制形式，有一套装备和管理力量、技术力量。配送比送货的内容更广泛，包括分货、选货加工、配货等业务；配送依赖物流信息系统的配合；对技术要求更高。所以说，配送是一种高水平的送货形式。

配送是"配"和"送"有机结合的形式。配送利用了有效的分拣、配货等理货工作，使送货达到一定的规模，利用规模优势取得较低的送货成本。

配送是以用户要求为出发点进行的送货。从用户利益出发、按用户要求进行的一种活动，配送企业需明确"用户第一""质量第一"的服务观念。

配送是相对于干线运输而言的概念。从狭义上讲，运输分为干线部分的运输和支线部分的配送。从工厂仓库到配送中心之间的批量货物的空间位移称为运输，从配送中心向最终用户之间的多品种小批量货物的空间位移称为配送。运输与配送的对比如表3-2所示。

表3-2 运输与配送的对比

对比项目	运输	配送
运输性质	干线运输	支线运输、区域内运输、末端运输
货物性质	少品种大批量	小批量多品种
运输工具	大型货车或铁路运输、水路运输	小型货车
管理重点	效率优先	服务优先
附属功能	装卸、捆包	装卸、保管、包装、分拣、流通加工、订单处理等

3.4.2 配送的作用

1. 有利于实现物流社会化和合理化

配送不仅能促进物流的专业化、社会化发展，还能以其特有的运动形态和优势调整流通结构，促使物流活动向规模经济发展。从组织形态上看，它是以集中的、完善的送货取代分散性、单一性的取货。从资源配置上看，则是以专业组织的集中库存代替社会上的零散库存，衔接了产需关系，打破了流通分割和封锁的格局，很好地满足了社会化大生产的发展需要，有利于实现物流社会化和合理化。

2. 有利于实现物流资源的合理配置

在库存分散的状态下，经常会出现物资超储积压和设备闲置现象，而将分散的库存和库存物资集中配送后，有利于实现价值。开展配送活动，建立起合理的库存结构和运输结构，能够提高物流设施的利用率和物流设备的工作效率，实现物流资源的合理配置。

3. 有利于开发和应用新技术

开展配送活动，必须相应地配备各种物流设施和设备，提高配送的作业效率。配送的发展过程就是应用现代高新技术和配送设施、设备的更新改造，不断促进高新技术的开发与应用的过程。

4. 有利于创造物流效益

配送是专业化的运动，是一种库存、运力、信息等物流资源相对集中的综合性的经济运动，可以优化库存结构和运输结构，提高设备、设施的利用率，有利于大大降低物流成本和生产成本。配送活动能够使分散的经营活动协调运作，减少社会范围内的迂回运输、交叉运输、重复运输等现象，创造更多的物流经济效益。

3.4.3 配送的类型

为了满足不同产品、不同企业、不同流通环境的要求，国内外创造出多种形式的配送，这些配送形式都有各自的优势，但同时也存在一定的局限性。

1. 按配送组织者划分

（1）配送中心配送

这一配送的组织者是专职配送中心，规模比较大；其中部分配送中心由于需要储存各种商品，储存量也比较大；也有部分配送中心专职组织配送，因此储存量较小，主要靠附近的仓库来补充货源。

配送中心专业性比较强，与用户之间存在固定的配送关系。一般都实行计划配送，需要配送的商品有一定的库存量，但是一般很少超越自己的经营范围。

配送中心的设施及工艺流程一般是根据配送需要而专门设计的，所以配送能力强，配送距离较远，配送的品种多，配送的数量大，可以承担工业生产主要物资的配送以及向配送商店实行补充性配送等。

配送中心配送是配送的重要形式。从实施配送较为普遍的国家来看，作为配送主体形式的配送中心不但在数量上占主要部分，而且也成了某些小配送单位的总据点，因而发展较快。作为大规模配送形式的配送中心，其覆盖面较广，必须有配套的大规模实施配送的设施，如配送中心建筑、车辆、路线、其他配送活动中需要的设备等，因此，其一旦建成便很难改变，灵活机动性较差，投资较高，在实施配送初期很难大量建立配送中心。

（2）商店配送

这一配送形式的组织者是商业或物资的门市网点，这些网点主要承担商品的零售，一般规模不大，但经营品种比较齐全，除日常经营的零售业务外，这种配送方式还可根据用户的要求，将商店经营的品种配齐，或代用户外订外购一部分本商店平时不经营的商品，与商店经营的品种一起配齐运送给用户。

这种配送组织者实力有限，往往是零星商品的小量配送，所配送的商品种类繁多，但是用户需用量不大，甚至有些商品只是偶尔需要，很难与大配送中心建立计划配送关系，所以常常利用小零售网点从事此项工作。

由于商业及物资零售网点数量较多、配送半径较小，所以比较灵活机动，可承担生产企业非主要生产物资的配送以及面向消费者个人的配送。这种配送是配送中心配送的辅助及补充形式。商店配送有两种具体形式。

①兼营配送形式：进行一般销售的同时，商店也兼配送的职能。商店的备货可用于日常销售及配送，有较强的机动性。这种配送形式在铺面条件一定的情况下，往往可以取得更多的销售额。

②专营配送形式：商店不进行零售销售，而是专门进行配送。一般情况下，如果商店位置条件不好，不适于门市销售，而又有某些方面的经营优势以及渠道优势，可采取这种方式。

（3）仓库配送

这一配送形式是以一般仓库为据点来进行配送。它可以是把仓库完全改造成配送中心，也可以是在保持仓库原功能前提下，以仓库原功能为主，再增加一部分配送职能。由于其并不是按配送中心要求专门设计和建立的，仓库配送的规模较小，配送的专业化比较差。但由于可以利用原仓库的储存设施及能力、收发货场地、交通运输线路等，所以既是开展中等规模的配送可以选择的形式，也是较为容易利用现有条件而不需要大量投资、可迅速落实的形式。

（4）生产企业配送

这一配送形式的组织者是生产企业，尤其是进行多品种生产的生产企业。这些企业可以直接从本企业开始进行配送，而不需要将产品发运到配送中心再进行配送。

由于避免了一次物流中转，生产企业配送具有一定优势。但是由于生产企业，尤其是现代生产企业，往往实行大批量低成本生产，品种较为单一，因此无法像配送中心依靠产品凑整运输取得优势。实际上，生产企业配送不是配送的主体，它只是在地域性较强的产品生产企业中应用较多，如就地生产、就地消费的食品、饮料、百货等。此外，在生产资料方面，某些不适于中转的化工产品及地方建材也常常采取这种方式。

2. 按配送时间及数量划分

（1）定时配送

定时配送是指按规定时间间隔进行配送，如数天或数小时一次等。每次配送的品种及数量可以根据计划执行，也可以在配送之前以商定的联络方式，如通过电话、计算机终端输入等通知配送的品种及数量。

由于这种配送方式时间固定、易于安排工作计划、易于计划使用车辆，对用户来讲，也易于安排接货的力量，如人员、设备等。但是，由于配送物品种类变化，配货、装货难度较大，如果配送数量变化较大，也会使安排配送运力出现困难。

具体来讲，定时配送又包括以下两种形式。

①日配（当日配送）：定时配送中较为广泛的方式，尤其是在城市内的配送中，日配占绝大多数。日配的时间要求大体上是，上午的配送订货下午可送达，下午的配送订货第二天早上送达，即实现送达时间在订货24小时之内；或者是用户下午的需要保证当日上午送到，上午的需要保证前一天下午送到，即实现在实际投入使用前24小时之内送达。

广泛而稳定的日配，可使用户基本上无须保持库存，实现以日配方式代替传统库存方式来保证生产或销售经营。

日配方式特别适合以下情况：第一，消费者追求新鲜的各种食品，如水果、点心、肉类、蛋类、菜蔬等；第二，用户是多个小型商店，它们追求周转快，随进随售，因而需要采取日配形式实现快速周转；第三，由于用户的条件限制，不可能保持较长时间的库存，如已经采用零库存方式的生产企业，位于"黄金宝地"的商店及缺乏储存设施（如冷冻设施）的用户；第四，临时出现的需求。

②准时-看板方式：实现配送供货与企业生产保持同步的一种配送方式。与日配方式和一般定时方式相比，这种方式更为精细和准确，其配送每天至少一次，甚至几次，以保证企业生产的不间断。这种配送方式的目的是实现供货时间恰好是企业生产之时，从而保证货物不需要在用户的仓库中停留，而可直接运往生产场地。这样，与日配方式比较，连"暂存"也可取消，可以相对地实现零库存。

准时-看板方式要求很高水平的配送系统来实施，由于要迅速反应，因而对多用户制订周密的共同配送计划是不大可能的。该方式适合于装配型重复大量生产的用户，这种用户所需配送的物资是重复、大量且没有大变化的，因而往往是一对一的配送。

(2) 定量配送

定量配送是指按照规定的批量，在一个指定的时间范围内进行配送。这一配送方式数量固定，备货较为简单，可以根据托盘、集装箱及车辆的装载能力规定配送的定量，能够有效利用托盘、集装箱等集装方式，也可进行整车配送，配送效率较高。由于时间不严格限定，因此可以将不同用户所需的物品凑成整车后配送，运力利用较好。对用户而言，每次接货都处理同等数量的货物，有利于人力、物力的准备。

(3) 定时、定量配送

定时、定量配送是指按照规定的时间和数量进行配送。这一方式兼有定时、定量两种方式的优点，但是其特殊性强，计划难度大，因此适合采用的对象不多，不是一种普遍的方式。

(4) 定时、定路线配送

定时、定路线配送是在规定的运行路线上，制订到达时间表，按运行时间表进行配送，用户可以按规定的路线站及时间接货，并根据实际情况提出配送要求。

这一方式有利于计划安排车辆及驾驶人员。在配送用户较多的地区，可以免去过分复杂的配送要求所造成的配送组织工作及车辆安排的困难。对于用户而言，既可以在一定路线、一定时间进行选择，又可以有计划安排接货力量。

（5）即时配送

即时配送是完全按照用户突然提出的时间、数量方面的要求，随即进行配送的方式。这是一种灵活性很高的应急方式，采用这一配送方式可以实现保险储备的零库存，即用即时配送代替保险储备。

3. 按配送商品种类及数量划分

按配送商品种类及数量的不同，可以把配送分为以下几种形式。

（1）单（少）品种大批量配送

对于工业企业需要量较大的商品，由于单独一个品种或几个品种就可达到较大输送量，往往不需要再与其他商品进行搭配实行整车运输，这种情况下就可由专业性很强的配送中心实行配送。由于配送量大，可使车辆满载并使用大吨位车辆，因此配送成本较低。

（2）多品种、少批量配送

现代企业生产中，除了少数几种主要物资外，大部分属于次要的物资，品种数较多，但是由于每一品种的需要量不大，如果采取直接运送或大批量的配送方式，如果一次进货批量大，必然造成用户库存增大等问题，类似的情况在向零售品店补充一般生活消费品的配送中也存在，适合采用多品种、少批量的配送方式。

多品种、少批量配送是根据用户的要求，将所需的各种物品配备齐全，凑整装车后由配送据点送达用户。这种配送作业水平要求高，配送中心设备要求复杂，配货送货计划难度大，且在实际中，多品种、少批量配送往往伴随多用户、多批次的特点，配送频度往往较高，因此需要有高水平的组织工作来保证和配合。

配送的特殊作用主要反映在多品种、少批量的配送中，这种配送方式在所有配送方式中是一种高水平、高技术的方式，与现代社会中的"消费多样化""需求多样化"等新观念相符，是许多发达国家推崇的方式。

（3）配套成套配送

这一配送方式是根据企业的生产需要，尤其是装配型企业的生产需要，把生产每一台（件）所需要的全部零部件配齐，按照生产节奏定时送达生产企业，生产企业随即可将此成套零部件送入生产线装配产品。

通过这一配送方式，配送企业承担了生产企业大部分的供应工作，使其可以专注于生产，与多品种、少批量的配送效果相同。

4. 按加工程度划分

（1）加工配送

加工配送是与流通加工相结合的配送，即在配送据点中设置流通加工环节，或将流通加工中心与配送中心建立在一起，如果现成的产品不能满足用户需要，或用户根据本身的工艺要求，需要使用经过某种初加工的产品时，配送点可对产品加工后进行分拣、配货，再送货到户。

流通加工与配送的结合，使流通加工更有针对性，减少了盲目性。对配送企业而言，不但可以依靠送货服务、销售经营取得收益，还可通过加工增值取得收益。

(2) 集疏配送

集疏配送是只改变产品数量组成形态而不改变产品本身的物理、化学形态,与干线运输相配合的一种配送方式,如大批量进货后小批量、多批次发货,零星集货后以一定批量送货等。

5. 按经营形式划分

(1) 销售配送

在这一配送方式中,配送企业是销售性企业,或是销售企业作为销售战略的一环所进行的促销型配送。一般来讲,配送对象和用户往往根据市场占有情况而定,配送的经营状况也取决于市场状况,因此,这种形式的配送随机性较强,计划性较差,各种类型的商店配送多属于销售配送。

用配送方式进行销售是增加销售数量、扩大市场占有率、获得更多销售收益的重要方式。由于是在送货服务的前提下进行的活动,所以也受到用户的欢迎。

(2) 供应配送

供应配送是用户为自身的供应需要所采取的配送形式,一般由用户或用户集团组建配送据点,集中组织大批量进货,然后向本企业配送或向本企业集团若干企业配送。在大型企业、企业集团或联合公司中,常常采用这种配送形式组织,如,连锁商店常常采用这种方式。用配送方式进行供应,是保证供应水平、提高供应能力、降低供应成本的重要方式。

(3) 销售供应一体化配送

销售供应一体化配送适用于基本固定的用户和基本确定的配送产品,销售企业可以在销售产品的同时,承担用户有计划供应者的职能,既是销售者同时又成为用户的供应代理人。

对于某些用户而言,这一配送方式可以减除供应机构,而委托销售者代理。对销售者而言,这一配送方式能够获得稳定的客户和销售渠道,有利于扩大销售数量,有利于企业的稳定持续发展。对于用户来讲,能够获得稳定的供应,而且可以大大节约本身为组织供应所耗用的人力、物力和财力。我们知道,销售者能有效控制进货渠道,这是任何企业供应机构难以做到的,因而委托销售者代理进货及配送,供应的稳定性可大大提高。

销售供应一体化配送是配送经营中的重要形式,这种形式有利于形成稳定的供需关系,有利于采取先进的计划手段和技术手段,有利于保持流通渠道的畅通稳定,因而受到人们的关注。

(4) 代存代供配送

代存代供配送是用户将属于自己的货物委托给配送企业代存、代供,有时还委托代订,然后组织配送。这种配送不发生商品所有权的转移,配送企业只是用户的委托代理人。商品所有权在配送前后都属于用户,所发生的仅是商品物理位置的转移。配送企业仅从代存、代送中获取收益,而不能获得商品销售的经营性收益。

6. 按配送企业专业化程度划分

(1) 综合配送

综合配送是配送商品种类较多,在一个配送网点中组织不同专业领域的产品向用户配送。综合配送可减少用户所需全部物资的进货负担，只需要和少数配送企业联系，便可满足多种需求的配送。

综合配送的局限在于，由于产品性能、形状差别很大，在组织时技术难度较大。因此，一般只对性状相同或相近的不同类产品实行综合配送，而对于差别过大的产品难以实现综合化。

(2) 专业配送

专业配送是按照产品的不同性状，适当划分专业领域的配送方式。专业配送并非越细分越好，实际上在同一性状而类别不同的产品方面，也是有一定综合性的。

专业配送的优势，是可以根据专业的共同要求来优化配送设施，优选配送机械及配送车辆，制定适用性强的工艺流程等，从而大大提高配送各环节的效率。

7. 协同配送

(1) 协同配送的概念

根据日本运输省流通对策本部《协同运输系统导入推进纲要》，协同配送是"在城市里，为使物流合理化，在几个有定期运货需求的背景下，由一个卡车运输业者，使用一个运输系统进行的配送"，即协同配送把过去按不同货主、不同商品分别进行的配送，改为不区分货主和商品集中运货的"货物及配送的集约化"，也就是把货物都装入同一条路线运行的车上，用同一台卡车为更多的顾客运货。

协同配送的目的在于最大限度地提高人员、物资、金钱、时间等物流资源的效率（降低成本），取得最大效益（提高服务），还可以避免多余的交错运输，并实现缓解交通、保护环境等社会效益。

(2) 协同配送的优势

协同配送是经长期发展探索优化出的一种配送形式，也是现代社会中广泛采用、影响较大的一种配送方式，其优势可从两个方面进行分析。

一方面，从货主（厂家、批发商和零售商）的角度来说，协同配送可以提高物流效率。如果中小批发业者各自配送，难以满足零售商多批次、小批量的配送要求。通过协同配送，使得送货的一方可以实现小量物流配送，收货的一方可以进行统一的总验货，从而达到提高物流服务水平的目的。

另一方面，从卡车运送业者的角度来说，卡车运送业多为中小企业，不仅资金少，人才不足，组织脆弱，而且运输量少、运输效率低、使用车辆多、独自承揽业务，在物流合理化及其效率上受到限制。如果实行合作，可通过信息网络提高车辆使用效率、解决往返运货空载等问题，同时，也可以通过协同配送，向顾客提供多批次、小批量的服务。

(3) 协同配送的类型

①以货主为主体的协同配送：由有配送需要的厂家、批发商、零售商以及由它们组建的新公司或合作机构作为主体，解决个别配送的效率低下问题。这一配送方式又可分为发货货主主体型和进货货主主体型两类。

②以物流业者为主体的协同配送：由提供配送的物流业者，或以它们组建的新公司或合作机构作为主体进行合作。

3.5 配送服务与配送合理化

3.5.1 配送功能要素

配送过程是指配送的工作过程。在实际运作过程中，由于产品形态、企业状况及顾客要求存在着差异，因而配送过程也会有所不同，甚至会有较大的差异。但从一般意义上来考察，一个完整的配送工作流程包括集货、储存、分拣、理货、配货、配装、配送运输和送达服务以及按照客户需要进行的流通加工（即配送加工）等要素，如图3-6所示。

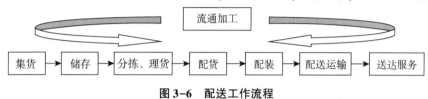

图 3-6　配送工作流程

1. 集货

集货是将分散的或小批量的物品集中起来，以便进行运输、配送的作业活动。

集货是配送的重要环节，为满足特定客户的配送要求，有时需要把几家甚至数十家供应商物品集中，并按要求将物品分配到指定容器或场所。集货是配送的准备工作或基础工作，配送的优势之一就是可以集中客户的需求，进行一定规模的集货。

2. 储存

储存是进行配送的第二环节，也是进行配送的一个重要而必要的环节。配送中的储存有储备及暂存两种形态，储备是按一定时期配送规模而准备的储存量，是配送的资源保证；暂存是在进行配送的过程中，为方便作业，在理货场所进行的货物贮存。储备的结构相对稳定而暂存的结构易于变化；储备的时间相对较长，而暂存的时间较短。

3. 分拣、理货

分拣是将物品按品种、出入库先后顺序进行分门别类堆放的作业活动。理货是货物装卸中，对照货物运输票据进行的理（点）数、计量、检查残缺、指导装舱积载、核对标记、检查包装、分票、分标志和现场签证等工作。

分拣和理货是配送不同于其他物流形式的功能要素，也是成功配送的一项重要的辅助性工作，它是完善、支持送货的准备性工作，是不同配送企业在送货时进行竞争和提高自身经济效益的必然延伸。所以，可以说分拣是送货向高级形式发展的必然要求，有了分拣，送货服务水平可大大提高。

4. 配货

配货是使用各种拣选设备和传输装置，将存放的物品，按客户要求分拣出来，配备齐全，送入指定发货地点的作业活动。

5. 配装

在单个客户配送数量不能达到车辆的有效载运负荷时,就存在如何集中不同客户的配送货物,进行搭配装载,以充分利用运能、运力,这就需要进行配装。配装与一般送货的不同之处在于,通过配装送货,可以大大提高送货水平,降低送货成本。配装也是配送系统中有现代特点的功能要素,是现代配送不同于以往送货的重要区别之一。

6. 配送运输

配送运输与一般运输形态的主要区别在于,配送运输是较短距离、较小规模、额度较高的运输形式,一般使用汽车做运输工具;与干线运输的另一个区别是,干线运输的干线是唯一的运输线,而配送运输由于配送客户多,一般城市交通路线又较复杂,如何组合成最佳路线,如何使配装和路线有效搭配等,是配送运输需规划的问题,也是难度较大的工作。

7. 送达服务

将配好的货运输到客户处还不能结束配送工作,这是因为送达货物和客户接货往往会出现不协调,使配送前功尽弃。因此,要实现运到之货的移交,并有效、方便地处理相关手续并完成结算,还应优化选择及完善卸货地点、卸货方式等。送达服务是配送独具的特殊性。

8. 配送加工

配送加工是按照客户的要求所进行的流通加工。

在配送中,配送加工这一功能要素不具有普遍性,但往往是有重要作用的功能要素,通过配送加工,可大大提高客户的满意程度。

配送加工是流通加工的一种,但它有不同于一般流通加工的特点,即配送加工一般只取决于客户要求,其加工的目的较为单一。

3.5.2 配送服务模式

1. 商流、物流一体化配送模式

配送活动作为企业的一种商业促销手段,与商流活动紧紧联系在一起。从事配送活动的许多经营组织就是经销各类商品的商业企业,这些经营组织也在独立地进行货物存储、保管、分拣和运送等物流活动,但这些活动是作为企业产品销售活动的环节存在的,配送只是企业的一种营销手段。

2. 商物分离的配送模式

随着商品流通的发展,从事配送活动的一些经营组织不购销商品,而是专门为客户提供诸如货物保管、分拣、加工、运送等系列化配送服务。这些专业配送组织的职能是从工厂或转运站接收货物,然后代客户存储、保管货物,并按照客户的要求分拣和运送货物到指定的接货点。从组织形式上看,这些配送活动是一种商流与物流相对分离的活动。

3. 独立配送模式

配送中心依靠自己构建的网络体系独自开展配送服务,其配送运作的方法是各个行为主体通过各种渠道与客户建立业务关系,单独开展配送活动。独立配送有时表现为不同的配送主体各自配送多种货物,从而呈现出综合配送形态;有时又表现为众多配送组织分别、独自配送某一种类的物资,呈现出专业配送形态。

4. 共同配送模式

①由一个配送企业对多家用户进行配送。

②在送货环节上将多家用户的待运送货物混载在一辆车上,然后按要求将货物运送到各个接货点,或运到多家用户联合设立的配送货物接收点。

③若干配送企业开展协作,在核心企业的统一安排调度下,各个配送企业分工协作、联合行动,共同对某一地区的用户进行配送。

5. 集团配送模式

集团配送并不是指某个企业集团内部的供应站或供应公司对所属的各个需求单位运送物资的送货形式,而是专指以一定方式聚合专业流通企业,组成相对独立的流通企业集团,集中对大中型生产企业实行定点、定时、定量供货的配送模式,以及那种以商贸集团及其所属物资加工中心为媒介,在生产企业集团相互之间供、送货的运作模式。

由于配送活动的行为主体是有一定规模和经济实力的企业集团,集团配送成为一种典型的规模经济运动。采用集团配送模式进行操作,必须具备良好的外部环境条件,还必须建立高效率的指挥系统和信息系统。

3.5.3 不合理配送的表现形式

1. 资源筹措不合理

配送是利用较大批量筹措资源,通过筹措资源的规模效益来降低成本,使配送资源筹措成本低于用户自己筹措资源成本,从而取得优势。如果不集中多个用户进行批量筹措资源,而仅仅为某一两户代购代筹,用户不仅不能降低资源筹措费,还要多支付一笔配送企业的代筹代办费,因而是不合理的。资源筹措不合理还有其他表现形式,如配送量计划不准,资源筹措过多或过少,在资源筹措时不考虑建立与资源供应者之间长期稳定的供需关系等。

2. 库存决策不合理

配送应充分利用集中库存总量低于各用户分散库存总量,从而节约社会财富的规律来降低用户实际平均分摊库存的负担。因此,配送企业必须依靠科学管理实现一个低总量的库存,否则就会出现单是库存转移,而未解决库存降低的核心问题。配送企业库存决策不合理还表现在存储量不足,不能保证随机需求等。

3. 价格不合理

如果配送价格普遍高于用户自己进货的成本总和,损伤了用户利益,那么这就是一种不合理现象。价格制定过低,使配送企业处于无利或亏损状态,也是不合理的。

4. 配送与直达的决策不合理

配送一般增加了环节,但这个环节的增加,可降低用户平均库存水平,为此不但抵消了增加环节的支出,而且能取得剩余效益。但是如果用户使用批量大,可以直接通过社会物流系统均衡批量进货,较之通过配送中转送货可能更节约费用,在这种情况下,不直接送货而通过配送,就不合理。

5. 送货中不合理运输

比较配送与用户自提的成本——尤其对于多个小用户来讲，集中配装一车送几家，比一家一户自提大大节约运力和费用。如果不能利用这一优势，仍然是一户一送，但车辆达不到满载（即时配送过多过频时会出现这种情况），则属于不合理。

6. 经营观念不合理

在配送实施中，有许多经营观念不合理，不仅使配送优势无法发挥，还损害配送的形象，这是在开展配送时尤其需要注意的不合理现象。例如，配送企业利用配送手段，向用户转嫁资金；在库存过大时，强迫用户接货；在资金紧张时，长期占用用户资金；在资源紧张时，将用户委托资源挪用获利等。

3.5.4 配送合理化

1. 配送合理化标志

（1）库存标志

库存是判断配送合理性的重要标志，具体指标有以下两个方面。

库存总量：在一个配送系统中，库存是从分散于各个用户转移给配送中心施行一定程度的集中库存。在实行配送后，配送中心库存数量加上各用户在实行配送后库存数量之和应低于实行配送前各用户库存量之和。

库存周转：由于配送企业的调剂，以低库存保持高的供应能力，库存周转一般快于原来各企业库存周转速度。

（2）资金标志

总的来讲，实行配送应有利于资金占用降低及资金运用的科学化。

资金总量：用于资源筹措所占用流动资金总量，随储备量的下降及供应方式的改变必然有一个较大的降低。

资金周转：从资金运用来讲，由于整个节奏加快、资金充分发挥作用，同样数量的资金，过去需要较长时期才能满足一定供应要求，配送之后，在较短时期内就能达到此目的。所以资金周转是否加快，是衡量配送合理与否的标志。

资金投向的改变：资金分散投入还是集中投入，是资金调控能力的重要反映。实行配送后，资金必然应当从分散投入改为集中投入。

（3）成本和效益标志

总效益、宏观效益、微观效益、资源筹措成本等都是判断配送合理化的重要标志。对于不同的配送方式，可以有不同的判断侧重点，如配送企业、用户都是各自独立的以利润为中心的企业，不但要看配送的总效益，还要看对社会的宏观效益及两个企业的微观效益。又如，如果配送由用户集团自己组织，配送主要强调保证能力和服务性，那么，效益主要从总效益、宏观效益和用户集团企业的微观效益来判断，不必过多顾及配送企业的微观效益。

对于配送企业而言，在满足用户要求，即投入确定的情况下，企业利润反映配送合理化程度。

对于用户企业而言，在保证供应水平或提高供应水平前提下，供应成本降低，反映了配送的合理化程度。

(4) 保证供应标志

配送必须提高对用户的供应保证能力，供应保证能力可通过以下方式判断。

缺货次数：配送必须使缺货次数下降。

配送企业集中库存量：对每一个用户来讲，其数量所形成的保证供应能力高于配送前单个企业的保证程度。

即时配送的能力及速度是用户出现特殊情况时的供应保障方式，这一能力必须高于未实行配送前用户紧急进货能力及速度才合理。

供应保障能力也不应超过实际需要，否则也不合理。

(5) 社会运力节约标志

末端运输是目前运能、运力使用不合理、浪费较大的领域，人们寄希望于配送能解决此问题。

运力使用的合理化依靠送货运力的规划，整个配送系统的合理流程及与社会运输系统合理衔接实现。送货运力的规划是任何配送中心都需重点解决的问题，可以简化判断为：社会车辆总数减少，而承运量增加；社会车辆空驶减少；一家一户自提自运减少，社会化运输增加。

(6) 用户企业仓库、供应、进货人力物力节约标志

配送的重要作用是以配送服务用户。因此，实行配送后，各种库存量、仓库面积、仓库管理人员减少为合理，用于订货、接货、供应的人减少为合理。

(7) 物流合理化标志

配送必须有利于物流合理化，可以从以下几个方面判断：是否降低了物流费用，是否减少了物流损失，是否加快了物流速度，是否发挥了各种物流方式的最优效果，是否有效衔接了干线运输和末端运输，是否减少了实际的物流中转次数，是否采用了先进的管理方法及技术手段。

物流合理化问题是配送要解决的大问题，也是衡量配送本身成功与否的重要标志。

2. 配送合理化措施

(1) 推行综合程度优的专业化配送

通过采用专业设备、设施及操作程序，取得较好的配送效果并降低配送过分综合化的复杂程度及难度，从而追求配送合理化。

(2) 推行加工配送

通过加工和配送结合，充分利用本次中转进行加工，加工目的更明确，与用户联系更紧密，更避免了盲目性。这两者有机结合，投入不多却可追求两个优势、两个效益，是配送合理化的重要手段。

(3) 推行共同配送

通过共同配送，可以最优化的路程、最低的配送成本完成配送，从而追求合理化。

(4) 实行送取结合

配送企业与用户建立稳定、密切的协作关系，配送企业不仅成了用户的供应代理人，而且承担用户储存据点的作用，甚至成为产品代销人，在配送时，将用户所需物资送到用户手中，再将用户生产的产品用同一车运回，产品也成为配送中心的配送产品之一，或者进行代存代销，减轻生产企业库存包袱。这种送取结合，使运力充分利用，也使配送企业功能有更大的发挥，从而追求合理化。

(5) 使用准时配送系统

准时配送是配送合理化的重要内容。配送做到了准时，用户才能放心实施低库存或零库存，可以有效地安排接货的人力、物力，以实现高效率的工作。此外，供应能力的保证也取决于准时供应。从国外的经验看，准时供应配送是许多配送企业追求配送合理化的重要手段。

(6) 推行即时配送

作为配送的应急手段，即时配送是解决用户企业断供之忧、大幅提高供应保证能力的重要手段。即时配送是配送企业快速反应能力的具体化，是配送企业能力的体现。

即时配送成本较高，但它是整个配送合理化的重要保证手段。此外，用户实行零库存，即时配送也是重要的保证手段。

3. 配送路线的选择

(1) 配送路线目标的确定

目标的选择根据配送的具体要求、配送中心的实力及客观条件来确定，由于目标不同，选择方法也趋于多样化。

①以效益最高为目标，指计算时以利润的最大数值为目标值。

②以成本最低为目标，实际上也是选择以效益为目标。

③以路程最短为目标。

④以吨公里最小为目标。

⑤以准确性最高为目标，它是配送中心重要的服务指标。

还有以运力利用最合理、劳动消耗最低等为目标。

(2) 配送路线约束条件的确定

一般配送的约束条件有以下几个。

①满足所有收货人对货物品种、规格、数量的要求。

②满足收货人对货物发到时间范围的要求。

③在允许通行的时间内进行配送。

④各配送路线的货物量不超过车辆容积和载重量的限制。

⑤在配送中心现有运力允许的范围内。

(3) 配送路线的优化

随着配送的复杂化，配送路线的优化一般要结合数学方法及计算机求解的方法制定合理的配送方案，目前确定优化配送方案的一个较成熟的方法是节约法，也叫节约里程法。利用节约法确定配送路线的出发点是：根据配送中心的配送能力（包括车辆的多少和载重量）和配送中心到各个用户以及各个用户之间的距离，制定总的车辆运输吨公里数最小的配送方案。利用节约法制定出的配送方案除使配送总吨公里最小外，还满足以下条件：

①方案能满足所有用户的要求；

②不使任何一辆车超载；

③每辆车每天的总运行时间或行驶里程不超过规定上限；

④能满足用户到货时间要求。

实际上，配送路线的优化就是采用最优化理论和方法，如线性规划的单纯形法、非线性规划、动态规划等方法建立相应的数学模型，再利用计算机进行求解，最后得出最优方案。

3.6 配送中心概述

3.6.1 配送中心概念

1. 国家标准的定义

从事配送业务的物流场所或组织，应基本符合下列要求：主要为特定的用户服务；配送功能健全；完善的信息网络；辐射范围小；多品种，小批量；以配送为主，存储为辅。

2. 日本《市场用语词典》定义

配送中心是一种物流节点，它不以储藏仓库这种单一的形式出现，而是发挥配送职能的流通仓库，也称作基地、据点或流通中心。配送中心的目的是降低运输成本、减少销售机会的损失，以此建立设施、设备并开展经营、管理工作。

要正确理解配送中心这一概念，必须把握以下要点：配送中心的"货物配备"工作是其主要的、独特的工作，全部由配送中心完成的；部分配送中心完全承担送货，部分是利用社会运输企业完成送货，从我国国情来看，在开展配送的初期，用户自提的可能性较大，所以，对于送货而言，配送中心主要是组织者而不是承担者；配送中心配送、销售或供应等经营活动的结合，是一种经营手段，配送中心的"现代流通设施"和商场、贸易中心、仓库等流通设施有区别，在这个流通设施中以现代装备和工艺为基础，不仅处理商流还处理物流，是兼有商流、物流全功能的流通设施。

3.6.2 配送中心的功能

配送中心是以组织配送性销售或供应，执行实物配送为主要职能的流通型节点。配送中心中为能更好地做送货的编组准备，必然要做好零星集货、批量进货等种种资源搜集工作和对货物的分整、配备等工作，因此，也具有集货中心、分货中心的职能。为了更有效、更高水平的配送，配送中心往往还有比较强的流通加工能力；此外，配送中心还必须执行货物配备后送达到户的使命，这是与分货中心只管分货不管送达的重要不同之处。

由此可见，如果说集货中心、分货中心、加工中心的职能还是较为单一的话，那么配送中心功能则较为全面、完整，因此，配送中心实际上是集货中心、分货中心、加工中心功能之综合，并达到了配与送的更高水平。

3.6.3 配送中心的种类

1. 按配送中心承担的流通职能划分

（1）供应配送中心

供应配送中心是指配送中心执行供应职能，专门为某个或某些用户组织供应的配送中心，其主要特点包括：配送的用户有限且稳定，用户的配送要求范围比较确定，属于企业型用户。因此，配送中心的库存品种比较固定，进货渠道比较固定，同时，可以采用效率比较高的分货式工艺。

(2) 销售配送中心

销售配送中心是指配送中心执行销售的职能，即以销售为目的、以配送为手段的配送中心。销售配送中心大体有两种类型：一种是生产企业将产品直接销售给消费者的配送中心；另一种是流通企业建立配送中心以扩大销售。

销售配送中心的用户一般是不确定的，且用户的数量很大，每一个用户购买的数量较少，属于消费者型用户，这种配送中心很难像供应型配送中心一样实行计划配送。

销售配送中心的库存结构比较复杂，一般采用拣选式配送工艺，往往采用共同配送方法才能取得比较好的经营效果。

2. 按照配送领域的广泛程度划分

(1) 城市配送中心

城市配送中心是指以城市为配送范围的配送中心。由于城市范围一般处于汽车运输的经济里程，基本可直接配送到最终用户。这种配送中心往往和零售经营相结合，运输距离短，反应能力强，因而从事多品种、少批量、多用户的配送较有优势。

(2) 区域配送中心

区域配送中心是指以较强辐射能力和库存准备，向省（州）际乃至全国范围的用户配送的配送中心。其配送规模较大，用户较多，配送批量也较大，往往是配送给下一级的城市配送中心和大型商业企业。

一般而言，区域配送中心的区域范围是有限的，如果地域范围太广阔，往往需要建立物流中心来衔接城市配送中心，进行分层次的分销和配送，而不由一个配送中心进行大范围的覆盖。

3. 按照配送中心的内部特性划分

(1) 储存型配送中心

这一配送中心具有很强的储存功能。在买方市场下，企业成品销售需要较大的库存支持，其配送中心有较强的储存功能；而在卖方市场下，企业原材料、零部件供应需要有较大库存支持，这种供应配送也有较强的储存功能。大范围配送的配送中心，需要有较大库存，也可能是储存型配送中心。

(2) 流通型配送中心

这一配送中心基本没有长期储存功能，仅以暂存或随进随出方式进行配货、送货。

这种配送中心的典型方式是：大量货物整进并按一定批量零出，需采用大型分货机，进货时直接进入分货机传送带，分送到各用户货位或直接分送到配送汽车上，货物在配送中心里仅作少许停滞。

(3) 加工配送中心

这一配送中心具有加工职能，根据用户的需要或者市场竞争者的需要，对配送物品进行加工之后进行配送。

在这种配送中心内，有分装、包装、初级加工、集中下料、组装产品等加工活动。

4. 从服务对象划分

(1) 面向最终消费者的配送中心

在商物分离的交易条件下，消费者在店铺看样品挑选购买后，商品由配送中心直接送到消费者手中。

(2) 面向制造企业的配送中心

根据制造企业的生产需要,将生产所需的原材料或零部件,按照生产计划调度的安排,送到企业的仓库或直接送到生产现场。

这种类型的配送中心承担了生产企业大部分原材料或零部件的供应工作,减少了企业物流作业活动,也为企业零库存经营提供了物流条件。

(3) 面向零售商的配送中心

配送中心按照零售商的订货要求,将各种商品备齐后送到零售商店铺,包括为连锁店服务的配送中心和为百货店服务的配送中心。

5. 按社会化程度划分

(1) 企业配送中心

企业配送中心是为满足企业自身经营需要建设的配送中心。

(2) 公共配送中心

公共配送中心是为货主企业或物流企业从事商品配送业务、提供物流设施等有关服务的配送中心,使用者通过租赁的方式取得配送中心的使用权,并享受配送中心提供的公共服务。

3.6.4 配送中心的核心工艺

1. 拣选式工艺

(1) 拣选式工艺的概念

拣选式工艺是拣选人员或拣选工具巡回于各个储存点,将所需的物品取出,完成货物配备的方式。

拣选式工艺的储存货位相对固定,而拣选人员或工具相对运动,所以又称人到货前式工艺、摘果式或摘取式工艺。

(2) 拣选式工艺的特点

拣选式工艺采取按单拣选,一单一拣方式,这和目前仓库出货方式类似,因此,在工艺上与现行方式不作太大改变就可以实施。由于采取按单拣选,这种配货工艺准确程度较高,不容易发生货差等错误。

这种工艺还有很强的灵活机动性,其表现在:

①由于一单一拣,各用户的拣选没有牵制,可以根据用户要求调整配货先后次序;

②对紧急需求可采取集中力量快速拣选的方式,有利于配送中心开展即时配送,增强对用户的保障能力;

③拣选完一个货单,货物便配齐,因此,货物可不再落地暂存而直接放到配送车辆上,有利于简化工序,提高效率;

④对机械化没有严格要求,无论配送中心设备多少、水平高低都可采取这种工艺;

⑤用户数量不受工艺限制,可在很大范围波动。

(3) 拣选式工艺适用领域

① 用户不稳定,波动较大,不能建立相对稳定的用户分货货位和分货线,在这种情况下宜于采用灵活机动的拣选式工艺。

② 用户需求差异很大，在有共同需求，又有很多特殊需求情况下，采取其他配货方式容易出现差错，而采取一票一拣方式更合适。

③ 用户需求的种类太多，增加统计和共同取货的难度，采取其他方式配货时间太长，而利用拣选式配货实际能起到简化作用。

④ 用户配送时间要求不一，有紧急的，也有延缓送达时间的，采取拣选式工艺可有效调整先后拣选配货顺序，满足用户不同时间需求，尤其对于紧急的即时需求，更为有效。因此，即使在其他工艺路线为主的情况下，也仍需辅以拣选路线。

⑤ 一般仓库改造成配送中心，或新建配送中心初期，拣选配货工艺可作为一种过渡的办法。

⑥ 直接面向消费者进行配送的电子商务，需求的随机性太强，适合于采取拣选式配货方式。

2. 分货式工艺

（1）分货式工艺概念

分货式工艺是分货人员或分货工具从储存点集中取出各个用户共同需要的货物，然后巡回于各个用户的货位之间，将这一种货物按用户需要量分放，再集中取出共同需要的第二种，如此反复，直到用户需要的所有货物都分放完毕，并完成对各个用户的配货工作。

这种工艺用户的分货位固定，而分货人员或工具携货物相对运动，所以又称货到人前式工艺、播种式工艺。

（2）分货式工艺特点

分货式工艺采取集中取出共同需要的货物，再按货物货位分放，这就需要配送中心在收到若干个用户配送请求之后，对用户共同需求做出统计，同时要安排好各用户的分货货位，才开始陆续集中取出进行反复的分货操作，所以，这种工艺难度较高，计划性较强，也容易发生分货的错误。

这种工艺计划性较强，若干用户的需求集中后才开始分货，直至最后一种共同需要的货物分放完毕，各用户需求的配货工作才完成。但在配送时，可同时开始对所有用户的配送工作，有利于考虑车辆的合理调配、合理使用和规划配送路线。分货式工艺和拣选式工艺相比，可综合考虑，统筹安排，利用规模效益。

（3）分货式工艺适用领域

①用户稳定且用户数量较大，可以建立稳定的分货线。

②用户需求有很强的共同性、需求差异较小，需求数量可有差异但种类相同。

③用户需求种类有限，易于统计，分货时间短。

④用户对配送时间没有严格限制，可以采取计划配送的方法。

⑤追求效率，降低成本。

⑥专业性强的配送中心，容易形成稳定的用户和需求，货物种类有限，宜于采用分货式工艺。

⑦商业连锁、服务性连锁、巨型企业内部供应配送。

3. 分拣式配货

分拣式配货是分货式、拣选式的一体化配货方式，是两种典型方式的中间方式。

分拣式配货是分拣人员和分拣工具从储存点拣选出各个用户需要的多种货物,然后巡回于各用户的货位之间,按用户需要的种类和数量拣选出来放入货位,直至取出的所有货物都分放完毕,同时完成各个用户的配货工作。

这种方式特别适合小型配送系统,小型配送系统一次性到货,可能是供给若干个用户不同种类的货物,采用共同配送方式从上一级物流中心或大的配送中心进货,直接进入分拣线进行分拣。如不采用分拣式配货,而仍然采用拣选式或分货式配货,则需要将到货先行放到货架或货位,然后再进入配货程序,这样不但增加了工序,更重要的是增加了时间,延缓了动态性。

分拣式配货主要适合小型配送中心、邮局、快递公司等领域采用。

3.6.5 配送中心的运作与管理

1. 配送中心的运作

配送中心有商品存储功能,但不可能备足市场上所有的商品,这就容易出现需求品种与配送中心供应品种之间的矛盾。如果市场上有多少种商品就储备多少种商品,那么就会使配送中心的成本极大提高,同时还会出现商品积压甚至损耗,降低配送中心的利润;但如果减少商品品种的储备,又会使消费者因缺少商品的挑选余地,影响商品的销售,因此必须做好配送中心的内部运作。

(1) 配送中心存储量控制

配送中心可以掌握商品的进、销、存等各种信息,计算出商品的最高、最低库存量,但不可能完全使商品库存数保持最合理状态。由于市场千变万化,商品销售量随时都在不断变化,需求量也在不断变化,因此配送中心将商品存储量无限放大,以不变应万变,会极大提高商品的存储成本;如果过分小心谨慎,减少商品存储量,将无法适应配送经营需求,出现商品脱销。

(2) 配送中心的送货时间控制

在适当的时间将商品配送到经营商店是配送中心的基本运作要求。延迟送货,会出现商品脱销,影响销售;而提早送货又会使经营现场存量增大,占用库位或堆积店面,影响店容。如果运送力度不够,交通状况不好,就会影响商品及时到位;而采取应急送货,又会使商品运输成本提高;如果相对集中组织送货,又会使个别商品脱销。总之,要货时间或到货时间、商店可供销售存量、配送中心内部车辆、人力安排、路面交通状况等都会影响商品的到货时间,以致影响商品的销售和利润,所以必须控制好配送中心的送货时间。

(3) 配送中心的功能配置

配送中心追求节约成本、提高经济效益。配送中心运作在很大程度上以效益为主要出发点。因配送中心承担了商品的存储保管、加工包装等多种功能,为完成这些功能,要消耗大量人力、物力和财力去精心组织与安排,而各功能之间的环节安排与协调也十分烦琐,某一方面运行有故障,会影响配送中心的整体运作,影响配送中心效益。

2. 配送中心的管理

(1) 信息自动化管理

根据在物流活动中所起的作用,物流信息可分为五类。

①接受订货的信息,这是一切物流活动的基本信息。
②库存信息,与订货信息进行比较,做出采购决策。
③采购指示信息,商品库存量不足时根据采购指示信息安排采购。
④发货信息,为做好发货准备工作,必须根据发货信息将商品转移到搬运地点,以便发货。
⑤物流管理信息,物流管理部门为了能有效管理物流活动,必须收集各种表单,以及管理物流成本、仓库和车辆等物流设施、设备运转率等资料。

为了满足上述五个方面的信息要求,配送中心管理信息系统应建立五个子系统。

① 销售管理系统:进行订单处理,如采取配销模式,还应包括客户管理系统、销售分析与预测系统、销售价格管理、应收账款及退货处理系统等。

② 采购管理系统:接受进货及验收指令及面对供应商的作业,包括供应商管理、采购决策、库存控制、采购价格管理、应付账款管理系统等。

③ 仓库管理系统:对外信息共享、对内信息管理、接受上级系统指令,包括存储管理、进出货管理、机器设备管理、分拣处理、流通加工、出货配送管理、货物追踪管理、运输调度计划系统等。

④ 财务会计系统:对销售管理系统和采购管理系统所传送来的应付账款、应收账款进行会计操作,同时对配送中心的整个业务与资金进行平衡、测算和分析。

⑤ 辅助决策系统:除获取内部各系业务信息外,关键在于取得外部信息,并结合内部信息编制各种分析报告和建议报告,作为供配送中心的决策依据。

(2) **商品分拣自动化管理**

配送中心的商品种类多,客户数量多、分布面广,而且要求拆零配送、限时送达。在这种情况下,商品分拣作业成为配送中心内部工作量最大的一项工作。为了提高商品的分拣效率,配送中心参照邮局分拣信件自动化的经验,配置自动化分拣管理系统。

自动分拣系统一般包括:
①输入系统,商品由皮带或辊道输送机输入分拣系统;
②分拣信号设定装置,一般采用激光扫描方法,对物流条形码进行扫描,以区分配送物品的目的地、配送物品的对象等信息;
③分拣传输装置,把混杂的物品自动分送到设定的分拣道口上;
④分拣装置,把分拣的商品送入分拣道口。

配送中心要实现分拣的自动化管理,必须提高物品的条形码化率和实现包装的标准化。

(3) **商品存储立体化管理**

商品存储立体化是用高层货架存储货物,以巷道堆垛起重机存取货物,并通过周围的装卸运输设备,自动进行出入库作业,所以又称"高层货架仓库",具有普通仓库无可比拟的优越性:节约空间,节省劳力,高层货架仓库的单位面积存储量是普通仓库的4~7倍;提高仓库管理水平,减少货损、优化库存结构、降低库存量、缩短库存期、节约资金等;有利于实行无人化操作,特别适用于低温、有毒、黑暗等特殊存储环境,保证人员和物品的安全。

阅读材料

蒙牛物流管理，打造快速物流系统

物流运输是乳品企业发展的难题之一。蒙牛的触角已伸向全国各个角落，其产品远销中国香港、中国澳门，甚至出口东南亚。蒙牛如何突破配送的瓶颈，把产自大草原的奶送到更广阔的市场呢？另外一个重要的问题是，巴氏奶和酸奶的保质期非常短，巴氏奶仅10天，酸奶也不过21天，且对冷链的要求很高，从牛奶挤出运到车间加工，直到市场销售，全程巴氏奶都必须保存在0℃～4℃的环境中，酸奶则必须保持在2℃～6℃贮存。这对运输的时间控制和温度控制提出了更高的要求。为了能在最短的时间内、有效的存储条件下，以最低的成本将牛奶送到商超的货架上，蒙牛采取了以下措施。

（1）缩短运输半径

酸奶保质日期较短，加上消费者对新鲜度的要求很高，一般产品在生产日期三天后送达商超，商超就会拒收，因此，蒙牛要保证在2～3天内将产品送到销售终端。

为保证产品及时送达，蒙牛尽量缩短运输半径。在成立初期，蒙牛主打常温液态奶，因此奶源基地和工厂基本上都集中在内蒙古，以发挥内蒙古草原的天然优势。当蒙牛的产品线扩张到酸奶后，蒙牛的生产布局也逐渐向黄河沿线及长江沿线伸展，使牛奶产地尽量接近市场，以保证低温产品快速送达卖场、超市。

（2）合理选择运输方式

目前，蒙牛的产品的运输方式主要有两种：汽车和火车集装箱，在保证产品质量的原则下，尽量选择费用较低的运输方式。

对于路途较远的低温产品运输，为保证产品快速的送达消费者，保证产品的质量，蒙牛往往采用成本较为高昂的汽车运输。

为准确掌握汽车运行的状况，蒙牛还在一些运输车上装上了GPS系统，以跟踪了解车辆的情况，确定车辆是否正常行驶、所处位置、车速、车箱内温度等。蒙牛管理人员在网站上可以查看所有安装此系统的车辆信息。

而像利乐包、利乐砖这样保质期比较长的产品，则尽量依靠内蒙古的工厂供应，因为这里有最好的奶源。依靠火车集装箱来解决长途运输问题，与公路运输相比，这样更节省费用。

在火车集装箱运输方面，蒙牛与中铁集装箱运输公司开创了牛奶集装箱"五定"班列这一铁路运输的新模式，"五定"即"定点、定线、定时间、定价格、定编组"，保证牛奶运输的及时、准确和安全。

2003年7月20日，首列由呼和浩特至广州的牛奶集装箱"五定"班列开出，将来自内蒙古的优质牛奶运送到祖国大江南北，突破了蒙牛的运输"瓶颈"。目前，蒙牛销往华东华南的牛奶80%依靠铁路运到上海、广州，然后再向其他周边城市分拨。通过"五定"列车，上海消费者在70个小时内就能喝上草原鲜奶。

（3）全程冷链保障。低温奶产品必须全程都保存2℃～6℃之间，这样才能保证产品的质量。蒙牛牛奶在"奶牛—奶站—奶罐车—工厂"这一运行序列中，采用低温、封闭式的运输。无论在草原的哪个角落，"蒙牛"的冷藏运输系统都能将刚挤下来的原奶在6个小时内送到生产车间，确保牛奶新鲜的口味和丰富的营养。出厂后，在运输过程中，采用冷藏车保障低温运输。在零售终端，蒙牛在每个小店、零售店、批发店等零售终端投放冰柜，以保证低温产品的质量。

（4）将每一笔单子做大。物流成本控制是乳品企业成本控制中的重要环节。蒙牛减少物流费用的方法是尽量使每一笔单子变大，形成规模后，在运输的各个环节上就都取得优惠，如利乐包产品走的铁路，每年运送货物达到一定量后，在配箱等方面可以得到很好的折扣。而利乐砖产品走的是汽运，用5吨的车和走3吨的车，成本相差很大。

此外，蒙牛的每一次运输活动都有严密的计划和安排，运输车辆每次往返都会将运进来的外包装箱、利乐包装等原材料和运出去的产成品进行组合，以提高车辆的使用率。

 复习思考题

1. 运输就是物流吗？试说明现代物流与运输的区别。
2. 试比较五种运输方式的各自特点。
3. 配送中心的作用和地位如何？
4. 何谓运输合理化，其主要措施有哪些？
5. 说明配送中心的主要运作流程。

第4章 仓储与库存控制

学习目标

1. 通过本章的学习，了解仓储的概念及作用，重点掌握仓储作业的主要流程、仓储合理化和库存优化控制的方法；

2. 掌握 ABC 管理法的步骤及管理措施；理解经济订货模型中订货点和订货量的确定方法。

案例导入

奥康：物流管理零库存

奥康集团有限公司（以下简称奥康）创建于1988年，经过几十年的发展，已经成为中国最大的民营制鞋企业，公司设有3个研发中心，每年开发出数千个鞋样新款。奥康集团的成功与其高效的物流运作密不可分。

1998年以前，奥康沿用以产定销营销模式。当时温州所有企业的物流模式都是总部生产什么，营销人员就推销什么，代理商就卖什么。这种模式与市场需求脱离、库存加大、利润降低。1999年，奥康开始实施产销分离，全面导入订单制，即生产什么，不是生产部门说了算，而是营销部门说了算，营销部门根据市场、分公司、代理商的订单进行信息整合，最后形成需求，向生产部门下订单。这样，奥康以销定产的运作模式慢慢形成。2004年前，奥康在深圳、重庆等地外加工生产的鞋子必须通过托运部统一托运到温州总部，经质检合格后方可分销到全国各省级公司，再由省级公司向专店和销售网点进行销售。没有通过质检的鞋子需重新返回生产厂家，修改合格后再托运到温州总部，既浪费了人力、物力，又浪费了大量的时间，加上鞋子是季节性较强的产品，错过上市最佳时机，很可能导致这一季的鞋子积压。经过不断探索与实践，奥康将别人的工厂变成自己的仓库，解决这一问题，具体操作方法是：奥康在深圳、重庆生产加工的鞋子无须托运回温州总部，只需温州总部派出质检人员前往生产厂家进行质量检验，质量合格后就可直接从当地向奥康各省级公司进行发货，再由省级公司向各营销点进行分销。当时机成熟时，奥康完全可以撤销省级仓库，借用别人的工厂和仓库来储存产品，甚至可以直接从生产厂家将产品发往当地直销点，既节省了人力、物力、财力，又节省了大量时间，使鞋子紧跟市场流行趋势，并能大量减少库存甚至保持零库存。按照这样的模式，奥康就不需要在 30 多家省级公司设置任何仓库，温州总部也只需设一个中转仓库。

思考：仓储有哪些功能和作用？奥康公司采取了哪些跟库存相关的措施？

4.1 仓储的概念及功能

商品的仓储活动是由商品生产和商品消费之间的客观矛盾决定的。商品在从生产领域向消费领域转移过程中，由于二者在时间、空间、品种和数量等方面不同步，一般要经过商品的仓储阶段。从某种意义上讲，仓储管理在物流管理中占据核心的地位，从发达国家的统计数据来看，现代物流的发展历史就是库存成本在总物流成本中比重逐步降低的历史。

4.1.1 仓储的概念

仓储是指通过仓库对物资进行储存和保管，它随着物资储存的产生而产生，随着生产力的发展而发展。仓储是商品流通的重要环节之一，也是物流活动的重要支柱，在社会分工和专业化生产的条件下，为保持社会再生产过程的顺利进行，必须储存一定量的物资，以满足一定时间内社会生产和消费的需要。正如马克思所断言的"没有商品储备，就没有商品流通"（《资本论》第二卷第 164 页），"只是有了这种储备，流通过程以及包含流通过程在内的再生产过程的不断进行，才得到保证"（《资本论》第二卷第 164 页至 165 页）。

中国仓储业有着悠久的历史，在中国经济发展过程中发挥了重要的作用。人类社会自从有剩余产品以来，就产生了储存。原始社会末期，当某个人或者某个部落获得的食物有余时，就把多余的产品储藏起来，也就产生了专门储存产品的场所和条件。在西安半坡村的仰韶遗址，已发现许多储存食物和用具的窖穴，它们多集中在居住区内，和房屋交错，是我国仓库的雏形。在古籍中常常看到"仓廪""窦窖"这样的词语。所谓仓廪，"仓"指专门藏谷的场所；"廪"指专门藏米的场所。所谓窦窖，是指储藏物品的地下室，椭圆形的叫"窦"，方形的叫"窖"。古代也把存放用品的地方叫"库"，后人把"仓"和"库"两个概念合用，逐渐合成一个概念，把储存和保管物资的建筑物叫作"仓库"。

中国在一个较长的时期里，仓库一直属于劳动密集型企业，即仓库中大量的装卸、搬运、堆码、计量等作业都由人工完成，因此，仓库不仅占用了大量的劳动力，而且劳动强度大，劳动条件差，特别在一些危险品仓库，还极易发生中毒等事故。

为改变这种落后状况，各方力量采取了一系列措施，一方面，重视旧式仓库的改造工作，按照现代仓储作业要求，改建旧式仓库，增加设备的投入，配备各种装卸、搬运、堆码等设备，减轻工人的劳动强度，改善劳动条件，提高仓储作业的机械化水平；另一方面，新建了一批具有先进技术水平的现代化仓库。20 世纪 60 年代以来，世界经济的发展和现代科学技术的突飞猛进，使仓库的性质发生了根本性的变化，从单纯保管货物的静态储存一跃成为多功能的动态储存空间,成为生产、流通的枢纽和服务中心,大型自动化立体仓库的出现,使仓储技术上了一个新台阶。中国于 20 世纪 70 年代开始建造自动化仓库,普遍采用电子计算机辅助仓库管理,使中国仓储业进入自动化的新阶段。

在物流学中,储存是以改变物的时间状态为目的的活动,它的效用体现在克服产需之间的时间差异。在现实工作中,人们常常将库存、储备、储存、仓储几个概念混淆,实际上,这几个概念有共同之处,也有区别。

1. 库存

库存指仓库中处于暂时停滞状态的物资存量,这种暂时停滞状态可能由任何原因引起,而不一定是某种特殊的停滞,大体有能动的各种形态的储备、被动的各种形态的超储和完全的积压。

2. 储备

储备是一种有目的地储存物资的行动,也是这种有目的的行动和储存对象的称谓。物资储备是社会再生产连续不断地、有效地进行的保证。所以,物资储备是一种能动的储存形式,是有目的地、能动地将生产领域和流通领域中物资的暂时停滞,主要指在生产与再生产、生产与消费之间的暂时停滞。

3. 储存

储存是一种包含库存和储备在内的广泛的经济现象,是一切社会形态都存在的经济现象。在任何社会形态中,对于不论什么原因形成停滞的物资,也不论是什么种类的物资,进入生产加工、消费、运输等活动之前或在这些活动结束之后,总是要存放起来,这就是储存。储存不一定在仓库中,可能在任何位置,也可能永远不会进入再生产和消费领域。

4. 仓储

商品在仓库中的储存简称为仓储。商品在储存过程中,由于商品属性及外界因素的影响,随时会发生各种各样的变化,从而降低产品的使用价值甚至丧失其使用价值。仓储商品保管就是研究商品性质及商品在储存期间的质量变化规律,积极采取各种有效措施和科学方法,创造一个适宜于商品储存的条件,维护商品在储存期间的安全,保护商品的质量和使用价值,最大限度地降低商品的损耗。

4.1.2 仓储的功能

仓储通过改变物的时间状态,克服产需之间的时间差异,并在物流中获得时间效用,即具有支持生产功能。仓储不是一个完全静态过程,而具有基本的经济功能,仓储的作用包括整合、分类和交叉站台、加工/延期、堆存与保管。

1. 支持生产

原材料和特殊的零部件对长时间生产的意义重大,而且由于较长的前置时间、使用过程中的重大变化,对采购的物品进行安全储备是完全必要的。对此,大多数生产制造商会进行仓储,以经济而又适时的方式,向生产线供应加工材料、零部件和装配件。

2. 整合

整合是仓库接收来自一系列制造工厂指定送往某地的材料,然后把它们整合成一票装运。通过整合,实现最低的运输费率,以防在顾客的收货站台处发生拥塞。

3. 分类和交叉站台

分类作业接收来自制造商的顾客组合订货，并把它们装运到单个的顾客处。分类仓库或分类站把组合订货分类或分割成单个的订货，并安排当地的运输部门负责递送。由于长距离运输转移的是大批量装运，所以运输成本相对比较低，进行跟踪也较为容易。

交叉站台作业是先从多个制造商处运来整车货物。收到产品后，如有标签，就按顾客进行分类；如没有标签，则按地点进行分配；然后，使产品穿过站台装载去顾客处的拖车；一旦该拖车装满，它就被放行运往零售店。在此过程中，由于产品不需要储存，降低了在交叉站台设施处的搬运成本。此外，由于所有的车辆都进行了充分装载，有效地利用了站台设施，所以站台装载利用率实现最大化。

4. 加工/延期

加工/延期是仓库通过承担加工或参与少量的制造活动。

5. 堆存与保管

季节性消费或季节性生产全年消费的产品，需要通过堆存与保管提供存货缓冲，使生产活动在材料来源和顾客需求的限制条件下提高效率。此外，生产或进货的产品，产出多少就销售多少，不进行保管，价格波动极大，因此需要把产品保管在仓库里。保管在提高时间功效的同时还有调整价格的功能。堆存与保管为一种静止的状态，也可以说是时速为零的运输。在此期间，保管还有保持商品品质不发生变化的目的，即保持商品的使用价值或商品本身的市场价值，因此，保管具有以调整供需为目的的调整时间和调整价格的双重功能。

4.2 仓储作业管理

仓库保管作业流程如图 4-1 所示，是从仓库接受仓储任务开始，在场库准备、接收货物、堆存、保管、交付的整个过程中，仓库所要处理的事务、承办的工作和承担的责任。仓库作业过程既有装卸、搬运、堆垛等劳动作业过程，也有货位安排、理货检验、保管、货物计账、统计报表等管理过程，以及收货交接、交货交接、残损处理等商务作业。

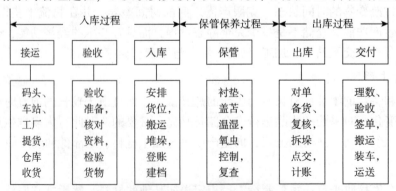

图 4-1 仓库保管作业流程

4.2.1 仓储技术作业过程

1. 仓库作业技术过程的含义

商品仓储技术作业过程,是以保管活动为中心,从仓库接收商品入库开始,到按需要把商品全部完好地发送出去的过程。

仓储作业过程主要包括入库、保管、出库三个阶段,按其作业顺序还可以分为卸车、检验、整理入库、保养保管、拣出与集中、装车、发运七个作业环节;按其作业性质可归纳为商品检验、保管保养、装卸与搬运、加工、包装和发运六个作业环节。仓储作业过程由一系列相互联系又相对独立的作业活动构成,整个仓储作业过程中各个部分的因果关系,以储存的商品这一对象为纽带统一起来,并由此形成一种既定的关系。如果把这个过程看作是一个系统,系统的输入是需要储存的商品,输出是经过保存的商品。在仓储作业系统中,商品在各个作业环节上运行,并被一系列作业活动处理。

上述的仓储技术作业过程,包括仓储作业技术与作业流程两方面。

(1) 仓储作业技术

仓储作业技术是储存商品的作业方法和操作技术,如商品的数量与质量检验方法和技术、商品的保管保养方法与技术、装卸操作方法与安全技术等,它涉及商品的储存质量和作业安全等问题。仓储作业流程是对仓储作业手段的运用,如保管、装卸与运输作业组织,涉及仓储作业效率与经济效果的问题。

(2) 仓储作业流程

仓储作业流程是商品在仓库储存过程中必须经过的、按一定顺序相互连接的作业环节。一般商品从入库到出口需要依次经过卸车、检验、整理、保管、拣出和集中、装车、发运等作业环节。各个作业环节并不是孤立的,它们既相互联系,又相互制约。某一环节作业的开始依赖前一环节上作业的完成,前一环节作业完成的效果也直接影响后一环节的作业。由于仓储作业过程中各个环节之间存在着内在的联系,并且需要耗费大量的人力、物力,因此必须对作业流程进行深入分析和合理组织。

2. 仓库作业技术过程的特点

由于仓储活动本身的特殊性,仓储技术作业的过程与物质生产部门的生产工艺过程相比,具有自己的特点,主要表现在:

① 仓储技术作业过程的非连续性;
② 作业量的不均衡性;
③ 仓储作业对象的复杂性;
④ 仓储作业范围的广泛性。

仓储技术作业的上述特点,对仓储设施的规划、配备与运用,对生产作业人员定编、劳动组织与考核,对作业计划、作业方式的选择与方法等,均产生重要影响,给合理组织仓库作业带来很大的困难与不便。因此,在具体进行仓储设施的规划、配备与运用时,应综合各方面因素慎重考虑。

4.2.2 仓库入库作业管理

按照工作顺序,物资入库作业大致可划分为两个阶段:一是入库前的准备;二是确定物资入库的操作程序。

1. 入库前的准备

做好入库前的准备工作，可以保证物资准确、迅速、安全入库，可以防止突然到货而造成忙乱拖延入库时间。物资入库前的准备工作包括两方面：一是编制仓库的物资入库计划；二是入库前的具体准备工作。

（1）编制仓库物资入库计划

物资入库计划，是仓库业务计划的重要组成部分。仓库为有计划地安排仓位，筹集各种器材，配备作业的劳力，使仓库的存储业务最大限度地做到有准备、有秩序地进行。

物资入库计划根据企业物资供应业务部门提供的物资采购进货计划来编制，企业物资采购进货计划主要包括各类物资的进库时间、品种、规格、数量等，这种计划通常也叫物资储存计划。

仓库部门根据供应计划部门提交的采购进度计划，结合仓库本身的储存能力、设备条件、劳动力情况和各操作过程所需要的时间，来确定仓库的入库业务计划。

企业物资供应部门的物资储存计划、进货安排会经常发生变化，为适应这种情况，仓库管理上可采取长计划短安排的办法，按月编制作业计划。

（2）入库前具体准备

物资入库的具体准备工作，是仓库接收物资入库的具体实施方案，方案是根据仓库业务计划，通过与供应业务部门、物资运输部门的日常联系，在掌握入库物资的品种、数量、到货地点、到货日期等具体情况的基础上确定的，其主要内容有：

①组织人力。按照物资到达的时间、地点、数量等，预先做好到货接运、装卸搬运、检验、堆码等人力的组织安排。

②准备物力。根据入库物资的种类、包装、数量等情况以及接运方式，确定搬运、检验、计量等方法，配备好所用车辆、检验器材、度量衡工具和装卸、搬运、堆码、苫垫的工具，以及必要的防护用品用具等。

③安排仓位。按入库物资的品种、性能、数量、存放时间等，结合物资的堆码要求，维修、核算占用仓位的面积，以及进行必要的腾仓、清场、打扫、消毒等，准备好验收的场地等。

2. 物资入库的操作程序

物资入库必须经过物资接收、搬卸、装运、检查包装、点清数量、验收质量、物资堆码、办理交接手续和登账手续等一系列操作过程，要求在一定的时间内迅速、准确地完成。除要切实做好物资入库前的各项准备工作之外，还必须按照合理的具体操作程序来组织好入库作业，这套程序包括物资接运、核对凭证、大数点收、检查包装、办理交接手续、物资验收、办理物资入库手续等。

（1）物资接运

物资接运人员要熟悉交通运输部门及有关供货单位的制度和要求，根据不同的接运方式，处理接运中的各种问题。

①专用线接运。专用线接运是铁路部门将转运的物资直接运送到仓库内部专用线的一种接运方式。仓库接到车站到货通知后，应确定卸车货位，力求缩短场内搬运距离，准备好卸车所需的人力和机具。车辆到达后，要引导对位。

②车站、码头提货。到车站提货，应向车站出示领货凭证。如果领货凭证发货人未予寄到，也可凭单位证明或单位提货专用章在货票存查联上加盖，将货物提回。

到码头提货稍有不同。提货人事先在提货单上签名并加盖公章或附单位提货证明，到港口换取货运单，即可到指定的库房提取货物。提货时，应根据运单和有关资料认真核对物资的名称、规格、数量、收货单位等。仔细进行外观检查，如包装是否完好，有无水渍、油渍、受潮、污损、锈蚀、短件、破损等。如果有疑点，或者与运单记载不相符，应当会同承运部共同查清，并开具文字证明；对短缺、损坏等情况，属于承运部门承担责任的部分，做出货运记录。

货到库后，接运人员应及时将运单连同提取回的物资与保管人员当面点交清楚，确认无误后双方办理交接手续。

③自提货。仓库直接到供货单位提货，自提是提货与验收同时进行。仓库接到提货通知后，要了解所提物资的性质、规格、数量，准备好提货所需的设备、工具和人员。到供货单位进行当场物资验收，点清数量，查看外观质量，做好验收记录。提货回仓库后，交保管员复验。

④送料。供货单位将物资直接送达仓库的一种供货方式，当货物到达后，保管员或验收员直接与送货人办理接收工作，当面验收并办理交接手续。如有差错，须详细准确记录，由送货人签章，以便下一步处理。

⑤差错处理。在接运过程中，有时会发生差错，如错发、混装、漏装、丢失、损坏、受潮和污损等。这些差错有的是发货单位造成的，有的是承运单位造成的，也有的是在接运短途运输装卸中造成的，除了由于不可抗拒的自然灾害或物资本身性质引起的外，其他差错的损失应向责任者提出索赔。

⑥接运记录。在完成物资接运工作时，每一步应有详细的记录，接运记录应详列接运物资到达、接运、交接等各环节的情况。

接运工作全部完成后，所有的接运资料，如接运记录、运单、运输普通记录、货运记录、损耗报告单、交接证以及索赔单和文件、提货通知单及其他有关资料等均应分类输入电脑系统，以备复查。

（2）核对凭证

物资运抵仓库后，仓库收货人员首先要检验物资入库凭证，然后按物资入库凭证所列的收货单位、货物名称、规格数量等与物资各项标志核对。如发现送错应拒收退回；一时无法退回的，应进行清点并另行存放，并做好记录，联系后进行处理。经复核复查对无误后，即可进行下一道工序。

（3）大数点收

大数点收，是按照物资的大件包装（即运输包装）进行数量清点。点收的方法有两种，一是逐件点数计总，二是集中堆码点数。

（4）检查包装

在大数点收的同时，对每件物资的包装和标志要进行认真的查看。检查包装是否完整、牢固，有无破损、受潮、水渍、油污等异状。物资包装的异状，往往是物资受到损害的一种外在现象。如果发现异状包装，必须单独存放，并打开包装详细检查内部物资有无短缺、破损和变质。逐一查看包装标志，防止不同物资混入，避免差错，并根据标志指示操作，确保入库储存安全。

(5) 办理交接手续

入库物资经过上述工序入库后，就可与接货人员办理物资交接手续。交接手续通常由仓库收货人员在送货回单上签名盖章表示物资收讫。如果上述程序中发现差错、破损等情形，必须在送货单上详细注明或由接货人员出具差错、异状记录，详细写明差错的数量、破损情况等，以便与运输部门厘清责任，并作为查询处理的依据。

(6) 物资验收

在办完交接手续后，仓库要对入库的物资进行全面细致的验收，包括开箱、拆包、检验物资的质量和细数。物资验收应注意以下问题：细数不符，质量问题，查询处理。仓库一般将物资验收中的具体问题，用书面形式通知货主或发货方，要求查明情况并进行处理；一般分别按溢余、短少、残损、变质等情况用不同形式通知货主并抄送发货方。

有时仓库只提供验收中存在问题的记录材料，由货主填送表式给发货方，一般采用的表式有"变质商品查询处理表"和"收货清点溢余、短少表"两种，其联数视业务需要而定。查询单不可作为入库原始凭证用于登记物资账。

(7) 办理物资入库手续

物资验收后，由保管员或收货员根据验收结果，在商品入库单上签收，同时将物资存放的库房（货场）、货物编号批注在入库单上，以便记账、查货和发货。经过复核签收的多联入库单，除保管人员存一联备查，账务员留一联登记物资账外，其余各联退送货主，作为存货的凭证。

4.2.3 仓库保管作业管理

1. 商品保管的原则

在仓库保管中，必须特别注意以下几个重要原则，否则作业效率与库存商品的保管质量都要受到严重的影响。

①质量第一原则。商品保管保养的根本目的，是保持商品原有使用价值。

②科学合理原则。对商品储存要进行合理的规划，对商品养护要采取先进的技术与养护方法，做到因库制宜，因物而异。

③效率原则。在保证库存商品的使用价值不变的前提下，有效利用现有仓储设施，提高仓库利用率和设备利用率，减少保管费用，降低供应成本。

④预防为主原则。为避免或减少商品在保管中质量下降和数量损耗，应积极采取预防措施，按制度办事，按标准办事，不留隐患，防止质量事故。

上述保管原则从整体角度概括了商品在仓库内储存保管过程中所应遵循的原则。在仓库保管活动具体执行过程中，可将上述原则进一步具体化，这就会更易于理解以及按步骤进行。下面将这几个方面做进一步阐述。

①先进先出原则。

②零数先出原则。

③重下轻上原则。

④A、B、C分类布置原则。

⑤特性相同的产品存放一起原则。

2. 商品保管的措施

（1）通风

仓库通风有自然通风、机械自然通风、机械循环通风、制冷通风等，普通仓库只采用前两种通风方式。

（2）温度控制

温度控制有避免阳光直射、通风、洒水降温、机械降温等条件。

（3）湿度控制

湿度分为货物湿度、空气湿度（大气湿度）。湿度表示含水量的多少，但在不同场合又有不同的表示方式。货物湿度采用含水量指标，用百分比表示；空气湿度则又分为绝对湿度和相对湿度，采用帕或克/立方米表示。

①货物湿度。货物湿度指货物的含水量。货物的含水量对货物有直接的影响，含水量高，容易发生霉变、锈蚀、溶解、发热甚至化学反应等；含水量太低，则会发生干裂、干涸、挥发、容易燃烧等。控制货物的含水量是货物保管的重要工作。对于大多数货物来说，其要求较低的含水量，具体可根据货物资料确定合适的含水量标准，如表4-1所示。

表4-1 几种货物的温湿度要求

种类	温度/℃	相对湿度/%	种类	温度/℃	相对湿度/%
金属及其制品	5~30	≤75	重质油、润滑油	5~35	≤75
碎末合金	0~30	≤75	轮胎	5~35	45~65
塑料制品	5~30	50~70	布电线	0~30	45~60
压层纤维塑料	0~35	45~75	工具	10~25	50~60
树脂、油漆	0~30	≤75	仪表、电器	10~30	70
汽油、煤油、轻油	≤30	≤75	轴承、钢珠、滚针	5~35	60

②空气湿度。空气的湿度用绝对湿度和相对湿度两种方式表示。绝对湿度是指空气中含水汽量的绝对数，用帕（Pa）或克/立方米（g/m^3）表示，如25℃时，空气最高绝对湿度（也称为饱和湿度）为$31.7×10^2$Pa或者22.80g/m^3。温度越高，空气中水分子的动能越大，空气含水汽的能力就越高，绝对湿度就越高。相对湿度则是空气中的含水汽量与相同温度空气能容纳下的最大水汽量的百分比，最大时为100%。相对湿度越大，表明空气中的水汽量距离饱和状态越接近，表示空气越潮湿；反之，相对湿度越小，表明空气越干燥。

空气湿度可以采用干湿球温度计（表）测定和经过换算得出。干湿球温度计（表）由干球温度计（表）和湿球温度计（表）组成。干球温度计（表）直接测量空气温度；湿球温度计（表）下端裹缠纱布，纱布部分浸泡在水中，测量得到湿球温度，由于纱布的水分蒸发吸热，湿球温度计（表）的测量温度一般比干球温度计（表）低，当空气中水汽达到饱和时，两者相同。

③湿度控制。

第一，湿度监测。仓库应经常进行湿度监测，包括空气湿度和仓内湿度监测，一般每天早、晚各监测一次，并做好记录。

第二，空气湿度太低时采取处理措施。空气湿度太低，意味着空气太干燥，应减少仓内空气流通，采取洒水、喷水雾等方式增加仓内空气湿度，或对货物采取加湿处理，直接在货物表面洒水。

第三，空气湿度太高时采取处理措施。封闭仓库或密封货垛，避免空气流入；在有条件的仓库采用干燥式通风、制冷除湿；在仓库或货垛内摆放吸湿材料，如生石灰、氯化钙、木炭、硅胶等；特殊货仓可采取升温措施。

（4）特殊情况下的保管

为保证保管质量，除了温度、湿度、通风控制外，仓库应根据货物的特性采取相应的保管措施，如对货物进行除锈、加固、封包、密封等，发现虫害及时杀虫，释放防霉药剂等，必要时采取转仓处理，将货物转入具有特殊保护条件的仓库。

4.2.4 仓库出库作业管理

物资出库业务管理，是仓库根据出库凭证，将所需物资发放给需用单位所进行的业务管理，标志着物资保管养护业务的结束。物资出库业务管理有两方面的工作：一是核查用料单位的领料凭证，如领料单、提货单、调拨单等，所领物资的品种、规格、型号、数量及提取货物的方式等必须书写清楚、准确；二是仓库按所列物资的品种、规格、型号、数量等项目组织备料，并保证把物资及时、准确、完好发放出去。

1. 物资出库作业管理的原则

①按程序作业。
②坚持"先进先出"原则。
③做好发放准备。
④及时记账。
⑤保证安全。

2. 物资出库作业内容和程序

企业自用库和中转库在物资出库业务上不同，一般说，企业自用库比较简单，中转库的物资出库程序是：物资出库前准备→核对出库凭证→备料→复核→出库交接→销账存档等。

（1）物资出库前准备

物资出库前的准备工作分为两方面：一方面是计划工作，根据需货方提出的出库计划或要求，事先做好物资出库的安排，包括货场货位、机械搬运设备、工具和作业人员等的计划、组织，另一方面要做好出库物资的包装和涂写标志等工作。

出库发运外地的物资，包装要符合运输部门的规定和适合物资的特点，大小和形状适宜、牢固，便于搬运装卸。

出库物资大多数是原件分发，由于经过运输，多次中转装卸、堆码及翻仓倒垛或拆件验收，部分物品包装不再适应运输的要求，仓库必须根据情况进行整理加固或改换包装。

对经常需要拆件发零的物品，应事先备好一定的数量，发出后要及时补充，避免临时再拆整取零，延缓付货。

有装箱、拼箱、改装等业务的仓库，在发货前应根据物品的性质和运输部门的要求，准备各种包装材料、相应的衬垫物，以及刷写包装标志的用具（如标签、颜料及钉锤）等。出库商品在从办理托运到出库的付运过程中，需要安排一定的仓容或站台等理货场所，需要调配必要的装卸机具。提前集中付运的物品，应按物品运输流向分堆，以便运输人员提货发运，及时装载物品，加快发货速度。

（2）核对出库凭证

物资出库凭证，即领（发）料单或调拨单，均应由业务部门签章。出库凭证应包括收货单位名称（用料单位名称），发料方式（自提、送料、代运），物资名称、规格、数量、单价、总价、用途，调拨原因，调拨单编号，有关部门和人员签章，付款方式及银行账号。

凡在证件核对中，有物资名称、规格型号不对，印鉴不齐全，数量有涂改，手续不符合要求的，均不能发料出库。

（3）备料出库

在货物出库时，应按照先进先出、易坏先出、不利保管先出的原则安排出货；已损害的货物，应与提货人达成的协商安排出货，动员提货人先行提货；没有协商安排的，暂不出货。备货工作主要有：

①包装整理、标志重刷；

②零星货物组合；

③根据要求装托盘货成组；

④转到备货区备运。

（4）复核

货物备好后，应再进行一次全面的复核查对。核查的具体内容有：

①包装能否承受装载物的重量，能否保证在物资运输装卸中不破损，保障物资的完整；

②货物是否便于装卸搬运作业；

③怕震怕潮等物资，衬垫是否稳妥，密封是否严密；

④收货人、到站、箱号、危险品或防震防潮等标志是否正确、明显；

⑤每件包装是否有装箱单，装箱单上所列各项目是否和实物、凭证等相符。

（5）出库交接

①仓库方面与提货人、承运人等要当面点交。

②对于重要物品、特殊商品的技术要求、使用方式、运输注意事项等，仓库方面要主动向提货人、承运人交代清楚。

③清点交接完毕后，提货人、承运人必须在相关出库单证上签字，同时仓库保管员应做好出库记录。

（6）销账存档

物资点交清楚，出库发运之后，该物资的仓库保管业务即告结束。物资仓库保管人员应做好清理工作，及时注销账目、料卡，调整货位上的吊牌，以保持物资的账、卡、物一致，将已空出的货位标注在货位图上，及时准确地反映物资的进出、存取动态。

4.3 仓储组织

仓储组织是按照预定的目标，将仓库作业人员与仓库储存手段有效结合，完成仓库作业过程各环节的职责，为商品流通提供良好的储存劳务。仓储组织的目标是按照仓储活动的客观要求和仓储管理上的需要，把与仓储有直接关系的部门、环节、人和物合理组织搭配起来，加速商品在仓库中的周转，合理地使用人力、物力，以取得最大的经济效益，实现仓储活动的"快进、快出、多储存、保管好、费用省"。

①快进。物资运抵到港口、车站或企业仓库专用线时，要以最快的速度完成物资的接运、验收和入库作业活动。

②快出。物资出库时，及时迅速地完成备料、复核、出库和交货清理作业。

③多储存。在库容合理规划的基础上，最大限度地利用有效的储存面积和空间，提高单位面积的储存量和面积利用率。

④保管好。按照物资的性质和储存条件，合理安排储存场所，采取科学的保管方法，使其在保管期间质量完好、数量准确。

⑤费用省。物资输入和输出，即在物资吞吐运行过程中各业务作业环节，都要努力节省人力、物力和财力，以最低的仓储成本取得最好的经济效果。

4.3.1 仓储作业组织

为了仓储组织的理想目标，在组织仓储作业，应全面综合地考虑各方面因素，注意以下几个原则。

1. 储作业过程的连续性

连续性是储存物资在仓储作业过程的流动，在时间上是紧密衔接的、连续的。

保持作业过程的连续性，可以缩短物资在各个环节的停留时间，加快物资周转和提高劳动生产率。

2. 实现仓储作业过程的比例性

比例性是指仓储作业过程的各个阶段、各个工序之间在人力、物力的配备和时间的安排上必须保持适当的比例关系。例如，验收场地和保管场地之间、运输力量和搬运力量之间、验收人员和保管人员之间、验收时间和收发货时间之间等，都要有一个适当的比例。保持作业过程比例性，可以充分利用人力和设备，避免或减少物资在各个作业阶段和工序的停滞和等待，从而保证作业过程的连续性。

作业过程的比例性，很大程度上取决于仓库总平面布置的合理性，特别是各作业环节之间各种设备能力的比例。

4.3.2 仓储管理组织

1. 仓库管理组织的结构形式

仓库管理的组织职能以一定的组织结构形式体现。组织结构的形式是仓库管理组织各个部分及其与整个企业经营组织关系的一种模式。

一般来讲，组织机构应包括决策指挥层、执行监督层以及反馈信息层等。

管理机构的组织形式一般有直线式、直线—职能式、水平结构式等。

（1）直线式组织形式

对于小型仓库，人员不多，业务较简单，可以采取直线式的组织形式，如图4-2所示。这种形式的机构，指挥和管理职能基本上由仓储主管执行，指挥管理统一，责任权限较明确，组织精简，不设行政职能部门、科、组。

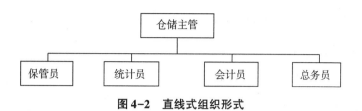

图 4-2　直线式组织形式

(2) 直线—职能式组织形式

直线—职能式组织形式按照一定的专业分工来划分车间、小组；按职能划分部门，建立行政领导系统的组织形式。这是目前普遍采用的一种组织形式，如图 4-3 所示。这种形式因各职能部门分管的专业不同，虽然都是按照仓库统一的计划和部署进行工作，但无法避免发生种种矛盾，因此要注意相互配合，使各专业管理部门间的步调一致。

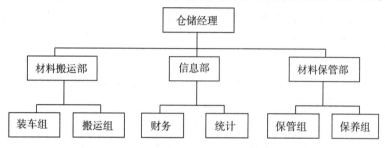

图 4-3　直线—职能式组织形式

(3) 水平结构的组织形式

水平结构的组织形式即事业部制，该组织结构适用于规模庞大、品种繁多、技术复杂的大型企业，由此总公司领导可以摆脱日常事务，集中考虑全局问题。同时，事业部实行独立核算，更能发挥经营管理的积极性，更有利于组织专业化生产和企业的内部协作。

4.4　库　存

4.4.1　库存的概念

库存是处于储存状态的物品，是为以后既定目的使用而处于闲置或非生产状态的物料。

在生产制造企业，库存品一般包括原材料、产成品、备件、低值易耗品及在制品；在商业流通企业，库存品一般包括用于销售的商品及用于管理的低值易耗品。

库存是一种闲置资源，不仅不会在生产经营中创造价值，反而会因占用资金而增加企业的成本。但在实际的生产经营过程中，库存又是不可避免的，有时还是十分必要的。

库存管理的核心是在满足对库存需要的前提下，保持合理的库存水平。在企业的总资产中，库存资产一般占 20%～40%，库存管理不当会造成大量资金沉淀，影响资金的正常周转，同时还会因库存过多增加市场风险，给企业经营带来负面影响。因此，必须对库存进行有效管理，消除不必要的库存，提高库存周转率。

4.4.2 库存的类型

1. 按库存的作用划分

（1）周转库存

周转库存指为满足日常生产经营需要而保有的库存。周转库存与采购批量直接有关，企业为了降低物流成本或生产成本，需要批量采购、批量运输和批量生产，这便形成了周期性的周转库存，这种库存随每天的消耗而减少，当降低到一定水平时需要补充库存。

（2）安全库存

安全库存指为防止不确定因素，如供货时间延迟、库存消耗速度突然加快等设置的库存。安全库存与库存安全系数或库存服务水平有关。从经济性的角度看，安全系数应确定在一个合理的水平上。

（3）调节库存

调节库存指用于调节需求与供应的不均衡、生产速度与供应的不均衡以及各个生产阶段产出的不均衡而设置的库存。

（4）在途库存

在途库存指处于运输以及停放在两个相邻工作地或相邻组织之间的库存。在途库存取决于运输时间及该期间内的平均需求。

2. 按生产过程划分

（1）原材料库存

原材料库存指企业已经购买的，但还未投入生产过程的库存。

（2）在制品库存

在制品库存指经过部分加工，但尚未完成的半成品库存。

（3）产成品库存

产成品库存指已经制造完成并等待装运发出的库存。

3. 按用户对库存的需求特性划分

（1）独立需求库存

用户对某种库存物品的需求与其他种类的库存无关，表现出对这种库存需求的独立性；消耗品、维修零部件和最终产品的库存属于独立需求库存。

（2）相关需求库存

相关需求库存指与其他需求有内在相关性的需求，根据这种相关性，企业可以精确地计算需求量和需求时间，是一种确定型需求。例如，用户对企业完成品的需求一旦确定，与该产品有关的零部件、原材料的需求随之确定，对这些零部件、原材料的需求就是相关需求。

库存需求特性的分类构成了库存管理的两大部分：一部分是对相关需求库存的管理。这种需求实际上是对完成品生产的物料需求，与完成品的需求之间有确定的对应关系，其中的数量关系可用物料清单来表示，时间关系可用生产周期、生产提前期、运输时间等通过计算得出。相关需求的库存控制实际上是生产计划与控制系统中的一部分，物料需求计划就是用来解决相关需求的采购、库存及供应问题。

对于独立需求库存，由于其需求时间和数量都不是由发货方控制的，不能像相关需求那样来处理，只能采取补充库存的控制机制，将不确定的外部需求问题转化为对内部库存水平的动态监视与补充问题。

4.5 库存控制系统

4.5.1 库存控制系统概念与要素

1. 库存控制系统的概念

库存控制系统是以控制库存为目的的相关方法、手段、技术、管理及操作过程的集合，这个系统贯穿于物资选择、规划、订货、进货、入库、储存及至最后出库，这些过程的相互影响和相互作用，形成一个有序的系统，从而实现企业控制库存的目标。

2. 库存控制系统要素

（1）企业的选地和选产

企业的选地与未来控制库存水平的关系极大，如果这个企业远离原材料产地而运输条件又差，库存水平便很难控制到低水平，库存的稳定性也很难控制。

同样，企业的产品决策也是库存控制的一个影响因素，产品决策脱离了该地库存控制，导致产品失败的先例并不少见。

企业的选地和选产，一定意义上是库存对象物的供应及销售条件的选择，须严格评估该条件是否能保证或满足某种方式的控制。

（2）订货

订货批次和订货数量是决定库存水平非常重要的因素。对一个企业而言，库存控制是建立在一定的输出前提下，因此，需要调整的是输入，而输入的调整依赖于订货。订货与库存控制关系十分密切，因此不少企业的库存控制转化为订货控制，以此解决库存问题。

（3）物流

能否按订货批量和批次以实现控制，取决于运输和其他物流活动的保障。运输是库存控制的一个外部影响要素，有时库存控制不能达到预期目标，并不是控制本身或订货问题，而是运输的提前或延误，提前则提高了库存水平，甚至出现"爆库"；延误则使库存水平下降，甚至会出现停工待料等失控状态。

（4）信息

在库存控制中，信息要素的作用和系统中其他要素的作用同样重要，通过有效的信息传递，对货物所在位置、数量、流向、后续物资供应能力、物资消耗状况有及时而明确的了解，这是及时控制和调节库存的重要因素。此外，仓库内监控信息的采集、传递、反馈也是控制的关键条件。

（5）管理

管理和信息一样，也是一般要素，库存控制系统并不完全靠一条流水线、一种高新技术工艺等硬件系统支持，而是依赖于管理。

4.5.2 库存控制系统目标

常见库存控制系统有以下目标。

1. 库存最低目标

这一目标的制定和以下因素有关。

①企业需要通过降低库存以降低库存成本。
②企业需要通过降低库存以降低生产成本，增加盈利和提高竞争能力。
③企业实现零库存的生产方式。
④企业为扩大生产用地，缩减仓库用地。

2. 库存保证程度最高目标

企业有很好的销售预期，会带来效益，这就特别强调库存对其他经营、生产活动的保证，而不强调库存本身的效益。企业在通过增加生产以扩大经营或新开发的市场等情况下，往往选择这种控制目标。

3. 不允许缺货的目标

企业由于技术、工艺条件等因素，不允许停产，必须以不缺货为控制目标。在激烈的市场竞争环境下，一旦缺货就会丧失客户，在竞争中处于劣势；企业在必须以供货保证正常履行与其他企业的条约，否则会面临赔偿等威胁时，也可制定不允许缺货的控制目标。

4. 限定资金的目标

企业必须在限定资金的前提下实现供应，这需要以此为前提进行库存的一系列控制。

5. 快速的目标

在一个大系统中，库存控制往往不依本身的经济性来确定目标，而依据系统要求确定目标，这常常出现以最快速度实现进出货为目标来控制库存。

4.5.3 库存控制系统的若干制约条件

库存控制受许多因素制约，库存控制系统内部也存在交替损益现象，这些制约因素可能影响控制水平，乃至决定控制成败。

1. 需求

在许多因素影响下，需求是不确定的，如突发的热销造成的需求增加等会使控制受到制约。

2. 订货周期

由于通信、差旅或其他因素，订货周期的不确定性会制约库存控制。

3. 运输

运输的不稳定和不确定性必然会制约库存控制。

4. 资金

资金短缺、资本运作不灵等，会使计划的控制方法落空。

5. 管理水平

管理水平达不到控制的要求，必然使控制无法实现。

此外，价格和成本等因素也是制约库存控制的重要因素。

4.6 库存控制方法

4.6.1 经济批量订货的库存控制

最简单的存贮模型，即需求不随时间变化的确定型存贮模型。这类模型的有关参数如需求量、提前订货时间是确定的值，而且在相当长一段时间内稳定不变。实际上，只要企业所考虑的参数的波动性不大，就可认为是确定型的存贮问题。经过数学抽象概括的存贮模型虽然不可能与现实完全等同，但对模型的探讨将加深我们对存贮问题的认识，其模型的解也将对存贮系统的决策提供帮助。

1. 经济订货批量的概念

经济订货批量（Economic Order Quantity，EOQ）模型又称整批间隔进货模型，该模型适用于整批间隔进货、不允许缺货的存贮问题，即某种物资单位时间的需求量为常数 D，存贮量以单位时间消耗数量 D 的速度逐渐下降，经过时间 T 后，存贮量下降到零，此时开始订货并随即到货，库存量由零上升为最高库存量 Q，然后开始下一个存贮周期，形成多周期存贮模型。

由于需求量和提前订货时间是确定的，因此只要确定每次订货的数量或进货间隔时间，就可以做出存贮策略。由于存贮策略是以存贮总费用最小的经济原则确定订货批量，故称该订货批量为经济订货批量。

2. EOQ 模型

（1）模型假设

存贮某种物资，不允许缺货，其存贮参数为：

T：存贮周期或订货周期（年，月，日）；

D：单位时间需求量（件/年，件/月，件/日）；

Q：每次订货批量（件/个）；

C_1：存贮单位物资单位时间的存贮费［元/（件·年），元/（件·月），元/（件·日）］；

C_2：每次订货的订货费（元，万元）；

t：提前订货时间为零，即订货后瞬间全部到货。

（2）建立模型

存贮量变化状态如图 4-4 所示。

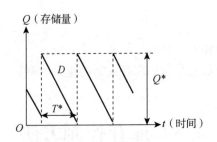

图 4-4 存贮量变化状态

一个存贮周期内需要该种物资 $Q=DT$ 个，图中存贮量斜线上的每一点表示该时刻的库存水平，每一个存贮周期存贮量的变化形成一个直角三角形，一个存贮周期的平均存贮量为 $1/2Q$，存贮费为 $1/2C_1QT$，订货一次费用为 C_2，因此，在这个存贮周期内存贮总费用为 $1/2C_1QT+C_2$。

由于订货周期 T 是变量，所以只计算一个周期内的费用是没有意义的，需要计算单位时间的存贮总费用 C_Z，即

$$C_Z = 1/2C_1Q + C_2/T$$

将 $T=Q/D$ 代入上式，得：

$$C_Z = 1/2C_1Q + C_2D/Q$$

显然，单位时间的订货费随着订货批量的增大而减小，而单位时间的存贮费随着订货批量 Q 的增大而增大，如图 4-5 所示。从图 4-5 可直观看出，在订货费用线和存贮费用曲线相交处，订货费和存贮费相等，存贮总费用的曲线取得最小值。

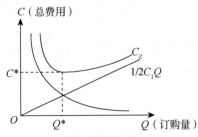

图 4-5 存储费用曲线图

利用微分求极值的方法，令 $dC_Z/dQ = 1/2C_1 - C_2D/Q^2 = 0$，即得到经济订货批量 Q^*：

$$Q^* = \sqrt{\frac{2C_2D}{C_1}}$$

由经济订货批量公式及 $Q^* = T^* D$，可得到经济订货间隔期：

$$T^* = \sqrt{\frac{2C_2}{DC_1}}$$

将 Q^* 值代入 $C_Z = 1/2C_1Q + C_2D/Q$ 式，得到按经济订货批量进货时的最小存贮总费用：

$$C^* = \sqrt{2DC_1C_2}$$

需要说明的是，在确定经济订货批量时，进行了订货和进货同时发生的假设，实际上，订货和到货一般有一段时间间隔，为保证供应的连续性，需提前订货。

设提前订货时间为 t，日需要量为 D，则订购点 $s = D \cdot t$，当库存下降到 s 时，即按经济订货批量 Q^* 订货，在提前订货时间内，以每天 D 的速度消耗库存，当库存下降到零时，恰好收到订货，开始一个新的存贮周期。

另外，以实物计量单位如件、个表示货物数量时，Q^* 是每次应订购的物资数量，若不是整数，可四舍五入后取整。

对于以上确定型存贮问题，最常使用的策略就是确定经济订货数量 Q^*，并每隔 T^* 时间订货，使存贮量由 s^*（往往以零计算）恢复到最高库存量 $S = Q^* + s$，这种存贮策略可以认为是定量订购制，但因订购周期固定，又可以认为是定期订购制。

例：某车间需要某种标准件，不允许缺货，按生产计划，年需要量 10 000 件，每件价格 1 元，每采购一次的采购费为 25 元，年保管费率为 12.5%，该元件可在市场上立即购得，问：应如何组织进货？

解：经济订货批量：$Q^* = \sqrt{\dfrac{2C_2 D}{C_1}} = \sqrt{\dfrac{2 \times 25 \times 10\,000}{0.125}} = 2\,000(件)$

经济订货周期：$T^* = \sqrt{\dfrac{2C_2}{DC_1}} = \sqrt{\dfrac{2 \times 25}{10\,000 \times 0.125}} = 0.2(年) = 73(天)$

如以 D 表示某种物资的年需用量，V 表示该物资的单价，C_2 为一次订货费，r 表示存贮费率，即存贮每元物资一年所需的存贮费用，则得到经济订货批量的另外一种常用形式：

$$Q^* = \sqrt{\dfrac{2DC_2}{rV}}$$

3. EOQ 模型的敏感性分析

EOQ 模型中所涉及的物资需用量、存贮费、订货费等参数，一般根据统计资料并估计计划期的发展趋势而确定，往往与实际情况有一些误差。另外，经济订货批量往往不是整数，而实际订货时，常常要求以一定的整数如整桶、整吨等单位进行订货，为此，我们需要分析模型的各项参数发生偏差时对经济订货批量 Q 的影响程度，以及经济订货批量的偏差对存贮总费用的影响程度，从而考察 EOQ 模型的可靠程度和实用价值，即对 EOQ 模型进行敏感性分析。

物资存贮中通常会遇到其他一些附加条件，如物资单价按订货批量进行的折扣；所存贮物资占用的流动资金有一定数额限制；仓库库容有一定限制；多种物资同时订购的比例等，这些模型的表现形式更为复杂，但在具体分析时都是本着综合平衡各种费用和成本的原则，使总的存贮费用最低。

4.6.2 定量库存控制的运作

定量库存控制法也称订购点法，是以固定订购点和订购批量为基础的一种库存量控制方法。它采用永续盘点方法，对收发动态下的物资随时进行盘点，当库存量等于或低于规定的订购点时就提出订购，每次购进固定数量的物资。

实施定量库存控制的关键在于正确确定订购批量和订购点。订购批量一般采用经济订购批量（EOQ），而订购点的确定则取决于备运时间的需要量和保险储备量。定量库存控制中的保险储备量，是为应付备运时间需要量的变动而建立的，包括不能按时到货、实际备运时间超过平均备运时间，也包括备运时间内实际一日需要量超过平均一日需要量等。

在定量库存控制中，固定的订购批量实际上就是两次进货间隔的合理库存量，即经常储备定额。根据经常储备定额和保险储备定额，可确定最高储备量和最低储备量的界限，如图4-6所示。

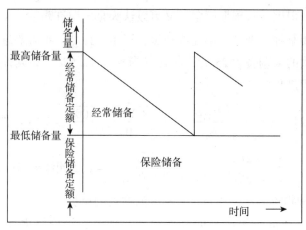

图4-6　定量库存控制的库存结构

例：某种物资每月采购总量为900件，单价40元/件，年储存费率12%，一次订购费用20元，求定量库存控制的经常储备定额。

解：定量库存控制的经常储备定额即为经济订购批量（EOQ），故：

$$经常储备定额 = EOQ = \sqrt{\frac{2 \times 900 \times 20 \times 12}{40 \times 12\%}} = \sqrt{90\,000} = 300\,（件）$$

例：企业某种需用比较均衡的物资年度采购总量为4 320件，该物资每件每月储存费用6元，一次订购费用30元，保险储备天数3天。求该种物资年度经常储备定额、最高储备量和最低储备量。

解：$经常储备定额 = EOQ = \sqrt{\dfrac{2 \times 4\,320 \times 30}{6 \times 12}} = \sqrt{3\,600} = 60\,（件）$

最高储备量 = 60 + 4 320÷360×3 = 60 + 36 = 96（件）

最低储备量 = 保险储备定额 = 36（件）

定量库存控制的库存量变动情况如图4-7所示，它将正常进货前后库存量水平分别为最低储备量和最高储备量作为基础，当实际消耗速度减慢或加快时，两次进货的时间间隔也相应延长或缩短；但只要备运时间里的物资消耗速度为预计的正常速度，进货时的库存量就总是处于最低储备量状态，进货后的库存量就总是最高储备量。若备运时间里物资消耗速度大于预计的正常速度，或误期到货，则进货时的库存量低于最低储备量，进货后的库存量低于最高储备量；反之亦然。虽然进货后的库存量不等于最高储备量，但因库存降到订购点时又提出订购，所以这些变动并不影响实际需要，且在下次正常进货后又会调整到正常水平。

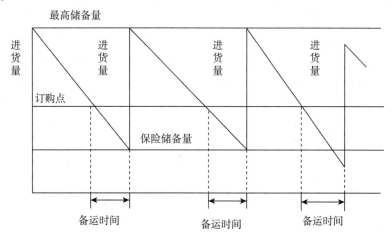

图 4-7　定量库存控制的库存量变动情况

定量库存控制法的一种简化形式是双堆法，也称分存控制法，它将订购点物资数量从库存量中分出，单独存放或打上明显标志，当库存量的其余部分用完，只剩下订购点的物资时，即提出订购，每次订进固定数量的物资。也可将保险储备量再从订购点一堆中分出，称为三堆法。双堆法或三堆法简便易行，无须经常盘点，没有持续的库存记录，可以直观地识别订购点并及时组织订购。这种方法比较适于价值较低、备运时间短的物资。

4.6.3　定期库存控制的运作

定期库存控制法是以固定的检查和订购周期为基础的一种库存量控制方法。它采取定期盘点，按固定的时间间隔检查库存量并随即提出订购，订购批量根据盘点时的实际库存量和下一个进货周期的预计需要量而定，即：

订购批量＝订购周期需要量＋备运时间需要量＋保险储备量－现有库存量－已订未交量
　　　　＝（订购周期天数＋平均备运天数）×平均一日需要量＋保险储备量－
　　　现有库存量－已订未交量

定期库存控制的关键在于正确规定检查周期，即订购周期。检查周期的长短对订购批量和库存水平有决定性的影响。

合理查定保险储备量同样是实施定期库存控制的重要措施。在定期库存控制中，保险储备量不仅要应付备运时间内需要量的变动，而且要应付整个进货周期内需要量的变动，因此，对同一种物资来说，定期库存控制法比定量库存控制法有更大的保险储备量要求。

根据经常储备定额和保险储备定额，可以确定最高储备量和最低储备量的数量界限。

例：企业某种均衡消耗的物资计划年度共需用 7 200 件，每月进货一次，保险储备天数为 6 天，求该物资的经常储备定额和最低储备量、最高储备量。

解：经常储备定额＝7 200÷360×30＝600（件）

最低储备量＝7 200÷360×6＝120（件）

最高储备量＝600+120＝720（件）

定期库存控制的库存量变动情况如图4-8所示，它同样将以正常进货前后库存量水平分别为最低储备量和最高储备量作为基础，当实际消耗速度减慢或加快时，盘点时的库存量（订购点）相应加大或减少；但只要备运时间里的物资消耗速度为预计的正常速度，即使进货时的库存量高于或低于最低储备量，也可通过不同的进货量使进货后的库存量等于最高储备量。若备运时间里物资消耗速度小于预计的正常速度，或提早到货，则进货后的库存量高于最高储备量；反之亦然。这种实际库存量水平的偏离，要待下一次库存盘点时核算下期订购批量（进货量）来调整，使其恢复到正常水平。

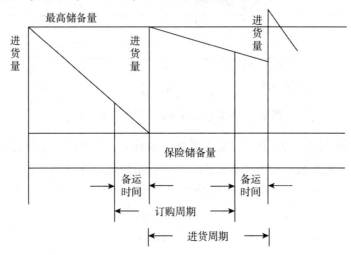

图4-8 定期库存控制的库存量变动情况

4.6.4 定量库存控制与定期库存控制的比较与运用

1. 定量库存控制的优缺点

（1）优点

一般地说，定量库存控制有下列优点：
①能经常掌握库存量动态，及时提出订购，不易出现缺货；
②保险储备量较少；
③每次订购量固定，能采用经济订购批量，也便于进货搬运和保管作业；
④盘点和订购手续比较简便，尤其方便应用电子计算机进行控制。

（2）缺点

它的缺点是：
①订购时间不定，难以编制严密的采购计划；
②未能突出重点物资的管理；
③不适应需要量变化大的情况，不能及时调整订购批量；
④不能得到多种物资合并订购的好处。

定期库存控制的优缺点与定量库存控制相反。

2. 定量库存控制与定期库存控制的适用范围

由于这两种库存控制方法有不同的优缺点，因而适用范围不同。

（1）定量库存控制的适用范围

定量库存控制一般适用于下列物资：单价较低的物资；需要量比较稳定的物资；缺货损失大的物资。

（2）定期库存控制的适用范围

定期库存控制一般适用于下列物资：需要量大的主要原材料，必须严格管理、有保管期限制的物资；需要量变化大且可以预测的物资；发货繁杂、难以进行连续库存动态登记的物资。

4.6.5 ABC 库存分类管理法

1. 库存物资分类管理的必要性

企业库存物资数量大，品种规格多，如不分重要次要、短线长线，不分需要量大小、单价高低，都施以同一的管理方法给予同等的注意，不但造成管理人员工作千头万绪，忙乱不堪，而且由于分散了精力，效果也不好，甚至部分重要的、紧缺的物资，会因得不到足够注意而缺货，使供应中断。所以，在库存量管理中抓重点，通过解决重点带动其他，往往能收到事半功倍之效。库存物资分类管理就是基于突出重点、兼顾一般这个基本管理办法。

库存物资分类管理的方法很多，ABC 库存分类管理法就是一种比较简单、实用的分类管理方法。分析企业所需物资经营物资，往往可以得出这样的规律：少数品种在总供应额（总销售额）中占了很大比重，而占品种数很大比重的物资，在总供应额（总销售额）中所占的比重并不大。库存物资 ABC 分类，就是根据物资品种和供应额（销售额）间的不均衡性，将物资分为 A、B、C 三类，并制订不同物资的管理控制方法。

2. 原理和步骤

（1）ABC 分析原理的应用和成效

ABC 分析法是将关键的少数找出来的一种方法，是储存管理中常用的分析方法，也是经济工作中的一种基本工作和认识法。ABC 分析法在价值工程、可行性分析研究、方案论证等领域都有应用。在储存管理中比较容易取得以下成效：压缩总库存量；解放被占用的资金；使库存结构合理化；节约管理力量。

（2）ABC 分析法的一般步骤

① 收集数据。按分析对象和内容，收集有关数据。如打算分析产品成本，应收集产品成本因素、产品成本构成等方面的数据；打算提高某一系统的工程，应收集系统中各局部功能、各局部成本等数据；打算对库存物品的平均占用额进行分析，以了解哪些物品占用资金多，以便实行重点管理，应收集的数据包括每种库存物资的平均库存量、每种物资的单价等。

② 数据处理。对收集的数据资料进行整理，按要求计算和汇总。

③ 制作 ABC 分析表。ABC 分析表模板如表 4-2 所示。

表 4-2　ABC 分析表模板

一栏	二栏	三栏	四栏	五栏	六栏	七栏	八栏
品目序号	品目数累计/%	单价/(元·千克$^{-1}$)	平均库存/千克	平均资金占用额/元	平均资金占用额累计/元	平均资金占用额累计百分比/%	分类结果
1	2.78	480.00	3 820	1 833 600	1 833 600	60.50	A
2	5.55	200.00	1 060	212 000	2 045 600	67.40	A
3	8.33	45.00	3 820	171 900	2 217 500	73.30	A
4	11.11	35.00	3 820	133 700	2 351 200	77.50	A
5	13.89	30.50	3 410	104 005	2 455 205	80.90	B
6	16.66	46.70	1 470	68 649	2 523 854	83.20	B
7	19.44	14.00	4 880	68 320	2 592 174	85.50	B
8	22.22	13.00	5 220	67 860	2 660 034	87.70	B
9	24.99	10.20	4 880	49 776	2 709 810	89.40	B
10	27.78	38.00	1 060	40 280	2 750 090	90.70	B
11	30.55	10.10	3 820	38 582	2 788 672	91.90	B
12	33.32	7.00	4 880	34 160	2 822 032	93.10	B
13	36.10	21.50	1 470	31 605	2 854 437	略	C
14	36.88	25.00	1 060	26 500	2 880 937	略	C
15	41.66	5.40	4 880	26 352	2 907 289	95.90	C
16	44.43	1.90	9 760	18 544	2 925 833	略	C
17	47.21	1.10	11 460	12 606	2 938 439	96.90	C
⋮	⋮					⋮	⋮
36	100					100.00	

制表按下述步骤进行：将已求算出的平均资金占用额以大排队方式，由高到低填入表中第五栏。以此栏为准，将物品单价填入第三栏、平均库存填入第四栏，在第一栏中按 1、2、3、4 等依顺序编号，则为品目累计；此后，计算品目数累计百分数，填入第二栏；计算平均资金占用额累计，填入第六栏；计算平均资金占用额累计百分数，填入第七栏。

④ 根据 ABC 分析表确定分类。按 ABC 分析表，观察第二栏品目累计百分数和第七栏平均资金占用额累计百分数。将累计品目百分数为 5%～15%，而平均资金占用额累计百分数为 60%～80% 的前几个物品，确定为 A 类；将累计品目百分数为 20%～30%，而平均资金占用额累计百分数也为 20%～30% 的物品，确定为 B 类；其余为 C 类，C 类情况正好和 A 类相反，其累计品目百分数为 60%～80%，而平均资金占用额百分数仅为 5%～15%。

⑤ 绘 ABC 分析图。以品目累计百分数为横坐标，以累计资金占用额百分数为纵坐标，

按 ABC 分析表第二栏和第七栏所提供的数据，在坐标图上取点，并联结各点曲线，则绘成 ABC 曲线。

按 ABC 分析表确定 A、B、C 三个类别的方法及对应的数据，在图上标明 A、B、C 三类，则制成 ABC 分析图，如图 4-9 所示。

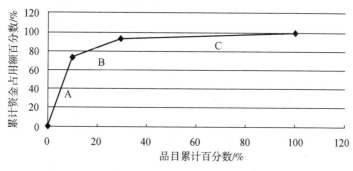

图 4-9　ABC 分析图

3. 制定重点管理措施

ABC 分析明确了重点，但 ABC 分析的主要目的在于解决困难，是一种解决困难的技巧，因此，在分析的基础上必须提出解决的办法，才算达到 ABC 分析的目的。根据 ABC 分析结果，在权衡管理力量与经济效益之后，对三类库存物品进行有区别的管理，表 4-3 是为减少流动资金占用、依靠压缩库存方式所制定的管理措施。

表 4-3　ABC 管理策略表

分类结果	管理重点	订货方式
A 类	投入较大力量精心管理，将库存压到最低水平	计算每种物品的订货量，采用定期订货方式
B 类	按经营方针调节库存水平，如要降低水平时，就减少订货量和库存	采用定量订货方式
C 类	双仓法储存，不费太多力量，增加库存储备	集中大量订货，采用订货点法

4. ABC 分析的深入运用

分层的、多种的、多标准的分析是 ABC 分析的深入运用，一般的大中型企业，尤其是装配型制造业，原材料、零部件、生产工具及装备的种类、品种、数量非常多，采用简单的 ABC 分析方法，仍然不能满足重点管理的要求，就需进行 ABC 分析的深入运用。

（1）分层的 ABC 分析

在物品种类较多，无法全部排列于表中，或即使排成大表，但必要性不大则可先进行品目的分层，以减少项数，再根据分层结果将 A 类品目逐一列出，进行个别的、重点管理。表 4-4 是某仓库根据 3 439 种品目的 ABC 分析结果，用分层法进行分层排列的 ABC 分析表。

表 4-4 分层 ABC 分析表

按平均资金占用额分层范围/百元	品目	品目累计	品目累计百分比/%	平均资金占用额/百元	平均资金占用累计/百元	平均资金占用额累计百分比/%	分类结果
>6	260	260	7.5	5 800	5 800	69	A
5~6	86	346	9.9	500	6 300	75	A
4~5	55	401	11.7	250	6 550	78	B
3~4	95	496	14.4	340	6 890	82	B
2~3	170	666	19.4	420	7 310	87	B
1~2	352	1 018	29.6	410	7 720	92	B
<1	2 421	3 439	100	670	8 390	100	C

(2) 多种分类方法

除计算结果分成 ABC 三类外，在实际运用种也常根据对象事物的特点，采取分成三类或六类以上的方法。

(3) 多重 ABC 分类

多重 ABC 分析是在第一次 ABC 分析基础上，再进行一次 ABC 分析。

如表 4-4 所示，分层的 ABC 分析中 A 类的品种有 346 种，对于管理工作仍然是一个庞大的数字。遵循"关键的少数和一般的多数"的规律，对这一集合群再作一次 ABC 分析（二重分析），于是在 A 类中又划分出 ABC 三类，分别为 AA、AB、AC，这是在 A 类中三个层次的名称。在 B 类中如果需要也可进行划分。C 类本来就是"一般的多数"，在管理上往往不需细化，一般不进行二重分析。

(4) 多标准 ABC 分类

在实际工作中，管理目标往往不是一个，如，一般管理往往看重物品价值，按价值进行分类，但单价高的物品，可能数量并不多，因此按总价值为目标的分类就会有不同的分类结果。实际上，在一个企业中，有人关心价值，有人或部门关心各种物品的供货保证程度，物品价值可能不高，但一旦出现供应中断会带来巨大损失，需要按供应保证程度和供应中断的风险进行分析，以确定不同的管理措施；企业中仓库管理人员还可能关注保管的难易程度或物品在仓库中可能损坏的程度，需要以此为目标进行分类并制定管理办法。

阅读材料

海尔集团的库存改革

一、海尔集团库存作业现代化

1999 年，海尔集团在青岛海尔信息园建立了一座立体仓库，实现了自动化和标准化作业。海尔现代化物流中心共有 9 168 个库位，日进出托盘 1 600 个。

2000 年，海尔集团在青岛海尔开发区工业园建造了国际化全自动物流中心，该物流中心占地面积 2 万平方米，在自动化方面，采用了国际先进的自动化技术、机器人技术、通信传感技术等，并配有激光导航小车和从日本引进的穿梭车、堆垛机，有 1.8 万多个货位。

海尔开发区工业园国际化全自动物流中心为园区内各生产制造中心提供服务，为海尔开发区的冰箱、商用空调、小家电、电冷热柜等提供所有原材料和成品的库存服务，实现园区内各生产厂所需原料供应、库存和成品库存、发运的物流服务全自动化；同时，通过物料的集中管理，节省了库存面积，减少了储备员和资金占用，提高了生产计划保障率。

海尔开发区工业园国际化全自动物流中心将全部实现自动化、高效率，通过物流和大型的计算机数据库管理最大限度地降低物流成本，在功能上直接与集团的ERP系统相接，可以直接和物流、商流、资金流、信息流等进行数据传输，最大限度地适应电子商务的要求。

二、海尔集团库存管理方法创新

1. ERP（企业资源规划）

海尔集团在整个物流供应链中实施了ERP，通过这一措施，采购计划的制订、采购过程的控制和跟踪、物料的存取和配送均实现信息化管理，大大降低了简单劳动的重复率，提高了工作效率和工作质量。

2. JIT（及时生产模式）

海尔集团在物流管理中采用了及时生产管理模式，包括全球采购的JIT、面向全球化生产企业的JIT配送、面向全球用户提供的JIT配送。

3. 3PL（第三方物流）

海尔集团在库存物料管理方面引入了第三方物流，推行物料检验外移的战略。由海尔集团派驻检验人员集中在3PL处对供方物料进行检验。检验外移后，进入海尔集团的物料间接地达到免检的标准，使海尔集团在压缩库存、节约资金、减少滞留物料的前提下，保证工厂生产的顺利进行。在实施后的初级阶段，节省数以亿计的库存周转资金，给海尔集团带来了巨大的经济效益。

4. 物流标准化

海尔集团推行了物流的标准化，在立体仓库内存放的空调、洗衣机、冰箱等零件已经使用标准化、单元化的容器，有利于保持整洁、节约空间、提高效率、节省人力、保证品质等。

三、海尔集团库存管理创新发展绩效

2000年5月，海尔集团公布，物流管理的JIT达到了7天。2000年10月，海尔集团公布，物流管理的JIT国内达到了3天、国际达到了7天。

海尔现代化仓库长度为120米，宽度为60米，高度为16米，库存面积为5 400平方米，共有9 168个库位，日进出托盘1 600个，取得了以下成效。

1. 取代外租仓库

采用高度集中存储解决方案，利用现代化的立体仓库取代落后的6.5万平方米的外租仓库，用48人的管理人员取代了原来的389人的仓库人员，提高了效率，降低了库存管理费用，相比外租仓库费用每年可节约1 200万元。

2. 降低物料库存

采用现代化的管理手段和设备，高效自动地进行生产用物料的配送，降低了生产车间的物料库存，减少了生产面积的浪费。

复习思考题

1. 如何看待库存的作用与弊端？
2. 库存管理目的是什么？库存控制的系统目标有哪些？
3. 试述仓储作业的一般流程。
4. 比较分析库存定量控制与定期控制的特点和应用范围。
5. 某公司实施定期订货法策略，对某商品流通的销售量进行了分析研究，发现其用户需要呈正分布：过去9个月销售量分别是11、13、12、15、14、16、18、17、19（吨/月）。如果公司组织资源进货，则订货提前期为一个月，一次订货费为30元，一吨物资一个月的保管费为1元，如果要求库存满足率为90%，根据这些情况应当如何制定定期订货策略。另，在实施订期订货法时，第一次订货检查时，发现现有库存量为21吨，已订未到物资有5吨，已出售但未提货的物资3吨，请问第一次订货量为多少？
6. 案例分析：如何平衡库存与服务水平的关系？

詹姆电子是一家生产工业继电器等产品的韩国制造企业。公司在东亚5个国家或地区拥有5家制造工厂，总部在首尔。

美国詹姆公司是詹姆电子的一个子公司，专门为美国市场提供配送和服务功能。公司在芝加哥设有一个中心仓库，为分销商和原始设备制造商两类顾客提供服务。分销商一般持有詹姆公司产品的库存，根据顾客需要供应产品；原始设备制造商以詹姆公司的产品为原材料生产各种类型的产品，如自动化车库的开门装置。

詹姆电子大约生产2 500种不同的产品，所有产品都在东亚制造，产成品储存在韩国的中心仓库，然后从这里运往不同的国家。在美国销售的产品通过海运运到芝加哥仓库。

近年来，美国詹姆公司面临的竞争大大加剧，并感受到来自顾客要求提高服务水平和降低成本的巨大压力。然而，正如库存经理艾尔所说："目前的服务水平处于历史最低水平，只有大约70%的订单能够准时交货。另外，很多没有需求的产品占用了大量库存。"

在最近一次与美国詹姆公司总裁、总经理及韩国总部代表的会议中，艾尔指出了服务水平低下的几个原因。

①预测顾客需求的很大困难。
②供应链存在很长的提前期，美国仓库发出的订单一般要6~7周后才能交货，主要原因包括：一是韩国的中央配送中心需要1周来处理订单；二是海上运输时间比较长。
③公司有大量的库存。
④总部给予美国子公司较低的优先权，美国的订单的提前期一般比其他地方的订单早1周左右。

为了说明预测顾客需求的难度，艾尔向大家提供了某种产品的月需求量信息。

但是，总经理很不同意艾尔的观点。他指出，可以通过用空运的方式来缩短提前期。但是，运输成本会提高，怎样进行成本节约呢？

试分析思考如下问题：

(1) 詹姆公司如何对变动较大的顾客需求进行预测？
(2) 如何平衡服务水平和库存水平之间的关系？
(3) 提前期和提前期的变动对库存有什么影响？詹姆公司该怎么处理？
(4) 对詹姆公司来讲，什么是有效的库存管理策略？

第5章 包装、流通加工与装卸搬运

学习目标

1. 通过本章的学习，掌握包装的概念、功能和分类，熟悉包装的操作和技法；
2. 了解流通加工的概念、类型及实现流通加工合理化的主要途径；
3. 掌握现代装卸搬运的基本概念、作业方式，重点掌握装卸搬运的合理化原则和措施。

案例导入

成都尚作拟建国内最大生鲜加工配送中心

成都尚作有机农业公司成立于2010年，是西南地区首屈一指的品质生活运营商，致力于提供安全、健康、美味的有机食材宅配服务，并提供与之相关的一系列生鲜宅配、营养搭配服务。

2014年9月，"爱尚生活"——成都尚作有机4周年庆典暨新品发布会在成都奥体中心举行。在发布会现场，尚作不但总结了过去4年的发展经验，还特别公布了即将上线的手机App以及全新的VI体系。

尚作负责人表示，经过4年的发展，公司已经建立遍布四川各地的11大农场，成都设有12个配送站，并开始尝试社区O2O连锁经营，已成为会员制有机农业电商的企业之一。未来，尚作还会在现有自动化分拣系统的基础上，建立国内最大的生鲜加工配送中心。

思考：流通加工有什么作用？如何做到流通加工的合理化？流通加工在"爱尚生活"——成都尚作有机的运作模式中有什么作用呢？

物流系统包括运输、储存、包装、装卸搬运、流通加工、配送和信息等环节，各环节相互影响、相互作用，形成一个有机的整体，发挥综合效益，形成总体优势。本章介绍作为提高物流系统效率和服务质量的关键环节——装卸搬运、包装及流通加工等。

5.1 包 装

5.1.1 包装概述

1. 包装的含义

包装是在流通过程中保护商品、方便运输、促进销售，按照一定技术方法而采用的容器、材料及辅助物等的总体名称，也指在为了达到上述目的而采用容器、材料和辅助物的过程中施加一定技术方法等的操作活动，是包装物及包装操作的总称。

2. 包装在物流中的地位

在社会再生产过程中，包装处于生产过程的末尾和物流过程的开端，既是生产的终点，又是物流的起点。

作为生产的终点，产品生产工艺的最后一道工序是包装。因此，包装标志着生产的完成，从这个意义讲，包装必须根据产品性质、形状和生产工艺进行，满足生产的要求。

作为物流的起点，包装完成后，产品便具备了物流的条件，在整个物流过程中，可发挥对产品保护的作用，最后实现销售。从这个意义讲，包装对物流有决定性的作用。

在现代物流概念形成以前，包装被看成生产的终点，因而一直是生产领域的活动，包装的设计主要从生产终结的要求出发，往往不能满足流通的要求。物流研究认为，包装与物流的关系，比之与生产的关系要密切得多，其作为物流起点的意义比作为生产终点的意义要大得多。因此，包装应进入物流系统中，是现代物流的一个新观念。

5.1.2 包装的功能

1. 保护商品

对商品进行包装设计时，需要考虑商品在流通过程中可能会遇到的气候条件、机械条件、生物和化学条件等，从而采取相应的对策，使包装起到保护商品的作用。

2. 方便流通

从流通方面考虑，包装单位要和装卸、保管、运输条件相适应。在此基础上应尽量做到便于批量运输，以获得最佳经济效果，同时又方便分割及重新组合以适应多种运输条件及分货需求；另外，包装单位还应适于进行批量交易，在零售商品方面，应适于消费者购买。

3. 促进销售

包装是商业交易中促进销售的重要手段之一，恰当的包装能唤起人们的购买欲望，包装的外形、装潢和广告说明都是很好的宣传品。

5.1.3 包装的种类

1. 按照形态分类

包装按照形态分为内包装和外包装。内包装在流通过程中主要起保护商品、方便使用、促进销售的作用，外包装在商品流通过程中起到保护商品、方便运输、装卸和保管的作用。

2. 按照功能分类

包装按照功能分为工业包装和商业包装。工业包装是指以保护运输和保管过程中的物品为主要目的的包装，也称为运输包装，相当于外包装；商业包装是以促进销售为目的的包装，本身构成商品的一部分，也称为零售包装或消费包装。

近年来工业包装和商业包装有相互接近的倾向，为实现物流合理化，工业包装采用与商业包装同样的创意，同时具有商业包装的功能。

3. 按照包装方法分类

包装按照包装方法可分为防湿包装、防锈包装、缓冲包装、收缩包装、真空包装等。

4. 按照包装材料分类

包装按照包装材料可分为纸箱包装、木箱包装、纸袋包装、玻璃瓶包装、塑料袋包装（软包装）等。

5. 按照包装商品种类分类

包装按照包装商品种类可分为食品包装、药品包装、蔬菜包装、机械包装、危险品包装等。

6. 按照流通阶段分类

包装按照流通阶段可分为生产地包装、集货地包装、店铺包装等。

5.1.4 包装合理化

1. 包装合理化的含义

包装合理化一方面指包装总体的合理化，这种合理化往往用整体物流效益与微观包装效益的统一来衡量，另一方面也包括包装材料、包装技术、包装方式的合理组合及运用。

2. 包装合理化的三要素

（1）防止包装不足

包装成本过低，包装材料水平不足，包装强度不足，导致包装防护性不足，造成被包装物的损失。

（2）防止包装过剩

包装物强度设计过高、包装材料选择超过实际需要、包装技术过高造成包装成本过高，一方面可能使包装成本支出大大超过减少损失可能获得的收益，另一方面，包装成本在商品成本中比重过高，损害消费者的利益。

（3）从物流管理角度，用科学方法确定最优包装

由于物流诸因素是可变的，因此包装也是不断发生变化的。确定包装形式，选择包装方法，都要与物流诸因素的变化相适应。

在确定包装时，必须对保管的条件和方式有所了解，如采用高垛，就要求包装有很高的强度，采用低垛或料架保管，包装的强度就可以相应降低，以节约资源和费用。

另外，不同的运输方式、运输工具的选择，以及运输距离的长短、道路状况都对包装有影响，如道路状况比较好的短距离汽车运输，就可以采用轻便的包装；同一种产品，如果进行长距离的车船联运，就要求严密厚实的包装。

3. 包装合理化的内容

包装是物流的起点，包装合理化是物流合理化的重要内容，也是物流合理化的基础。

近代工业包装是以大量生产、大量消费背景下的商品流通为对象，以批量性、迅速性、低廉性和省力性为目标。包装合理化朝着包装尺寸标准化、包装作业机械化、包装成本低廉化、包装单位大型化、包装材料的资源节省化等方向不断发展。

（1）包装尺寸标准化

实现包装的标准化对实现物流整体合理化具有特别重要的意义。包装尺寸的设计，如纸箱尺寸的设计与托盘、集装箱、车辆、货架等相适应，包装、运输、装卸、保管等不同物流环节的机械器具的尺寸设计需要建立在共同的标准上。

确定包装尺寸基础的是包装模数尺寸，为实现包装货物合理化而制订的包装尺寸的系列叫作包装模数，用这个规格确定的容器长度与宽度的组合尺寸称为包装模数尺寸。标准的包装尺寸应与包装模数尺寸一致，才能保证物流各环节的有效衔接，按照包装模数尺寸设计的包装箱可以按照一定的堆码方式合理、高效堆码在容器中。

（2）包装作业机械化

实现包装作业的机械化是提高包装作业效率、减轻人工包装作业强度、实现省力的基础。包装机械化首先从单个包装开始，之后向装箱、封口、挂提手等外装关联作业推进。

（3）包装成本低廉化

包装成本中占比最大的是包装材料费，因此，降低包装成本首先应该从降低包装材料费用开始，需要对包装材料的价格和市场行情进行充分调查，合理组织包装材料采购。对于材料的种类、材质的选择应在保证功能的前提下，尽量降低材料档次，节约材料费用。

影响包装成本的第二个因素是劳务费，节约劳务费用的方法之一是提高包装作业的机械化程度，降低包装作业对人工的依赖程度。当然，机械化包装需要购置包装机械，机械使用费用同样构成包装成本，如果节约的劳务费用低于使用机械支付的费用，包装成本不仅不会下降，反而会提高。仅仅从包装环节和费用的角度看，机械化的程度需要结合人工使用成本综合考虑，在许多条件中，通过机械与人工的合理组合，在半机械化的条件下从事包装作业，既可以提高效率，又可以节约人工，使包装成本得到有效控制。

最后，在包装设计上要防止包装过度，应根据内容商品的价值和特点设计包装。对有些低价值商品，为保证不发生包装破损而采用高档次包装在经济上未必合理，允许一定程度的破损率，会大大节约包装费用，对于节约包装成本是有益的。

（4）包装单位大型化

随着交易单位的大量化和物流过程的装卸机械化，包装的大型化趋势也在增强。大型化包装有利于机械的运用，提高装卸搬运效率。

（5）包装材料的资源节省化

包装大量使用的纸箱、木箱、塑料容器等，消耗了大量的自然资源，资源的有限性、大量开发资源对于环境带来的破坏、包装废弃物给环境带来的负面影响，要求我们必须将节约资源作为包装合理化的重要衡量标准。实现包装材料资源节省化的重要途径是加大包装物的再利用程度，加强废弃包装物的回收，减少过度包装，同时开发和推广新型包装方式，减少对包装材料的使用。

5.1.5 包装管理与包装设计

1. 包装管理

在竞争激烈的商品销售市场上，包装被用来作为保证和扩大商品销售的策略和手段已逐步深化。不少商品已经初步扭转"一等商品，二等包装，三等价格"的现象，但还有一些企业管理者忽视包装是为低价促销，过度压低包装费用，滥用劣材，造成因包装不善丧失产品信誉，受到经济损失，或因包装缺乏吸引力而使产品丧失竞争力。因此，必须从理论、实效上确认包装及其管理的重要性。

包装管理因企业类型及大小有所差异，一般来说，以生产为主的企业，包装管理着重于生产作业性和便利性；以销售为主的企业，着重于商品的包装单位、形状和设计等能获得好评价；而加工企业，着重于商品的搬运性和移动性。

包装管理包括包装设计、包装材料和容器选购、验收和贮存、包装操作、商品管理、商品销售、商品搬运、商品贮存、商品保护、商品包装质量信息反馈等内容。

2. 包装设计的考虑因素

包装是一个庞大的学科体系，包括包装材料、包装机械、包装技术、包装设计、包装印刷和包装管理等多学科知识，融自然科学、社会科学和生产技术为一体。因此，一个包装设计者在进行包装设计时，应从多方面进行考虑。

①产品的运输包装应达到科学、经济、实用和美观的要求。

②从保护功能考虑，所设计的包装要能抵御外界气候和机械环境的压力。包装对外界环境应力的抗御能力是否适当，应按照有关标准，经相应项目的试验进行检测。

③从装卸、运输、仓储立场出发，要求包装运量轻、体积小、件数少，包装表面标志清晰、准确。

④从销售方面考虑，要求包装美观，被包装物易于检查。因此希望包装件易拆封和再包装；对于出口商品来说，也希望在海关处被检查后，能方便地再包装。

⑤综合考虑包装的技术经济效益，即在达到必要的技术保护性能要求的条件下，包装应具有最轻的皮重、最低的成本、最小的体积。在考虑产品包装的防护措施保证安全可靠的基础上，应尽量降低包装成本和减少运输费用，图5-1表示包装费用、运输保管费用及总费用与包装安全可靠度的关系曲线。

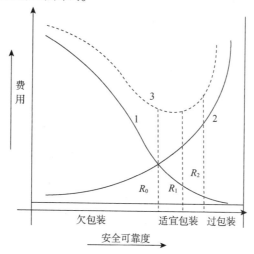

1—包装费用；2—储运保管费用；3—包装储运总费用。

图5-1 产品包装的安全可靠性与费用之间的关系曲线

在图5-1中，曲线1为施行安全可靠措施技术后，包装所需费用随安全可靠程度的变化；曲线2为包装运输储存保管和因包装不可靠所支付的费用与安全可靠度的关系；曲线3是商品包装与运输储存总过程所花费的总费用。曲线3由曲线2和曲线1相加得到，曲线 3 有一个最低点,其安全可靠度为 R_0,这是技术经济上最理想的可靠度参数。要准确做到这一点是较困难的,但在 R_1 与 R_2 可靠度之间的范围内,包装的技术经济性能也是良好的,包装是适宜的。

总之,要处理好产品的包装,必须从产品特点、包装材料和容器、运输、装卸和储存条件、包装技术和方法以及包装管理水平等进行全面的考虑(见图 5-2),才能保证产品从生产者手中经过流通的诸多环节,安全地到达用户手中仍能完好如新,并保证其良好的使用性能。

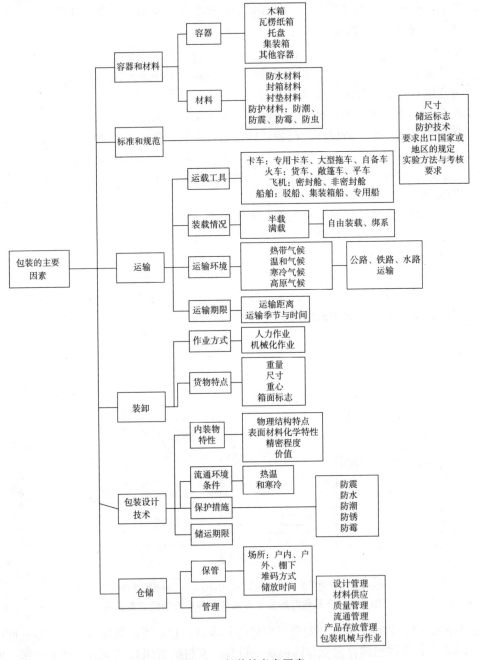

图 5-2 包装的考虑因素

3. 包装设计的程序

一个好的包装设计，通常根据一定的程序设计规则来进行，应考虑以下因素。

①了解产品，熟悉产品。对被包装产品各种性能的充分了解，是设计合理包装的基本条件。

②了解流通环节，掌握运输目的地。在着手设计之前，应弄清楚包装件运输的目的地和各个流通环节。

调查了解产品从生产厂到用户之间的整个运输途径。了解物流过程是否有影响包装的法令限制因素，如车辆或隧道的尺寸限制等。了解运输工具的类型、振动、冲击等值的情况，道路路面等级状况，是否使用集装化方式运输等。了解运输途中和目的地的气候条件，明确温度、湿度、降雨量等的可能范围，温度变化范围及内外压差可能产生的影响，沙尘和空气污秽情况，及其他可能碰到影响包装件性能的各种气候、生物和机械等环境参数。

③了解和掌握包装材料或包装容器的物理化学性能。了解与掌握包装材料或包装容器的透湿、透气性能，是否会产生影响内装物性能的有害物质，特别应了解与被包装产品相接触的各种内包装材料的性质与产品制造用材是否相容，如聚氯乙烯塑料薄膜在使用过程中会析出氯离子，加速金属腐蚀。

④了解包装容器的使用性能。应了解包装容器是否在产品不用时，还需要用其作为产品的贮存容器存放；包装容器是否与产品一起在展销时用等。

⑤进行包装设计时了解包装的制作工艺和成本核算。对包装进行设计，使之满足所要求的各种特性，并形成一个完整的包装整体。同时，考虑与核算包装的成本，是用一次性包装容器合算，还是回收包装容器更合算，回收包装或复用包装是否有价值。在设计时考虑选定的包装类型、材料和容器是否易于获取，是否有符合性能要求的替代物等。

⑥包装的检验和可靠性分析。设计的包装试制出来之后，应对其进行可靠性分析和必要的性能试验，检查是否达到包装要求的功能效果，特别是保护产品的功能效果。

一个设计良好的包装件，应能够通过实践的检验，满足使用者心理和使用上的要求，无论是外观还是实质上均应能达到保护商品、促进销售的目的。

5.1.6 包装的操作技法

商品包装既包括技术处理，又包括充填、封口、捆扎、裹合、加标、检重等技术活动，包装技法是指在包装作业时所采用的技术和方法。

1. 包装的一般技法

（1）对内装物的合理置放、固定和加固

在方形容器中装进形状各异的产品时，须合理置放、固定和加固，达到缩小体积、节省材料、减少损失的目的，外形规则的产品包装要套装，薄弱的部件要加固，包装内重量要均衡，产品与产品间要隔离和固定。

（2）对松泡产品进行体积压缩

如对羽绒服、枕芯等松泡产品，要压缩体积，或采用真空包装。

(3) 外包装形状尺寸的合理选择

如商品运输包装件要装入集装箱，包装件与集装箱之间的尺寸要配合，外包装形状尺寸要避免过高、过大、过扁、过重。

(4) 内包装（盒）形状尺寸的合理选择

内包装一般是销售包装，在选择形状尺寸时要与外包装尺寸配合：内包装的底面尺寸必须与包装模数协调；内包装的高度应与外包装的高度相匹配；要考虑产品的置放和固定。

(5) 包装外的捆扎

捆扎的目的是将单个物件或数个物件捆紧，以便运输、储存和装卸，捆扎可根据包装形态、运输方式、容器强度、内装物重量等不同情况采用井字、十字、双十字、平行捆扎等方法。

2. 包装的特殊技法

(1) 缓冲包装技法

缓冲包装技法又称防震包装技法，能使包装物品免受外界冲击力、振动力作用，防止物品损伤。典型的缓冲包装结构有五层：产品（包括内衬）、内包装盒（箱）内的缓冲衬垫、包装盒（箱）、外包装内的缓冲衬垫、外包装箱。

(2) 防潮包装技法

防潮包装技法是指采用防潮材料对产品进行包装，以隔绝外部空气相对湿度对产品的影响，使包装内的相对湿度符合要求，从而保护产品质量。主要的包装技法有刚性容器密封、加干燥剂密封、不加干燥剂密封、多层密封、复合薄膜真空包装、复合薄膜充气包装和热收缩薄膜包装。

(3) 防锈包装技法

防锈包装技法是为防止金属生锈而采用的包装技术和方法，按清洗、干燥、防锈处理和包装等步骤进行，一般采取在金属表面涂防锈材料、用气相缓蚀剂、塑料封存等方法。

(4) 防霉包装技法

防霉包装技法是指在流通与储存过程中，为防止内装物受霉菌影响而采取的防护措施，如对内装物进行防潮包装，降低包装容器的相对湿度，对内装物和包装材料应进行防霉处理。

(5) 防虫包装技法

防虫包装技法是为保护内装物免受虫类侵害而采取的防护措施，如在包装材料中掺入杀虫剂，在包装容器中使用驱虫剂、杀虫剂、脱氧剂。

(6) 危险品包装技法

危险品包括爆炸性物品、氧化剂、压缩空气、液化气体、自燃物品、遇水燃烧物品、易燃物品、毒害品、腐蚀性物品、放射性物品 10 类，有些物品同时具有两种以上的危险性。对于危险物品应根据其不同性质采取相应包装技法，如防爆可用塑料桶包装，然后将塑料桶装入铁桶或木桶中，并设有自动放气装置；对有腐蚀性的物品应采用涂有防腐涂料的金属类容器；对有毒物品主要采取严密不露气并与外隔绝的包装。

(7) 集合包装技法

集合包装技法主要是指将一定数量的包装件或包装产品装入一定规格、强度和长期周转使用的更大包装容器内，形成一个合适的搬运单元的方法。这样的容器包括集装箱、集装托盘、集装袋、滑片集装、框架集装和无托盘集装。

5.1.7 现代化物流包装

1. 实现物流包装现代化的主要问题

（1）包装模数

包装模数确定之后，各种进入流通领域的产品都需要按模数进行包装，这有利于小包装的集合，有利于集装箱及托盘的装箱装盘。包装模数应与物流模数统一，不但实现包装领域合理化，而且实现全物流系统的合理化。包装模数是物流现代化的基础问题。

（2）物流包装大型化和集装化

物流包装大型化和集装化有利于实现物流系统的机械化，有利于加快作业速度、提高物流系统的效率，有利于减少单位包装、节约包装材料及费用，从而促进物流机械化、自动化，提高物流效率。

（3）包装物的现代化管理

包装物多次、反复使用和废弃物处理，已成为当今重要产业之一。因此，资源的回收利用、梯级利用、资源再循环是包装领域现代化的重要问题，有效的处理措施有以下几种。

①通用包装。按通用标准模数制造瓦楞纸、纸板、木材、塑料制成通用外包装箱，这种包装箱不用安排返回使用，由于其通用性强，可转用其他包装。

②周转包装。有一定数量规模和固定的供应流通渠道的产品，可采用周转包装，如周转包装箱、饮料瓶、啤酒瓶等，其周转方法是：货物的周转包装箱体运至商场或用户处卸货物后，再将以前已用毕的空包装箱体装车返回。

③梯级利用。一次使用后的包装物，转作他用或进行简单处理后转作他用。

④再生利用。对废弃的包装物经再生处理，转化为其他用途或制成新材料。

（4）开发新的包装材料和包装工具

利用复合技术开发新的包装材料和包装器具是包装现代化的重要内容之一，主要趋势是包装物高功能化、包装材料多用途、开发绿色包装材料。

2. 物流包装现代化的发展趋势

（1）重视包装质量

经济发达国家都具有完整的物流包装测试设备及检测手段。

（2）重视开发新型包装及包装材料、新技术

根据市场调查，不断开发新型包装，开发新材料、新技术，使物流包装科学化，运用计算机控制包装技术及包装经济活动，是世界各国包装行业的共同努力方向。

（3）绿色包装方兴未艾

在国际包装领域，以无污染包装为发展战略的绿色包装正在兴起。

（4）国际物流包装与消费心理

国际物流包装的发展趋势是迎合消费者的心理，因此必须注意包装与民族文化、包装与消费习惯、包装与宗教信仰、包装与社会阶层等问题。

5.2 流通加工

流通加工是现代物流系统中的重要环节之一。流通加工在现代物流系统中，主要是提高物流系统对于用户的服务水平。此外，流通加工还具有提高物流效率和使物流活动增值的作用。

5.2.1 流通加工的内涵

1. 流通加工的定义

流通加工是在某些原料或产成品从供应领域向生产领域，或从生产领域向消费领域流动过程中，为有效利用资源、方便用户、提高物流效率和促进销售，在流通领域对产品进行的初级或简单再加工。简言之，在流通过程中辅助性的加工活动称为流通加工。

流通与加工的概念本属于不同范畴，加工是改变物质的形状或性质，流通则是改变物质的空间与时间状态。流通加工则是为了弥补生产过程加工不足，更有效地满足用户或企业需要，使产需双方更好衔接，将这类加工活动放在物流过程中完成，成为物流的组成部分。流通加工是生产加工在流通领域中的延伸，也可以看成流通领域为提供更好的服务，在职能方面的扩大。

2. 流通加工和生产加工的区别

（1）加工对象不同

流通加工的对象是商品，而生产加工对象不是最终产品，是原材料、零配件、半成品。

（2）加工程度不同

流通加工大多是简单加工，一般来讲，如果必须进行复杂加工才能形成人们所需的商品，那么这种加工应专设生产加工过程，在生产过程中完成大部分加工活动，流通加工只是对生产加工的一种辅助及补充。需要指出的是，流通加工不是对生产加工的取消或代替。

（3）附加价值不同

生产加工在于创造价值和使用价值，而流通加工在于完善其使用价值，并在不进行大改的情况下提高价值。

（4）加工责任人不同

流通加工由商业或物资流通企业完成，而生产加工则由生产企业完成。

（5）加工目的不同

商品生产是为交换和消费，流通加工是为消费（或再生产），这一点与商品生产有共同之处。但是流通加工也以自身流通为目的的，纯粹为流通创造条件，这种为流通所进行的加工与直接为消费进行的加工在目的上有区别，这也是流通加工不同于一般生产的特殊之处。

3. 流通加工作用

(1) 提高原材料利用率

利用流通加工环节进行集中下料,将生产厂直接运来的简单规格产品,按使用部门的要求进行下料,如将钢板进行剪板、切裁,将钢筋或圆钢裁制成毛坯,将木材加工成各种长度及大小的板等。集中下料可以优材优用、小材大用、合理套裁,取得很好的技术经济效果。

(2) 进行初级加工,方便用户

用量小或临时需要的使用单位,缺乏进行高效率初级加工的能力,依靠流通加工可以让使用单位省去进行初级加工所需的投资、设备及人力,从而搞活供应,方便用户。

(3) 提高加工效率及设备利用率

由于建立集中加工点,可以采用效率高、技术先进、加工量大的专门机具和设备,其优势在于:提高了加工质量,提高了设备利用率,提高了加工效率,降低了加工费用及原材料成本。

(4) 充分发挥各种运输手段的最高效率

流通加工环节将实物流通分成两个阶段。一般来说,流通加工环节设置在消费地,从生产厂到流通加工这一阶段输送距离长,而从流通加工到消费环节的第二阶段距离短。因此,第一阶段是在数量有限的生产厂与流通加工点之间进行定点、直达、大批量的远距离输送,可以采用船舶、火车等大批量的运输手段;第二阶段则利用汽车和其他小型车辆运送流通加工后的多规格、小批量、多用户的产品。这样可以充分发挥各种运输手段的最高利用效率,加快输送速度、节省运力运费。

(5) 改变功能,提高收益

在流通过程中进行一些改变产品功能的简单加工,能提高产品销售的经济效益。

所以,在物流领域中,流通加工是高附加价值的活动。这种高附加价值主要凭借满足用户的个性化需要、提高服务功能而实现,是贯彻物流战略思想的表现,是一种低投入、高产出的加工形式。

5.2.2 流通加工类型

1. 为弥补生产领域加工不足的深加工

由于存在许多限制因素,生产领域不能完全实现某些产品的终极加工,如钢铁厂的大规模生产只能按标准规格生产,以使产品有较强的通用性;木材如果在产地制成木制品,会给造成运输的极大困难,所以原生产领域只能加工到原木、板方材,进一步的下料、切裁、处理等加工则由流通加工完成。

这种流通加工实际上是生产的延续,是生产加工的深化,对弥补生产领域加工不足有着重要的意义。

2. 为满足需求多样化进行的服务性加工

从需求角度看,需求存在着多样化和易变化两个特点,经常是用户设置加工环节,如生产消费型用户的再生产往往从原材料初级处理开始。

根据现代生产的要求,生产型用户能尽量减少流程,集中力量从事较复杂的技术性较强的劳动,而不愿包揽大量初级加工。初级加工带有服务性,由流通加工完成,生产型用户便可以缩短生产流程，使生产技术密集程度提高。

对一般消费者而言，可省去烦琐的预处置工作，而集中精力从事较高级的、能直接满足需求的劳动。

3. 为保护产品进行的加工

在物流过程中，产品在用户投入使用前都存在对产品的保护问题，防止产品在运输、储存、装卸、搬运、包装等过程中遭到损失，保证使用价值的顺利实现。这种加工主要采取稳固、改装、冷冻、保鲜、涂油等方式，并不改变进入流通领域的物的外形及性质。

4. 为提高物流效率的加工

有些产品本身的形态使之难以进行物流操作，如鲜鱼的装卸、储存操作困难，过大设备搬运、装卸困难，气体运输、装卸困难等。进行流通加工，可使物流各环节易于操作，如鲜鱼冷冻、过大设备解体、气体液化等。这种加工往往改变物的物理状态，并不改变其化学特性，并最终仍能恢复原物理状态。

5. 为促进销售的加工

流通加工可以从若干方面起到促进销售的作用，如将大包装或散装物分装成适合一次销售的小包装的分装加工；将原以保护产品为主的运输包装改换成以促进销售为主的装潢性包装，以起到吸引消费者、指导消费的作用；将零配件组装成用具，以便于直接销售；将蔬菜、肉类洗净切块，以满足消费者方便消费的要求等。这种流通加工可能是不改变物的本体，只进行简单改装的加工，也有组装、分块等深加工。

6. 为提高加工效率的加工

流通加工以集中加工的形式，解决了单个企业加工效率不高的问题。以一家流通加工企业代替了若干生产企业的初级加工工序，促使生产力水平的提高。

7. 为提高原材料利用率的加工

流通加工利用其综合性强、用户多的特点，可以合理规划、合理套裁、集中下料，有效提高原材料的利用率，减少损失浪费。

8. 使物流合理化的加工

在干线运输及支线运输的结点设置流通加工环节，可以解决大批量、低成本、长距离干线运输与多品种、少批量、多批次末端运输和集货运输之间的衔接问题，在流通加工点与大生产企业间形成大批量、定点运输的渠道；以流通加工为核心，组织多用户的配送；也可在流通加工点将运输包装转换为销售包装，从而衔接不同目的的运输方式。

9. 以提高经济效益为目的的加工

流通加工的一系列优点，可以形成一种"利润中心"经营形态，这种类型的流通加工是经营的一环，在满足生产和消费要求的基础上取得利润，同时在市场和利润引导下使流通加工在各个领域中都能有效发展。

10. 生产流通一体化的加工

依靠生产企业与流通企业的联合，或者生产企业涉足流通，流通企业涉足生产，形成生产与流通加工的合理分工、合理规划、合理组织，统筹进行生产与流通加工的安排，这就是生产流通一体化的流通加工形式。这种形式可以促进产品结构及产业结构的调整，充分发挥企业集团的经济技术优势，是流通加工领域的新形式。

5.2.3 流通加工合理化

1. 不合理流通加工形式

流通加工是流通领域中对生产的辅助性加工，它不仅是生产过程的延续，也是生产本身或生产工艺在流通领域的延续。这个延续可能有正反两方面的作用，即一方面可能起到补充完善加工的作用，但是，另一方面，各种不合理的流通加工都会产生抵消效益的负效应。

（1）流通加工地点设置不合理

流通加工地点设置是整个流通加工有效的重要因素。一般而言，为衔接单品种大批量生产与多样化需求的流通加工，加工地设置在需求区，才能实现大批量的干线运输与多品种末端配送的物流优势。

如果将流通加工地设置在生产地区，由于存在多样化需求的产品，多品种、小批量由产地向需求地的长距离运输会不合理；在这种情况下，不如由原生产单位完成这种加工，而无须设置专门的流通加工环节。

一般而言，为了方便，物流流通加工环节应设在产出地，设置在进入社会物流之前，如果将其设置在物流之后，即设置在消费地，则不但不能解决物流问题，又在流通中增加了一个中转环节，因而也是不合理的。

即使在产地或需求地设置流通加工的选择合理，还有流通加工在小地域范围的正确选址问题，如果处理不善，仍然会出现不合理，这种不合理性表现为交通不便，流通加工与生产企业或用户距离较远，流通加工点的投资过高，加工点周围社会、环境条件不良等。

（2）流通加工方式选择不当

流通加工方式包括流通加工对象、流通加工工艺、流通加工技术、流通加工程度等，流通加工是与生产加工的合理分工。分工不合理，造成本来应由生产加工完成的，却由流通加工完成，本来应由流通加工完成的，却由生产过程去完成。

流通加工不是对生产加工的代替，而是一种补充和完善。所以，如果工艺复杂，技术装备要求较高，或加工可由生产过程延续或方便解决，都不宜再设流通加工，尤其不宜与生产过程争夺技术要求较高、效益较高的生产环节，更不宜利用市场因素使生产者变成初级加工或前期加工，而流通企业完成装配或最终形成产品的加工，造成了流通与生产夺利的后果。

（3）流通加工作用不大，形成多余环节

有的流通加工过于简单，或对生产及消费者作用不大，甚至同样未能解决品种、规格、质量、包装等问题，却增加了工作环节，这也是加工不合理的表现。

（4）流通加工成本过高，效益不好

流通加工之所以有生命力，重要优势之一是具有较大的产出投入比。如果流通加工成本过高，则不能实现以较低投入实现更高使用价值的目的。

2. 流通加工合理化措施

流通加工合理化的含义是实现流通加工的最优配置，为避免各种不合理现象，对是否设置流通加工环节，在什么地点设置，选择什么类型的加工，采用什么样的技术装备等，需要进行正确的抉择。

（1）加工和配送相结合

将流通加工设置在配送点中，一方面按配送的需要进行加工，另一方面加工又是配送业务流程中分货、拣货、配货的一环，加工后的产品直接投入配货作业，无须单独设置一个加工的中间环节，使流通加工有别于独立的生产，使流通加工与中转流通巧妙结合在一起。同时，由于配送之前有加工，配送服务水平大大提高。

（2）加工和配套相结合

在对配套要求较高的流通中，配套的主体来自各个不同的生产单位，但是，完全配套有时无法全部依靠现有生产单位，进行适当流通加工可有效促成配套，大大提高流通的桥梁与纽带能力。

（3）加工和合理运输相结合

流通加工能有效衔接干线运输和支线运输，促进两种运输形式的合理化。利用流通加工，在支线运输转干线运输或干线运输转支线运输这一停顿的环节，不进行一般的支转干或干转支，而是按干线或支线运输合理的要求进行适当加工，从而大大提高运输及转载水平。

（4）加工和合理商流相结合

通过加工促进销售，使商流合理化，也是流通加工合理化的考虑方向之一。加工和配送的结合，可通过加工提高配送水平，强化销售。

此外，通过简单地改变包装加工，使购买方便，通过组装加工解决用户使用前进行组装、调试的难题，都能有效促进商流。

5.3 装卸搬运

从下面一组数据，可以看出装卸搬运在物流系统中的地位和重要性。

①据统计，我国火车货运以500千米为临界点，运距超过500千米，运输在途时间多于起止的装卸时间；运距低于500千米，装卸时间则超过实际运输时间。

②美国与日本之间的远洋船运，一个往返需25天，其中运输时间13天，装卸时间12天。

③我国机械工厂每生产1吨成品，需进行252吨次的装卸搬运，其成本为加工成本的15.5%。

④我国铁路运输的始发和到达的装卸作业费占运费的20%左右、船运占40%左右。

5.3.1 装卸搬运概述

1. 装卸搬运的概念

在同一地域范围内（如车站、工厂、仓库等）以改变物的存放、支承状态的活动称为装卸，以改变物的空间位置的活动称为搬运。

一般来说，搬运是物体横向或斜向的移动，装卸指上下方向的移动。广义的装卸包括了搬运活动，在特定场合下，单称装卸或单称搬运也包含了装卸搬运的完整含义。

2. 装卸搬运的地位

在物流过程中，装卸活动不断出现和反复进行，它的频率高于其他各项物流活动的频率，每次装卸活动都要花费时间，这往往成为决定物流速度的关键因素。装卸活动消耗的人力大,所以装卸费用在物流成本中所占的比例较高。

此外,进行装卸操作时往往需要接触货物,因此,这是物流过程中容易造成货物破损、散失、损耗、混合等损失的主要环节。

3. 装卸与搬运在物流中的作用

(1) 装卸搬运是影响物流效率的重要环节

装卸搬运是随运输和保管产生的必要物流活动,是对运输、保管、包装、流通加工等物流活动进行衔接的中间环节,以及在保管等活动中为检验、维护、保养所进行的活动,如货物的装上卸下、移送、拣选、分类等。在物流活动的全过程中,装卸搬运活动频繁发生,因而搬运活动所占用的时间是影响物流效率的重要因素。另外,在从生产到消费的流通过程中,由于装卸搬运活动频繁发生,装卸搬运作业与物品被破坏、污损造成的损失密切相关,且对货物的包装费用也有一定的影响。对装卸搬运的管理,主要是对装卸搬运方式的选择,对装卸搬运机械设备的选择、合理配置与使用,进行装卸搬运合理化操作,尽可能减少装卸搬运次数,避免造成商品损失,以提高物流的效率。

(2) 装卸搬运是影响物流成本的主要因素

随着工业生产规模的扩大和自动化程度的提高,物料搬运费用在工业生产成本中所占比例越来越大。据统计,美国工业产品生产过程中,装卸搬运费用占成本的20%~30%;德国企业物料搬运费用占营业额的1/3;日本物料搬运费用占国民生产总值的10.73%。

提高物料运输和存放过程的自动化程度,对改进物流管理、提高产品质量、降低生产成本、缩短生产周期、加速资金周转和提高整体效益有重要的意义。

(3) 装卸搬运是连接其他物流环节的桥梁

装卸搬运作为物流系统的构成要素之一,是为运输和保管而进行的作业。运输、保管、包装和流通加工等物流活动,都靠装卸搬运活动联结起来;在保管等活动中为检验、维护、保养所进行的装卸活动,如货物的装上卸下、移送和分类等也要通过装卸和搬运来完成。相对于运输产生的场所效用和保管产生的时间效用,装卸搬运活动本身并不产生价值,然而它又是一个不可缺少的环节。

4. 装卸搬运的特点

(1) 装卸搬运是附属性、伴生性的活动

装卸搬运是物流多数环节开始及结束时发生的活动,是其他操作不可缺少的组成部分。

(2) 装卸搬运是支持、保障性活动

装卸搬运的附属性不能理解为被动性,实际上,它对其他活动有一定的决定性,会影响其他物流活动的质量和速度。

(3) 装卸搬运是衔接性的活动

其他物流环节在相互过渡时,多是以装卸搬运来衔接,因而,装卸搬运往往成为整个物流的纽带,是物流活动各项功能之间形成有机联系和紧密衔接的关键,而且是一个系统的关键。能否建立一个有效的物流系统,关键看这一衔接是否有效,比较先进的系统物流方式——联合运输方式就着力解决这种衔接问题。

(4) 装卸搬运是增加物流成本的活动

物流过程中多次的装卸搬运活动,不仅需要延长物流时间,而且需要投入大量的活劳动和物化劳动,这些劳动不能给物流对象带来附加价值,只会增加物流成本。由于装卸搬运反复次数多,其累计成本不可忽视。

5.3.2 装卸搬运方式

1. 按物流设施、设备对象划分

企业自有物流设施内的装卸,包括工厂、自家仓库、配送中心等设施、场所的装卸活动;公共物流设施内的装卸,包括公路中转站、港口、铁路车站、空港、仓库等设施、场所内的装卸活动。

2. 按运输手段划分

按照运输手段,装卸搬运分为汽车装卸、铁路货车装卸、船舶装卸、飞机装卸。

3. 按作业方式划分

(1) 吊上吊下作业

吊上吊下作业是这样的:采用各种起重机械从货物上部起吊,依靠起吊装置的垂直移动实现装卸,并在吊车运行或回转的范围内实现搬运或依靠搬运车辆实现小搬运。由于吊起及放下属垂直运动,这种装卸方式属垂直装卸。

(2) 叉上叉下作业

叉上叉下作业是这样的:采用叉车从货物底部托起货物,并依靠叉车的运动进行货物位移,货物可不经中途落地直接放置到目的处。这种方式主要是水平运动,属水平装卸方式。

(3) 滚装方式

滚装方式即港口装卸的一种水平装卸方式,利用叉车或半挂车、汽车承载货物,连同车辆一起开上船,到达目的地后再从船上开下,又称滚上滚下方式,铁路上称驮背运输。

(4) 移上移下方式

在两车之间(如火车及汽车)进行靠接,然后利用各种方式,不使货物垂直运动,而靠水平移动从一车辆上推移到另一车辆上,称移上移下方式。移上移下方式需要两车辆水平靠接,因此,对站台或车辆货台需进行改变,并配合移动工具实现这种装卸。

(5) 散装散卸方式

对散装物进行装卸,一般从装点直到卸点,中间不再落地,这是集装卸与搬运于一体的装卸方式。

4. 按货物运动形式划分

垂直装卸:采取提升和降落方式实现。
水平装卸:采取平移方式实现。

5. 按装卸对象划分

按照装卸对象,装卸搬运分为散装货物装卸、单件货物装卸、集装货物装卸等。

6. 按作业特点划分

连续装卸:同种大批量散装或小件杂货通过连续输送机械连续不间断地进行,在装卸对象不易形成大包装的情况下适用。

间歇装卸:适用于货流不固定的各种货物,如包装货物、大件货物,具有较强的机动性,装卸地点可以在较大范围内变动。

5.3.3 装卸搬运合理化原则

1. 降低装卸搬运作业次数

虽然装卸搬运是物流过程中不可避免的作业，但应该将装卸搬运的次数控制在最小范围内，通过合理安排作业流程、采用合理的作业方式、仓库内进行合理布局以及仓库的合理设计推动实现货物装卸搬运次数最小化。

2. 移动距离（时间）最小化

搬运距离的长短与搬运作业量大小和作业效率高低紧密相关，在货位布局、车辆停放位置、出入库作业程序等应充分考虑货物移动距离的长短，以货物移动距离最小化为设计原则。

3. 提高装卸搬运的灵活性

货物所处的状态会直接影响装卸搬运的效率，在整个物流过程中，货物要经过多次装卸搬运，前道的卸货作业与后道的装载或搬运作业关系密切。因此，在组织装卸搬运作业时，应灵活运用各种装卸搬运工具和设备，前道作业要为后道作业提供便利，从物流起点包装开始，应以装卸搬运的活性指数最大化为目标。

4. 单元化

单元化是将货物集中成一个单位进行装卸搬运。单元化是实现装卸合理化的重要手段，在物流作业中广泛使用的托盘，通过叉车与其结合提高装卸搬运的效率。通过单元化不仅可以提高作业效率，还能防止损坏和丢失，清点数量也更加容易。

5. 机械化

机械化是在装卸搬运作业中用机械作业代替人工作业。实现作业的机械化是省力化和效率化的重要途径，通过机械化改善物流作业环境，将人从繁重的体力劳动中解放出来。机械化的程度除了技术因素外，还与物流费用等经济因素相关。机械化也包含了人与机械的合理组合，在许多场合，简单机械的配合同样可以达到省力化和提高效率的目的，片面强调自动化会造成物流费用的膨胀，增加物流成本。

6. 利用重力

利用重力是借助货物本身的重力实现货物的移动。常用的方法包括将货物放到有一定倾斜度的滑辊、货架以及滑槽上，利用重力产生移动。

7. 各环节均衡、协调

装卸搬运作业是各作业线环节的有机组合，只有各环节相互协调，才能使整条作业线产生预期的效果。应使装卸搬运各环节的生产率协调一致，针对薄弱环节，采取措施，提高能力，使装卸搬运系统的综合效率最高。

8. 系统化

系统化是将各个装卸活动作为一个有机整体实施系统化管理，就是运用综合系统化的方法，提高装卸搬运活动之间的协调性，提高装卸搬运系统的柔性，以适应多样化、高度化的物流需求，提高装卸搬运效率。

5.3.4 装卸搬运机械及工具合理配置

1. 主要装卸搬运机械

主要装卸搬运机械的种类如表 5-1 所示。

表 5-1 主要装卸搬运机械的种类

机械类型	设备名称	工作特征
装卸搬运车辆	1. 叉车 2. 人力搬运车 （1）台车 （2）手推车 （3）手动液压托盘搬运车 （4）升降式搬运车 3. 动力搬运车 （1）轨道无人搬运车 （2）牵引车 （3）挂车 （4）底盘车	底盘上装有起重、输送、牵引、承载装置，可以移动作业
连续输送机械	1. 带式输送机 2. 辊子输送机 3. 悬挂输送机 4. 斗式提升机 5. 连续输送机	连续动作、循环运动，持续负载、线路一定
散装作业机械	1. 斗式类型装载机 2. 斗轮类型装载机 3. 抓斗类型装载机 4. 倾翻类型卸车机 5. 连续输送机	装载搬运散装货物
起重机械	1. 轻小型起重设备 （1）葫芦 （2）绞车 2. 升降机 （1）电梯 （2）升降机 3. 起重机 （1）桥式类型起重机 （2）门式类型起重机 （3）臂式类型起重机 （4）梁式类型起重机	间歇动作、重复循环、升降运动，使货物在一定范围内上下、左右、前后移动
自动分拣机械	1. 压出式 2. 浮出式 3. 斜行式 4. 倾斜落下式	在计算机的控制下连续动作，将不同的货物搬运到指定的位置

2. 装卸搬运容器

在搬运作业中大多会使用容器,由于处理的时段、产业不同,所使用的搬运容器也不同,较常见的有以下几种。

①包装纸箱。包装纸箱使用不同的材质,如瓦楞纸板有 A 楞、B 楞、C 楞、D 楞与 E 楞。

②塑料箱。塑料箱种类很多,重要的是其强度及平面度,如果强度及平面度不佳,容易造成搬运的问题。

③托盘。托盘是在物流领域中为适应装卸机械化而产生的一种集装器具,为使物品能有效地装卸、运输、保管,将其按一定数量组合放置于一定形状的台面上,台面设有叉车入口,便于叉车和堆垛机叉取和存放。以这种结构为基本结构的平板、台板和各种形式的集装器具可统称为托盘,根据其结构特征可分为平托盘、网箱托盘、箱式托盘、柱式托盘、轮式托盘等。

3. 装卸搬运机械的选择

选择装卸搬运机械要考虑货物特性、作业特性、机械特性、作业环境及经济性等方面的因素,进行综合判断,使机械发挥出最大的效益。

(1) 货物的特性

货物的特性指货物的种类,如散货、包装货物等。要在考虑货物特性的基础上选择最适宜的装卸机械。

(2) 作业特性

作业特性指作业的性质,如作业量、季节变动、流动性、理货的种类、搬运距离和范围、运输手段、批量大小、输配送特性等。装卸搬运机械的选择应与上述作业特性相适应。

(3) 环境特性

环境特性指设施属于专用还是公用、是本企业设施还是借用设施,还包括货物的流程、设施的配置、建筑物的构造、站台的高低、地面的承重等各种因素。

(4) 装卸机械特性

装卸机械特性指装卸机械的安全性、可靠性、弹性、机动性、耗能、噪声、公害等因素。

(5) 经济性

在对以上因素分析后,还要从经济性的角度进行对比,在多个使用方案中选择最优方案。

4. 装卸搬运机械的选择原则

(1) 以满足现场作业为前提

装卸机械首先要符合现场作业的性质和物资特点、特性要求,如铁路专用线的车站、仓库等,可选择门式起重机;在库房内可选择桥式起重机;在使用托盘和集装箱的作业条件下,尽量选用叉车以及跨载起重机。机械的作业能力与现场作业量之间处于最佳配合状态。影响物流现场装卸作业量的最基本因素是吞吐量,此外,还要考虑堆码、搬倒作业量、装卸作业的高峰量等因素。确定装卸机械的吨位,应进行周密计算、分析。在能完成同样作业的前提下,应选择性能好、节省能源、便于维修、利于配套、成本较低的装卸机械。

（2）控制作业费用

装卸机械作业发生的费用包括设备投资额、运营费和装卸作业成本等，其中，设备投资额指平均每年这些设备投资的综合（包括购置费用、安装费用和直接相关的附属设备费用）与每台机械在一年内完成装卸作业量的比值；装卸机械的运营费指某种机械一年营运总支出（包括维修费用、劳动工资、动力消耗、照明等）和机械完成装卸量的比值；装卸作业成本是指在某一物流作业现场，机械每装卸一吨货物所支出的费用，即每年平均设备投资支出和运营支出的总和与每年装卸机械作业现场完成的装卸总吨数之比。

（3）装卸搬运机械的配套

装卸搬运机械的配套指根据现场作业性质、运送形式、速度、搬运距离等要求，合理选择不同类型的相关设备，主要包括使多台装卸机械在生产作业区内能够有效衔接；设备吨位相互匹配，便于发挥每台设备的最大能力；合理安排运行距离，缩短总的物流作业时间等。

5.3.5 现代装卸搬运系统

随着生产力的发展，装卸搬运的机械化程度不断提高，部分企业已实现搬运自动化。

自动化搬运具有灵活性强、自动化程度高，可节省大量劳动力，维护劳动者健康等优点，如在噪声、空气污染、放射性元素等危害人体健康的地方及通道狭窄、光线较暗等不适合驾驶车辆的场所，可采用自动无人搬运车。

1. 自动导向车辆系统

自动导向车辆系统（Automated Guided Vehicle System，AGVS）可以自动运行和定位，能取代机械化的拖车，两者之间的本质区别是 AGVS 是无人驾驶。

AGVS 设备主要依靠光导或磁导系统运作。AGVS 的主要优点是直接人力的大幅减少和预先确定仓库货运的方向，新式的 AGVS 将录像和信息技术作为引导，不需要固定的运行轨道；AGVS 的低成本和高灵活性，大大提高了其在仓库中进行物料装卸搬运作业的能力。

2. 工业机器人

工业机器人是一种能自动定位控制、可重复编程、多功能、多自由度的操作机。它能搬运材料、零件或操持工具，能够完成各种作业。机器人技术的优点在于，通过专业系统就能指导机器人进行作业。

在仓储活动中，机器人技术主要应用于单元拆分和装卸。在单元拆分过程中，机器人可以按照设定的程序堆组合装载的堆放模式，并把货物放在传送带的理想位置上；使用机器人完成单元装卸的过程正好与之相反。在仓储活动中，机器人技术的另一个用途表现在它可以应用在人力难以发挥作用的作业环境里，如高噪声地方的物料处理作业，危害性材料、极点温度的作业等。

3. 信息导向系统

信息导向系统把自动化作业控制和机械化的灵活性紧密结合，如无线电频控制设备和光导拣货系统。

①无线电频控制的作业设备。无线电频信息通信（RFDC）控制的管理设备是标准的、

机械化的物料装卸搬运作业设备，通过信息技术为操作人员提供实时的方向和控制，如射频（RF）技术用于叉车。RFDC指导叉车作业的应用已被扩展到以信息为导向的应用中，成为高度整合的物料搬运装卸作业系统。在进行布局与设计时，仓库设计与任何机械化设施设计基本一致。实时信息交换是为了实现更大的灵活性，提高利用率。

②光导拣货系统。光导拣货系统是拣货作业人员从光照的旋转位置或在储存箱里挑拣指定的产品，并直接把货物放进货箱或传送带上。每一个选择位置前都有一系列光亮或光束，这些光亮也能表示从每个位置所拣的货物的数量。光导系统的使用，也使拣货作业更加便利。在系统中，如果针对某一种产品需要完成多个订单的装货，分拣指示码将显示每个货箱到底需要多少件该产品。另一种光导拣货系统是有光选货，分拣作业人员把分拣出来的产品放进光照的货箱中，每一个货箱被分配给特定的订单或客户，特定的光线表示哪一个客户应该接收哪一种货物。

阅读材料

新含气调理食品的加工保鲜技术

由日本小野食品兴业株式会社开发的新含气调理食品加工保鲜技术已在我国推广应用。该技术可以将富有特色风味的名菜名点通过现代手段，变为工厂化生产，从而实现中式烹饪的工业化、产业化。这不只是厨房工程的一场革命，而且对于提高人的饮食质量和水准、加速中国食品工业的发展具有重要的意义。

新含气调理食品加工保鲜技术是针对目前普遍使用的真空包装、高温高压灭菌等惯用加工方法存在的缺陷而开发的一种适合于加工各类新鲜方便食品或半成品的新技术。该项技术通过将食品原材料预处理后，装在高阻氧的透明软包装袋中，抽出空气并注入不活泼气体（通常使用氮气）并密封，然后在多阶段升温、两阶段冷却的调理杀菌锅内进行温和式灭菌。

经灭菌后的食品能较完善地保存食品的品质和营养成分，而食品原有的色、香、味、形、口感几乎不发生改变，并可在常温下保存和流通6～12个月。这不仅解决了高温高压、真空包装食品的品质劣化问题，而且也克服了冷藏、冷冻食品的货架期短等缺点，因而该技术被业内专家普遍认为具有极大的推广应用价值。专家认为，新含气调理食品加工保鲜技术可广泛应用于传统食品的工业化加工，有助于开发食品新品种，扩大食品加工的范围，从而开拓新的食品市场。该技术尤其适用于加工肉类、禽蛋类、水产品、蔬菜、水果和主食类、汤汁类等多种烹调食品或食品原材料，应用前景十分广阔。

资料来源：魏葵. 物流管理学概论 [M]. 北京：清华大学出版社，2010.

复习思考题

1. 何谓包装？实现物流包装现代化的主要问题有哪些？
2. 流通加工与生产加工有哪些不同？流通加工的主要作用是什么？
3. 试述装卸搬运的合理化原则。

4. 案例分析

云南双鹤医药有限公司（简称云南双鹤）是北京双鹤集团部署在西南地区的分公司，是一个以市场为核心、现代医药科技为先导、金融支持为框架的新型公司，是西南地区药品品种较多、较全的医药专业公司。

虽然云南双鹤已形成规模化的产品生产和网络化的市场销售格局，但其物流管理严重滞后，造成物流成本居高不下，不能形成价格优势，严重阻碍了物流服务的开拓与发展，成为制约公司业务发展的瓶颈。

装卸搬运活动是衔接物流各环节的关键因素，云南双鹤却忽视了这一点，由于搬运设备的现代化程度低，只有几个小型货架和手推车，大多数作业仍以人工作业为主，工作效率低，且易损坏物品。此外，仓库设计不合理，造成长距离搬运。并且库内作业流程混乱，造成约70%的无效搬运。过多的搬运次数损坏了商品，也浪费了时间。

通过阅读以上案例，回答下列问题：

（1）分析装卸搬运环节对企业发展的作用。

（2）针对医药企业的特点，请对云南双鹤搬运系统的改造提出建议和方法。

第6章 物流信息管理

学习目标

通过本章的学习，了解物流信息和物流信息系统概念，掌握条形码、RFID、EDI、GIS、GPS等现代物流信息技术的概念和原理，了解它们在物流领域的应用。

案例导入

无线射频构建麦德龙"未来商店"

在2006年举行的第八届中国连锁店展会上，德国麦德龙集团向中国媒体展示了"未来商店"。麦德龙"未来商店"的核心是装有RFID系统的"聪明芯片"。在RFID技术的支持下，科幻影片中的场景变成现实。在未来商店里，顾客将感受到颠覆传统的购物体验。

推着一个带有液晶显示屏的购物车，顾客将选购的物品放进去，屏幕立即显示出商品的名称、价格、数量；缺货商品还可读取代用品等信息，食品类商品则可获取烹饪方法、推荐菜单等个性化信息，顾客甚至可以打印这份菜单或定制手机短信，把商品信息带回家。在"智能试衣间"里，顾客不用把衣服穿上再脱下，里面的大屏幕就可以显示出试穿衣服的上身效果；摄像头可用来自动识别水果和蔬菜；顾客借助触摸屏能找到隐没在货架中的商品；收款系统会自动显示购物需付款项的总额，收银机前不再出现长长的付款排队现象。"未来商店"为"千篇一律"的买卖过程注入了"新鲜"的体验，同时，还有助于零售商及时掌握消费者喜好，调整商品采购计划和商品陈放位置。"未来商店"的仓库也暗藏玄机，每一件进出仓库的商品仓板都被贴上RFID标签，这些仓板经过"RFID门"时会被自动读取，并传输到商品管理系统，售货员可通过终端了解商品的库存情况。如果库存数量过少，系统会自动生成订单，并通知商品供货商补货。供货商可在第一时间发货补充库存，避免断档缺货等情况发生。供应商发出的货物在通过仓板上的RFID标签时，其信息又被传输到商店的管理系统，售货员同时收到到货信息。RFID系统在不改变供应链流程的前提下，形成了一个可随时监控的"透明"供应链系统，供应周期从一周缩短至一天半。

据估算，如果麦德龙在德国的Cash & Carry店、Real店和配送仓库都实行"未来商店"这一方案，每年可以节约成本850万欧元。

思考：麦德龙采用了哪些信息技术使物流配送迅捷高效？物流信息传递有何特点？

6.1 信息流与物流管理

6.1.1 一体化的四流

商流、物流、资金流和信息流是从流通内部结构描述流通过程的概念,称为流通过程中的"四流"。

四流之间关系极为密切,它们是互为存在的前提条件和基础。但是,从物流本身的结构、性质、作用及工作方法来看,四流各有其特殊性,各有其独立存在的特点和运动规律。

物流是一个集中和产生大量信息的领域,由于物流不断运动的特性,这种信息也不断产生。丰富庞杂的信息容易产生混乱,人们也很难从中发现和取得对管理和决策的有用部分,因此,物流信息的处理方法和手段是物流信息工作的重要内容。

信息流和物流不可分离,二者的差异在于,物流是单向的,信息流是双向的,因为信息流有反馈。因此,只有考虑了信息子系统,物流系统才是一个反馈系统。流通过程的信息流,从其信息的载体及服务对象来看,又可分成物流信息和商流信息两类,两类信息中,有一些是交叉的、共同的,又有许多是商流及物流各自特有的、非共同的内容。

物流和信息关系如此密切,物流从一般活动成为系统活动也有赖于信息的作用,如果没有信息,物流则是一个单向的活动,只有通过信息的反馈,物流才成为一个有反馈作用的,包括了输入、转换、输出和反馈四大要素的现代系统。

商流、物流、资金流和信息流之间的关系大体如下:商流是物流和资金流的动力,因为有了商流,就出现了物流的需求,同时有了资金流的结果;而信息流则是商流、物流和资金流的沟通和传递,是商流、物流和资金流的共同支撑和联结;信息流在四流中起融会贯通的作用。流通活动中的"四流"如图 6-1 所示。

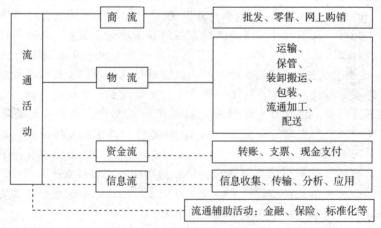

图 6-1 流通活动中的"四流"

6.1.2 物流信息的种类

流通过程的信息流,以其信息的载体及服务对象为依据,可分成物流信息、商流信息和资金流信息三大类。

商流信息主要包含进行交易的有关信息,如货源信息、物价信息、市场信息、资金信息、合同信息、付款结算信息等;物流信息主要是物流数量、物流地区、物流费用等信息。商流中交易、合同等信息,不但提供了交易的结果,也提供了物流的依据,是两种信息流主要的交汇。物流信息中库存量信息,不但是物流的结果,也是商流的依据,是两种信息流的交汇。所以,物流信息不仅作用于物流,也作用于商流,是流通过程不可缺少的管理及决策依据。

从物流信息对物流系统的作用来看,主要分为以下几种。

(1) 按信息领域划分

①物流系统内信息。它是伴随物流活动而发生的信息,包括物料流转信息、物料作业层信息、物流控制层信息和物流管理层信息四部分。

②物流系统外信息。它是在物流活动以外发生,但提供给物流活动使用的信息,包括供货人信息、顾客信息、订货合同信息、交通运输信息、市场信息、政策信息,还有来自企业内生产、财务等部门的与物流相关的信息。

(2) 按信息的作用划分

①计划信息。计划信息指尚未实现但已当作目标确认的一类信息。物流量计划、仓库吞吐量计划、车皮计划等,只要尚未进入具体业务操作,都可以归入计划信息。计划信息对物流活动有非常重要的战略指导意义。它带有相对稳定性,信息更新速度较慢。

②控制及作业信息。控制及作业信息指物流活动过程中发生的信息,带有很强的动态性,是掌握物流实际活动状况不可缺少的信息,如库存种类、库存量、运输工具状况、物价、运费、投资在建情况、港口发到情况等,主要作用是控制和调整正在发生的物流活动和指导即将发生的物流活动,以实现对过程的控制和业务活动的微调。它的动态性非常强,更新速度很快,信息的时效性很强。

③统计信息。统计信息是物流活动结束后,对整个物流活动的一种终结性、归纳性的信息。这种信息是恒定不变的,有很强的资料性,如以前年度发生的物流量、物流种类、运输方式、运输工具等,主要用于正确掌握过去的物流活动及规律,以指导物流战略发展和制定计划。统计信息所反映的物流活动已经发生,不能更改。

④支持信息。支持信息是对物流计划、业务、操作有影响或有关的文化、科技、产品、法律、教育、民俗等方面的信息,如物流技术革新、物流人才需求等。这些信息不仅对物流战略发展有价值,而且对控制、操作也能起到指导、启发的作用,可从整体提高物流水平。

(3) 按信息的加工程度不同划分

①原始信息。原始信息指未加工的信息,是信息工作的基础,也是最准确的凭证性信息,是加工信息的来源和保障。

②加工信息。加工信息指对原始信息进行处理之后的信息,是原始信息的提炼、简化和综合,可大大缩小信息量,并将信息梳理成规律性的内容,以便于使用。加工信息需要各种加工手段,如分类、汇编、汇总、精选、制档、制表、制音像资料、制文献资料、制数据库

等。加工信息按加工程度的不同可以进一步分为一次信息、二次信息和三次信息等。

（4）按应用领域划分

由于物流活动性质存在差异，所以物流各分系统、各不同功能要素领域的信息也有所不同，可划分为运输信息、仓储信息、装卸搬运信息等，这些信息对物流各个领域的活动起具体的指导作用。

6.1.3 物流信息特点

和其他领域信息相比，物流信息特殊性主要表现在三个方面。

①由于物流是一个大范围内的活动，物流信息源也分布于一个大范围内，信息源点多、信息量大。如果这个大范围中未实现统一管理或标准化，信息便缺乏通用性。

②物流信息动态性特别强，信息的价值衰减速度很快，对信息工作的及时性要求较高。

③物流信息种类多，不仅本系统内部各个环节有不同种类的信息，而且由于物流系统与其他系统，如生产系统、销售系统、消费系统等密切相关，因而还必须收集这些类别的信息，这就使物流信息的分类、研究、筛选等难度增加。

6.1.4 物流信息的作用

1. 中枢神经作用

将物流信息比作中枢神经，是因为信息流经收集、传递后，成为决策的依据，对整个物流活动起指挥、协调的作用。如果信息失误，指挥活动就会失误；如果没有信息系统，整个物流系统就会瘫痪。物流信息系统，就像传递神经信号的神经系统，高效的信息系统是物流系统正常运转的必要条件。

2. 支持保障作用

物流信息对整个物流系统起支持和保障作用，物流信息的支持与保障作用体现在以下四个方面。

①业务方面，物流信息可在各个层次上记录物流业务，如记录订货内容、安排存货任务、选择作业程序、定价、开票及消费者查询等。

②控制方面，物流系统可以通过合理的指标体系评价和控制物流活动，而物流信息则作为变量与标准进行比较，从而考察和确定指标体系是否有效、物流活动是否正常。

③控制方面，物流信息可以以决策结论的形式出现，也可以以决策依据的形式出现，从而协助管理人员进行物流活动的评价、比较和分析，做出有效的物流决策。

④控制方面，在物流信息的支持下，协助开发和确定物流战略。

6.1.5 物流系统与物流信息的关系

1. 物流系统对物流信息的要求

物流信息与企业的物流活动同时发生，是实现物流功能必不可少的条件。物流系统对信息的质量有很高的要求，主要表现在以下三个方面。

（1）信息充足

有效的物流系统需要充足的信息。企业物流经理应了解信息系统，并懂得如何管理信息系统。而主管信息系统的管理者应懂得商业管理、物流管理的需要，才能更好地开展工作，提供更有价值的信息。因此，这两类管理者应扩大知识面，了解对方的工作情况，对对方的需要迅速做出反应。

（2）信息准确

只有准确的信息才能为物流系统提供帮助。许多企业的可用信息非常少，并且模棱两可，导致物流决策不当，其原因主要是这些企业仍在使用过时的成本会计方法、管理控制系统，在当今竞争异常激烈的市场上，这些方法不能满足物流经理的决策需要。例如，物流经理在进行决策的时候，并不考虑沉没成本，只要边际贡献大于零，方案就是可行的，但从成本会计来说，其成本中却包含了沉没成本，因此，会计提供的信息就不能满足物流经理的决策需要。

（3）通信顺畅

管理需要及时准确的信息，就要求企业通信顺畅。人们常常有选择性接收的倾向，即事先进行预测，然后按照预测来理解接收的信息，因此信息的发出者应该清楚地知道接收者需要什么样的信息、最适合哪种通信方式及信息用途。

2. 物流信息对物流系统的作用

物流信息系统必须结合以下六条原理以满足管理信息的需要，并充分支持企业制订计划和有序运营。

（1）可得性

物流信息系统必须具有容易而始终如一的可得性，一方面企业应能获得有关物流活动的重要信息，另一个方面企业要存储所需的信息。物流作业分散化的特点，要求信息具有存储能力，并且能在任何地方实现更新。这样，信息的可得性就能减少作业和制订计划时的不确定性。

（2）精确性

物流信息必须精确地反映当前状况和定期活动，以衡量顾客订货和存货水平。精确性可以解释为物流信息系统的报告与实物计数或实际状况相比所达到的程度。例如，平稳的物流作业要求实际的存货与物流信息系统报告的存货相吻合的精确性最好在99%以上。当实际存货水平和系统之间存在较低的一致性时，就有必要采取缓冲存货或安全存货的方式来适应这种不确定性。增加信息的精确性，也就减少了不确定性，并减少了存货需要量。

（3）及时性

信息系统及时性指系统状态（如存货水平）与管理控制的及时性（如每天或每周的功能记录）。概括地说，及时的信息减少了不确定性并识别了种种问题，减少了存货需要量，增加了决策的准确性。

（4）以异常情况为基础

物流信息系统必须以异常情况为基础，突出问题和机会。物流作业通常与大量的顾客、产品、供应商和服务公司竞争。例如，必须定期检查每项产品与选址组合的存货状况，以便制订补充订货计划。另一个重复性活动是对突出补充订货状况的检查。在这两种情况中，典型的检查需要检查大量的产品或补充订货，这种检查需要注意两个问题，第一个问题是是否应该对产品或补充订货采取行动，如果第一个问题的答案是肯定的，那么，第二个问题就涉及应该采取哪一种行动。许多物流信息系统要求手工完成检查，因为许多决策在结构上是松散的,需要经过用户的参与做出判断。具有目前工艺水平的物流信息系统结合了决策规则,识别要求管理部门注意决策的异常情况。表6-1是以异常情况为基础的存货管理报告,该报告详细推荐了多个品目,鉴别了存货水平、行动时间、建议日期及未来的行动方式。这类异常情况信息报告可以使计划人员提炼建议,而不用浪费时间去识别那些需要做出决策的产品。

表6-1 以异常情况为基础的存货管理报告

产品	时间	水平	行动	订货	日期
A	立即	—		不公开PO	—
B	立即	没有现货	发货	实盘PO100	过期
C	有限期内	没有现货	发货	计划MO100	6/29—7/1到期
D	立即	使用安全存货	发货	实盘MO200	过期
E	有限期内	—	—	系统订货200	6月8日
F	超出有限期内	没有现货	发货	实盘PO100	6/29—7/5到期
G	有限期内	没有现货	取消	计划PO150	10月1日
H	有限期内	没有现货	推迟	实盘MO100	10/1—12/1到期

PO:采购订货(Purchase Order,PO);MO:制造订货(Manufacturing Order,MO)

物流信息系统应该突出的异常情况包括大量的订货或无存货的产品、延迟的装船或降低的作业生产率,概括地说,物流信息系统应该具有强烈的异常性导向,应该利用系统去识别需要管理部门注意的事项,从而提高决策效率。

(5)灵活性

物流信息系统必须具有灵活性,以满足系统用户和顾客的需求。信息系统必须具有能力提供满足特定顾客需要的数据。例如,有些顾客也许想将订货发货票据跨越地理或部门界限进行汇总发票。一个灵活的物流信息系统必须有能力适应这方面的要求。

(6)形式适当

物流报告和显示屏应该具有适当的形式,即用恰当的结构和顺序展示正确的信息。例如,物流信息系统往往包含一个配送中心存货状态显示屏,每一个显示屏列出一个产品和配送中心,这种形式要求一个物流顾客服务代表在试图给某个特定顾客的订货时,要检查每一个配送中心的存货状况,如果有5个配送中心,就需要检查和比较这5个计算机显示屏。而适当的形式会提供单独一个包括所有这5个配送中心存货状况的显示屏,这种组合显示屏使顾客服务代表更容易识别产品最佳来源。

6.2 物流信息系统

6.2.1 物流信息系统内涵

物流信息系统作为企业信息系统的主要组成部分,通过对物流相关信息的收集、加工、处理、储存和传递实现对物流活动的有效控制和管理,并为企业提供信息分析和决策支持的人机系统。

物流信息系统具有实时化、网络化、系统化、规模化、专业化、集成化和智能化特点,以物流信息传递的标准化、实时化、存储的数字化、信息处理的计算机化等为基本内容。

物流信息系统是实现物流信息功能的软硬件系统,系统本身具有支持运行的软硬件子系统。软件子系统在现代物流的需求下,建立的信息收集、整理、加工、储存、服务的运作机理,完成物流信息系统的使命,硬件系统为软件系统提供必要支持。

6.2.2 物流信息系统的功能

1. 信息收集

物流信息是物流业务运作的必要基础,也是物流信息系统运行的基点。信息收集的原则是针对性、真实性、可靠性、准确性和及时性,这决定了信息的时效价值和利用价值。

首先,信息收集要具有针对性,应对所开展物流活动的主要特征进行分析,针对不同信息需求及经营管理层次、目的的要求,确定应该收集的数据项。过多的数据收集会造成系统的存储负担和运作减缓,过少的数据收集会影响业务流程的顺利运作和物流活动的执行。

其次,信息收集要有系统性和连续性。系统的、连续的信息是对一定时期物流活动的客观描述,它对预测未来经济发展具有很高的使用和研究价值。片面的信息收集会影响到物流系统的正常运转,造成管理和决策的失误,在业务运作上也会影响到运作效率,甚至影响物流服务质量。

再次,信息收集过程的管理工作应具有计划性,使信息收集成为有组织、有目的的活动。

选择信息源、建立信息渠道是一项重要工作。信息源的选择与信息内容及收集目的有关,为实现既定目标,必须选择能提供所需信息的有效信息源,信息源所提供的信息形式主要有以下几种。

(1) 文字信息

①账簿及报表。账簿及报表是财务、统计及其他部门经常记录及汇总的信息,是物流最原始、最基础的信息。这种信息可直接作为经营管理中计划、调度的依据,经济活动分析的根据,也是企业管理、效益核算的依据。

②印刷型信息。印刷型信息是大量印刷、普遍传播的一种信息,主要是对原始信息加工后的二次信息,以年鉴、公报、书刊等形式发布,反映速度慢于第一类信息。此类信息中除一般信息、统计信息外,是物流科技信息的主要形式。

(2) 视听信息

依靠影片、录像带、录音磁带、照片、图片、幻灯片、光盘、视盘形式提供的信息,这种信息直观性强,形象生动。

(3) 电子信息

依靠计算机网络技术和通信技术提供的信息形式,如条形码、计算机磁盘和其他磁记录方式、计算机数据库、计算机信息网络等,是现代物流领域中非常重要的信息源。

开展物流信息工作,建立物流信息系统,首先要进行信息收集,只有广泛地通过各种渠道收集各种有用信息,才能充分反映物流全貌,才能进一步从中筛选出有价值的东西。

2. 信息处理

原始的物流信息大多是零散的、孤立的、形式各异的,对于这些信息,必须进行一定的整理加工。采用科学的方法对收集的信息进行筛选、分类、比较、计算、存储,使之条理化、有序化、系统化、规范化,才能成为综合反映物流活动的真实、可靠、适用且具有较高使用价值的信息。信息处理主要包括以下几种方法。

(1) 信息分类及汇总

为进行分类储存和使用,必须先建立完善的分类标准。一般说来,各个系统在特殊信息方面有统一的分类规定,在通用科技及管理信息文献方面可参照全国图书资料标准分类方法进行分类。

(2) 信息编目

所谓编目,指用一定代号代表不同信息项目。在信息项目、信息数量很大的情况下,编目是将信息系统化、条理化的重要手段,是方便信息查询及利用不可缺少的工作。

(3) 信息储存

现代储存方式是利用电子计算机及外部设备的储存功能,建立有关数据库进行大量存储。

(4) 信息更新

信息的连续性、广泛性固然非常重要,但信息也有时效性,失效的信息需要及时淘汰,才更有利于信息的使用。

(5) 信息研究

专职的信息部门、有关的业务部门利用计算机软件对原始信息进行分析、归纳、判断,将信息进一步加工,向决策机构提供高级信息,这项工作称信息研究。对信息使用者来讲,利用这种高级信息,可简化决策的准备工作,提高决策速度及效率。

(6) 信息服务

将信息作为资源提供给相关部门或人员使用,称为信息服务,包括信息共享和信息专享两种形式。

3. 信息传输

信息传输是信息系统将原始信息或经过筛选的信息传输到相应地点,促进物流业务顺利进行的必需功能。信息从处理源出发,经过适当的媒介和信息通道输送给接收者。信息传输最基本的要求是迅速、准确和经济。根据不同标准,信息传输方式可进行如下分类:从信息传输方向,有单向信息传输和双向信息传输方式;从信息传输路径,有直接传输和间接传输方式;从信息传输媒介,有人工传输和非人工传输方式。

4. 信息利用

信息收集、处理及传输的目的是信息的合理有效利用。通过信息利用,才能真正为物流活动服务,实现信息的使用价值。信息的使用价值是信息所具有的知识性、增值性、效用性等。

物流信息的利用过程，是物流信息被用于物流活动的经营管理，使信息间接创造经济效益和社会效益的过程。

6.2.3 物流信息系统的层次结构

按信息的作用、加工程度及使用的目的不同，物流信息系统可分为业务操作层、管理控制层、分析决策层、战略规划层，如图6-2所示。

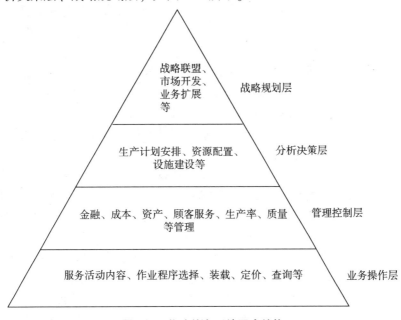

图6-2 物流信息系统层次结构

1. 业务操作层

业务操作层包括物流活动的日常经营和管理活动所需的信息，一般来自具体的业务部门或操作现场，由基层管理者提供，供控制业务进度及进行作业计划调整时使用。

2. 管理控制层

管理控制层包括系统内部管理人员进行经营活动、管理活动和控制过程所需的信息，其目的是使物流业务活动符合经营目标要求，并监督、控制各分目标的实现。

3. 分析决策层

经过加工、分析、提炼后的信息，作为进行资源配置、设施建设等决策支持系统的基础数据。

4. 战略规划层

战略规划层包括供企业管理决策层制定物流活动的目标、方针、计划、企业的发展战略等使用的信息。

6.3 常用物流信息技术

物流信息技术是现代信息技术在物流各个作业环节中的应用,是物流现代化的重要标志。物流信息技术也是物流技术中发展最快的领域,从数据采集的条形码系统,到办公自动化系统中的微型计算机、互联网、各种终端设备等硬件,以及计算机软件都在日新月异地发展。同时,随着物流信息技术的不断发展,产生了一系列新的物流理念和经营方式,推进了物流的变革。

物流信息技术主要由通信、软件、面向行业的业务管理系统三大部分组成,包括基于各种通信方式的移动通信手段、全球卫星定位(GPS)技术、地理信息(GIS)技术、计算机网络技术、自动化仓库管理技术、智能标签技术、条形码技术、射频识别技术、电子数据交换技术等,在这些技术的支撑下,形成以移动通信、资源管理、监控调度管理、自动化仓储管理、业务管理、客户服务管理、财务处理等多种信息技术集成的一体化现代物流管理体系。例如,运用地理信息系统和卫星定位技术,用户可以随时"看到"自己的货物状态,包括运输货物车辆所在位置、货物名称、数量、重量等,大大提高了监控的透明度。如需要临时变更线路,也可以随时指挥调动,大大降低货物的空载率,实现资源的最佳配置。

物流信息技术通过切入企业的物流业务流程,实现对企业各生产要素的合理组合与高效利用,降低经营成本,直接产生经营效益。它有效地把各种零散数据变为商业智慧,赋予企业新的生产要素——信息,大大提高企业的业务预测和管理能力。通过"点、线、面"的一体式综合管理,实现企业内部一体化和外部供应链的统一管理,促进企业提高服务质量,提升企业的整体效益。

具体地说,它能有效为企业解决单点管理和网络化业务之间的矛盾、成本和客户服务质量之间的矛盾、有限的静态资源和无限的动态市场之间的矛盾及现在和未来预测之间的矛盾。

据统计,物流信息技术的应用,可为传统运输企业带来以下实效:降低空载率15%～20%;提高对在途车辆的监控能力,保障货物安全;无时空限制的客户查询功能,有效满足客户对货物在途情况的跟踪监控,可提高业务量40%;提高各种资源的综合利用率,减少运营成本15%～30%。

为传统仓储企业带来的实效表现在:配载能力提高20%～30%;库存和发货准确率超过99%;数据输入误差减少,库存和短缺损耗减少;降低劳动力成本约30%,提高生产力30%～40%,提高仓库空间利用率20%。

6.3.1 数据库(DB)技术

数据库(Data Base,DB)是以一定的组织方式存储在一起的相关数据集合,能为多个用户或应用程序服务。数据的存储独立于使用它的程序,能够通过一种公用、可控的方法向数据库插入新数据、修改和检索原有数据。

数据库系统(Data Base System,DBS)是在文件系统基础上发展起来的更为先进的数据管理技术。它的应用使信息系统的水平提高到一个新的阶段,数据库是现代信息系统不可缺少的一部分。

1. 数据库及其特征

文件系统虽然有许多优点,但它的数据是面向应用的,一个文件对应一个或几个应用程序,数据的冗余度大,而且文件不易扩充,不能反映客观事物之间的联系。同文件系统相比,数据库系统具有以下特点。

(1) 数据的最小冗余性

数据库系统不仅提供描述数据本身,也提供数据之间的联系。因而,人们可以从系统的角度出发考虑一个企业或一个社会组织的各项管理工作,把能为尽可能多的应用服务的数据组织在一起,减少更新重复数据项的操作,消除冗余数据,提高存储空间利用率。

(2) 数据的共享性

存储在数据库中的数据可以构成多种组合,以适应多个用户的需求。在保证数据安全性和一致性的前提下,允许多个用户同时访问数据库。

(3) 数据的独立性

数据的独立性指应用程序对数据库系统的非依赖性。文件系统中,数据存储方式的微小变化都要求重编应用程序,而数据库系统中,数据具有物理独立性和逻辑独立性,当数据存储方式和逻辑结构改变时,并不需要改变用户应用程序。

(4) 数据的统一管理与控制

为方便用户存储、检索、更新数据的手段,以及开发使用数据库时进行并发控制,保证数据完整性、安全性、保密性,数据库提供了统一的管理软件,即数据库管理系统(Data Base Management System,DBMS),进行管理和控制。

2. 数据库系统的构成

数据库系统由计算机系统、数据库、数据库管理系统和有关人员组成的具有高度组织的总体,如图6-3所示。数据库系统主要组成部分如下。

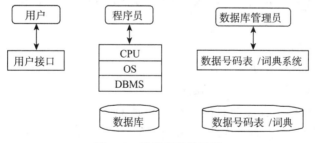

图6-3 数据库系统示意

(1) 计算机系统

计算机系统是用于数据库管理的计算机硬件和基本软件。数据库需要大容量的主存储器以存放操作系统、数据库管理系统、应用程序、数据库表、目录和系统缓冲区等。

(2) 数据库的分级结构

数据库可分为用户级数据库、概念级数据库和物理级数据库,其相互关系的描述如图6-4所示。

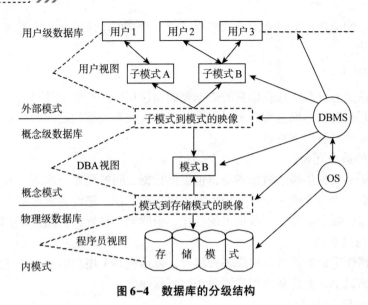

图 6-4 数据库的分级结构

用户级数据对应外模式,在许多文献中又称为子模式,是用户看到和使用的数据,也就是用户看到并获准使用的那部分数据的逻辑结构。用户根据系统给出的子模式,通过查询语言或应用程序去操作数据库中的数据。

概念级数据库对应概念模式,是数据库管理员看到的数据库,是对数据库整体逻辑进行描述,即用户视图有机结合成一个逻辑整体。

物理级数据库对应内模式,又称存储模式,它包含数据库的全部存储数据,是所有用户操作的对象。从系统程序员的角度看,这些数据是以一定的文件组织方法组织起来的一个个物理文件,所以物理数据库也称程序员视图。

由于存储模式和子模式被概念模式分隔,当存储模式需变化时,就可以通过修改模式与存储模式之间的映像实现,而不必修改用户程序,这就是程序和数据的物理独立性。当模式发生变化时,也可以通过修改模式和子模式之间的映像,而保持用户程序不变,这就是程序和数据的逻辑独立性。

3. 数据库管理系统

数据库管理系统经过几十年的发展演变,已经取得巨大的成就,发展成一门内容丰富的学科,形成了总量达数百亿美元的软件产业。

目前,市场上具有代表性的数据库产品包括 Oracle、DB2、SQL Server 和 Sybase 等。这些产品的特征反映了当前数据库产业界的最高水平和发展趋势。因此,分析这些主流产品的发展现状,是了解数据库技术发展的重要途径。

6.3.2 条形码系统

1. 概述

条形码系统是现代物流系统中基础信息系统的一个重要组成部分,它可以满足大量、快速采集信息的要求,适应物流大量化和高速化要求,从而大幅度提高物流效率。

条形码系统包括条形码编码技术、条形码符号设计技术、快速识别技术和计算机管理技术,是实现计算机管理和电子数据交换不可缺少的开端技术。条形码系统的主要应用领域如下。

(1) 库存管理领域

通过对条形码的识别，掌握入库、出库、库存数量、库内位置等信息，以支持库存管理和库内作业。

(2) 重点管理领域

根据条形码信息，可以通过相关软件自动生成 ABC 分类，从而支持重点管理。

(3) 配送领域

在配送工作中，根据条形码所提供信息，进行拣选或分货，实现配货作业。

(4) 电子数据交换

条形码系统提供的是电子数据交换系统的基础数据。

(5) 供应链

通过条形码识别，掌握货物在途情况。

(6) 物流管理

通过条形码传递的信息，进行统计、结算、分析等管理活动。

2．条形码的构成

条形码由一组黑白相间、粗细不同的条状符号组成，其中隐含着数字信息、字母信息、标志信息、符号信息，表示对象物的名称、产地、价格、种类等。

3．条形码技术在物流系统中的作用

(1) 物流系统的基础

条形码所包含的信息数据，是物流系统中物流对象的简要说明，通过条码单元将大量信息集约起来，使信息的采集和录入电子化。依靠这个系统，构筑了物流信息系统的开端。

(2) 在整个物流过程中的信息源

在整个物流系统中，随时可通过条形码查调货物状态，在现代物流系统中，这是构筑 EDI 系统、供应链系统的重要组成部分，通过它可以随时掌握物流对象的位置状况和相关管理状况。

(3) 沟通国际物流

条形码是一种国际通用语言，通过对条形码的识别，可以进行国际物流沟通。通过条形码系统进行沟通，可省却在不同国家语言文字的转换问题，有力支持了物流的国际化。

4．商品条形码和物流条形码

我国的商品条形码采用国际标准的条形码，主板是由 13 位数字码及相应的条码符号组成的，如图 6-5 所示。

图 6-5　EAN-13 商品条形码

此外，物流条形码还有另外一些类型，如交叉二五码及贸易单元 128 条形码等。储运条形码如图 6-6 所示。

图 6-6　储运条形码

在物流领域里,二维条码也被广泛使用。条形码的符号是沿垂直方向印刷标示的,作为水平方向的"线"储存信息。而二维码的符号是在水平和垂直两个方向印刷标示的,以"面"来储存信息,而且阅读也是以识别"面"为特征。

二维码储存的信息量远远超过一维条码。一维条码一般只能容纳 20 个文字的信息,而二维条码可以容纳 2 000 个文字左右的信息;信息的表达形式也不仅仅局限在英文字母和数字,还可以是汉字等。

6.3.3　射频及标签系统

1. 射频识别的概念

射频识别(Radio Frequency Identification,RFID)是一种非接触式的自动识别技术,它通过射频信号自动识别目标对象,快速进行物品追踪和数据交换,识别工作无须人工干预。RFID 技术可识别高速运动物体并可同时识别多个标签,操作快捷方便。

在物流对象上贴置的标签,通过射频技术进行电磁波射频扫描,就可以把物流对象物的相关信息进行读写,通过计算机网络传输。

2. 射频系统工作原理及其结构

一套完整的射频系统,由阅读器(Reader)、电子标签(TAG)或应答器(Transponder)及应用软件系统三部分所组成,其工作原理是 Reader 发射一特定频率的无线电波能量给 Transponder,用以驱动 Transponder 电路将内部的数据送出,Reader 便依序接收解读数据,送给应用程序做相应的处理。RFID 系统的基本组成如图 6-7 所示。

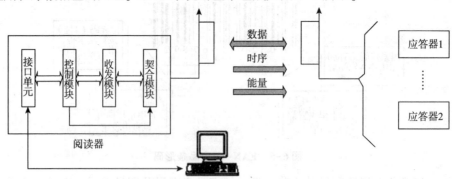

图 6-7　RFID 系统的基本组成

（1）射频

射频系统通常由读写器、计算机网络两部分组成。

射频系统的读写器有三个主要组成部分：读写模块、射频模块、天线。读写器在一个区域范围内发射电磁波，对标签进行数据采集，通过计算机网络进行数据转换、处理和传输。

（2）标签

①射频标签的基本功能：具有一定的存储容量，用以存储被识别对象的信息；标签的数据能被读入或写入，可以编程，一旦编程后，就成为不可更改的永久数据；使用、维护简单，在使用期限内不需维护。

②射频标签的构成。射频标签由射频模块、存储器、控制器及天线四个主要部分构成。标签主要是存储物流对象的数据编码，对物流对象进行标识，天线将编码后的信息发射给读写器，或者接受读写器的电磁波反射读取。

③标签的种类：根据标签的工作方式不同，可分为能够主动发射数据给读写器的主动式和只能由读写器发出查询信号进行识别的被动式两类；按照标签读写的功能不同，可分成只读型和读写型两类；按照标签是否带能源，可分为不带能源的标签和带能源的标签两类；按标签工作频率不同，可分为低频、高频、微波三类；按照工作距离的不同可分为远程标签、近程和超近程三类，远程标签可识别范围为100厘米，近程为10~100厘米，超近程为0.2~10厘米。

射频标签系统组成部分如图6-8所示。

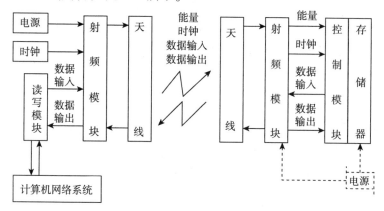

图6-8 射频标签系统组成部分

3．射频技术特征

（1）数据的读写机能

通过RFID不需要接触，可直接读取信息至数据库内，且可一次处理多个标签，并可以将物流处理的状态写入标签，供下一阶段物流处理用。

（2）小巧灵活

RFID在读取上不受尺寸大小与形状的限制，无须为读取精确度而配合纸张的固定尺寸和印刷品质。因此，可以更加灵活地控制产品的生产。

（3）耐环境性

RFID对水、油和药品等有强力的抗污性，在黑暗或脏污的环境之中也可以读取数据。

(4) 可重复使用

RFID 为电子数据，可以反复被覆写，可回收标签重复使用。

(5) 穿透性

RFID 被纸张、木材和塑料等非金属或非透明的材质包覆时，也可以进行穿透性通信。

(6) 数据的记忆容量大

RFID 不受数据容量的限制。

(7) 系统安全

将产品数据从中央计算机中转存到工件上，大大地提高了系统的安全性。

4. 射频技术应用

(1) 零售环节

RFID 可以改进零售商的库存管理，实现适时补货，有效跟踪运输与库存，提高效率，减少出错。同时，智能标签能对时效性强的商品的有效期限进行监控；商店还能利用 RFID 系统在付款台实现自动扫描和计费，从而取代人工收款。

(2) 存储环节

在存储环节，射频技术最广泛的应用是实现自动化存取货物与库存盘点，在仓库管理中，将供应链计划系统制订的收货计划、取货计划、装运计划等与射频识别技术相结合，能够高效完成各种业务操作，如指定堆放区域、上架取货和与补货等，既增强了作业的准确性和快捷性，提高了服务质量，降低了成本，节省了劳动力和库存空间，同时减少了物流中由于商品误置、送错、偷窃、损害和库存出货错误等造成的损耗。

RFID 技术的另一个作用是降低库存盘点人力，通过商品登记自动化，盘点时不需要人工检查或扫瞄条码，从而更加快速准确。RFID 解决方案可提供有关库存情况的准确信息，管理人员可由此快速识别并纠正低效率运作情况，从而实现快速供货，并最大限度地减少储存成本。

(3) 运输环节

在运输管理中，在途运输的货物和车辆贴上 RFID 标签，运输线的一些检查点上安装上 RFID 接收转发装置。接收装置收到 RFID 标签信息后，连同接收地的位置信息上传至通信卫星，再由卫星传送给运输调度中心，送入数据库中。

(4) 配送/分销环节

在配送环节，采用射频技术能大大提高配送的速度和准确率，并能减少人工作用，降低配送成本。

如果到达中央配送中心的所有商品都贴有 RFID 标签，在进入中央配送中心时，通过阅读器读取所有货箱上的标签内容，系统将这些信息与发货记录进行核对，然后将 RFID 标签更新为最新的商品存放地点和状态，实现精确的库存控制，了解目前有多少货箱处于转运途中、转运始发地和目的地以及预期到达时间等信息。

(5) 生产环节

在生产制造环节应用 RFID 技术，可以完成自动化生产线运作，实现对原材料、零部件、半成品和产成品的识别与跟踪，减少人工识别成本和出错率，提高效率和效益。RFID 技术还能帮助管理人员及时根据生产进度，实现流水线均衡、稳步生产，同时加强对质量的控制与追踪。

6.3.4 销售时点信息系统

1. 概述

销售时点信息系统是通过自动读取信息的设备，在销售商品时直接读取和采集商品销售的各种信息，然后通过通信网络或计算机系统将读取的信息传输至管理中心，进行数据处理和使用的系统。

一般来讲，应用最多的自动读取设备是商店在结算时所用的收银机，又称 POS 机。

销售时点信息系统是信息的基础采集系统，是整个商品交易活动或物流活动中信息传输最基本的环节，通过销售时点信息系统基础信息可以全面搜集。

2. 销售时点信息系统的作用

（1）基础信息采集

基础信息采集是 POS 系统的主要功能，它能够即时从源头采集整个物流活动的基础信息，是物流信息最基本的工作。

（2）提高数据采集效率

由于采用了自动读取的设备进行数据的采集和读入，工作效率大大提高，尤其在数据量比较大时，这个系统的数据采集优势更加突出。

（3）提高管理水平

采用这个系统，可以使管理工作从分类管理上升到单品管理，尤其对精细物流系统而言，后续的仓位管理、自动存取货物的管理等都以单品的信息采集为基础。

（4）提高统计效率

通过计算机网络，利用智能化的信息处理手段，将烦琐的统计、分析工作通过计算机自动生成。

（5）延伸管理领域

采用 POS 系统，在对物流对象进行管理的同时，还能实现对物流环节和工作人员的管理。

6.3.5 电子数据交换系统

1. 概述

电子数据交换系统是对信息进行交换和处理的网络自动化系统，将远程通信、计算机及数据库三者有机结合，实现数据交换、数据资源共享，这个系统也是管理信息系统和决策支持系统的重要组成部分。

电子数据交换系统是物流领域非常重要的信息系统，它主要是利用计算机广域网进行远程、快速的数据交换和自动处理。对物流领域而言，通过电子数据交换系统，及时掌握远程物流数据，推动物流管理水平的提升。在物流国际化趋势下，这个系统将成为支撑经济全球化和物流国际化的重要手段。

电子数据交换系统在物流领域有特别重要的作用，因为物流大和泛的特点，很难建立大系统的信息网络。如铁道系统、港口系统、仓储系统等，各个局部自成系统的例子也不少见，所以，物流系统带有一定"横跨"性质，由各个局部领域的信息交换和共享而形成，这是物流系统需要电子数据交换系统的原因。

还有一点，物流系统与外部也必须进行信息交换，如外部的工业部门、工业企业、用户、商店、海关、银行、保险公司等，需要实现网络的联结，进行电子数据交换。

采用电子数据交换系统之后，信息交换便可由两端直接进行，而省略很多中间环节，这使物流过程中每个衔接点的手续大大简化，不但降低了差错率，而且大大提高了工作效率。

2. 电子数据交换系统的类别

（1）国家专设的 EDI 系统

这是全国电子协会同八个部委确立的国家电子数据交换平台的系统（CHINA—EDI）。这种网络由电子数据交换中心和广域网的所有结点所构成，所有的数据通过交换中心实现交换并进行结算。采用这种方式，协议用户之间通过数据交换中心进行间接连接。

（2）基于 Internet 的 EDI 系统

在互联网上运行电子数据交换，由于互联网的开放性，很多用户可以方便地进入电子数据交换系统，这有利于电子数据交换系统在不同范畴的广泛应用；同时，由于互联网的广泛联结，电子数据交换系统的覆盖面可以大大扩展，运行成本大大降低。也正是由于互联网的开放性，所以基于 Internet 的 EDI 系统面对的是对数据安全性、保密性没有特殊要求的用户，这种方式可以使协议用户直接联结传递 EDI 信息，可以进行点对点（PTP）的数据传递。

（3）通过专线的点对点电子数据交换系统

通过租用信息基础平台的数据传输专线、电话专线等进行电子数据交换。这种电子数据交换系统封闭性较强，成本很高。

3. 电子数据交换系统结构

电子数据交换系统的主体结构是电子数据交换系统软件、计算机终端设备及存储设备等硬件、广域计算机网络，为了使各个领域能够实现有效的数据交换，电子数据交换系统需要标准化的支持。电子数据交换系统的标准包括技术标准、代码标准、报文标准、单证标准、管理标准、应用标准、通信标准和安全保密标准等。

6.3.6 地理信息系统

1. 概述

地理信息系统（Geographic Information System，GIS）是面向空间采集、存储、检查、操作、分析和显示地理数据的系统。地理信息系统是以地理信息研究和决策服务为目的的计算机网络系统，其主要功能是实时提供多种空间和动态的地理信息。地理信息系统主要由两部分组成，一部分是桌面地图系统，另一部分是数据库，借助这个信息系统，可以进行路线的选择和优化，如对运输车辆进行监控、向司机提供有关的地理信息等。

2. 分类和应用

根据应用领域不同，地理信息系统又可分为不同的应用系统，如土地信息系统、城市信息系统、交通信息系统、环境信息系统、仓库规划信息系统等。地理信息系统的主要应用领域有以下几方面。

(1) 电子地图

借助计算机和数据库，电子地图比一般地图多几百、几千倍的信息容量，通过电子地图，可以按地理位置进行检索，以获取相关的社会、经济、文化等信息。

(2) 辅助规划

地理信息系统可以辅助仓库、站场等基础设施的建设规划，通过地理坐标、图标等直观反映基础设施的基本情况，以进一步分析布局是否合理。

(3) 交通管理

通过与全球卫星定位系统相结合，地理信息系统可以及时反映车辆运行情况、交通路段情况、交通设施情况等，从而支持交通管理。

(4) 军事应用

地理信息系统可对军事后勤仓库分布、库存物资分布、仓库物资调用、储备分布规划等领域提供信息，进行分析和辅助决策。

6.3.7　全球卫星定位系统

1. 概述

全球卫星定位系统（Global Positioning System，GPS）是利用多颗通信卫星对地面目标状况进行精确测定的系统，可以实现对运行车辆的全程跟踪监视，并通过相关数据进行交通管理。

2. 主要应用

(1) 进行车辆、船舶的跟踪

可以通过地面计算机终端实时显示出车辆、船舶的实际位置，位置精度以米计量。

(2) 信息传递和查询

可以实施双向的信息交流，可以向车辆、船舶提供相关的气象、交通、指挥等信息，同时可以将运行中的车辆、船舶的信息传递给管理中心。

(3) 及时报警

通过全球卫星定位系统，掌握运输装备的异常情况，接收求助信息和报警信息，迅速传递到管理中心实施紧急救援。

(4) 支持管理

可以实施运输指挥和监控、路线规划和选择、向用户发出到货预报等，有效支持大跨度物流系统管理。地理信息系统还可以应用于物流设计和物流分析，如优化车辆行驶线路、物流网络和物流网点布局等。

6.3.8　智能运输系统

智能运输系统是面向地面运输管理的信息系统，旨在提高地面运输的效率。

20 世纪末，世界各国占用大量土地资源建设公路运输体系，交通拥堵、交通事故、交通环境污染问题越来越严重，而继续通过大量建设公路的方法解决日益增长的运输需求，受到了环境等方面的制约。因此，利用信息技术提高整个公路网的通行能力势在必行，智能运输系统就是面向此问题的解决方案。

智能运输系统将信息技术贯穿交通运输的方方面面，形成了集成的地面运输管理体系，如商务用车运营子系统，这个系统可以自动查询和接收各种交通信息，进行合理调度，提供在交通过程中需要了解的各方面信息，如桥梁净高、路段限速，对运送危险品之类的特种车辆进行跟踪，对车辆和驾驶员的状况进行监视并在事故情况下自动报警，在道路能见度比较低的情况下自动探测前方的障碍物，以保证行车安全。

智能运输系统以通信和信息技术为基础，标准化问题的解决十分重要。目前已经有国际标准化组织（ISO）设置的专门技术委员会（TC204）解决标准化问题。我国的ITS中心也致力于解决智能运输系统标准化、技术开发、产品生产和产业化问题。

阅读材料

广东时捷物流有限公司物流信息化应用

一、企业简况

广东时捷物流有限公司（简称时捷物流）创立于2002年9月，是东莞市糖酒集团有限公司控股的公司之一，是一家为客户提供集物流规划、物流管理、综合服务于一体的第三方物流企业。时捷物流总部位于东莞市东城区，在东莞茶山、广东佛山、广东中山、广东惠州、江西南昌、重庆巴南、福建厦门、贵州龙里等地设有分支机构，企业注册资本5 500万元，现有物流园区总面积近30万平方米，配送车辆600多台，员工2 300余人，目前配送网络覆盖广东全省，辐射华南、西南地区，业务涵盖便利店、生产制造、分销行业、汽车零配件、家具电器等多个领域。

公司为"中国便利店之王"、全国最大规模的便利店连锁企业——美宜佳提供广东全省常温商品的物流服务保障。2012年在广东莞茶山镇投建时捷茶山物流中心，采用自动化立体仓库、高速分拣输送线、电子标签拣货系统等物流设备，在FLUX WMS智能引擎统一指挥下，实现日均20多万箱的分拣发货能力。

二、信息化实施前存在的问题

2012年，时捷物流为数千家美宜佳门店提供物流支持，随着业务的不断扩张，为支持企业的发展和经营，满足日益增长的业务需求，同时降低对人员依赖性，降低劳动强度，改善作业环境，时捷物流建设自动化物流中心被提上日程。

集团及公司高层经过前期在国内外的考察和对比，最终选择瑞仕格（Swisslog）为该项目的集成商，为时捷茶山物流中心（一期）提供系统的设计与实施方案，上海富勒（FLUX）为WMS和TMS的系统供应商。

三、信息化进程中的主要困难

时捷茶山物流中心位于东莞市东城区外18千米的茶山镇，总占地面积65 894平方米、总建筑面积90 000平方米，其中仓库面积76 800平方米。按照规划，该物流中心拟分两期建设，建成后能够支持美宜佳公司未来12 000家便利店的配送业务，并可为其他企业客户提供物流服务。

该项目是国内建设难度最大的零售业物流项目之一，由于业务体量较大，且项目对效率的要求极高，加上是国内同类业态中首个使用众多自动化设备的公司，作业的动态平衡成为项目建设的最大难点，如整件拣选在3个区域进行，最后汇流到主线由分拣机进行分拣，每个拣选区域效率不同，即每个汇流口的流量动态且不平均，就需要极高的软件控制调度能力和软硬件协同能力。再如，由于拣选作业人员的效率不同，

WMS 下发给各拣货站台的补货任务，也需要实时、动态且不平均，才能发挥出最大效率。

在公司与瑞仕格、富勒公司的通力合作下，这些难题不仅都得以顺利解决，且三方联手共同打造了连锁零售行业自动化物流中心的标杆项目。

四、物流中心的信息化应用

经过两年多的规划建设，项目于 2016 年 10 月投入试运行。作为国内零售行业信息化程度和运作效率最高的大型物流中心之一，时捷茶山物流中心配备了先进的自动化物流设备，包括一座有 2 万多个托盘货位的自动立体仓库 ASRS，库内的 16 台堆垛机全部采用瑞仕格欧洲进口产品；完善的整箱和拆零拣选系统，配备长达 3 000 米的箱式输送线，分拣能力高达每小时 17 000 个纸箱和 6 000 个周转箱。

（一）整件商品的存储和拣选 ASRS 应用

项目集成一座超 2 万个托盘货位的自动化立体（ASRS）仓库，库内的 16 台堆垛机全部采用瑞仕格欧洲进口产品，采用多层存放货物的高架仓库系统。在存储上，组合应用了 ABC 分类，收货区就近，重货在下轻货在上，同批号库存巷道均衡分布和堆垛机作业负载均衡等算法规则，做到 ASRS 在存储空间利用率和作业效率的最大化。

FLUX WMS 结合运输调度计划、分拣口箱量均衡、波次平衡、新店铺货等因素，进行门店订单的切分，对波次内不同门店对某类商品的需求量进行提总，对能放满整托盘的拣选任务由堆垛机设备完成拣选。如单个门店需求量满整托盘的，直接通过单独的出口送到集货区，对波次内门店提总量不满整托盘的订单，在尾盘拣选区采用分区批量打印拣货标签、电子标签拣货确认的作业方法处理配货。WMS 以作业路径最短为拣货任务调度准则，对拣选位的库存进行实时监控，及时触发补货任务。

物流中心还应用了两条高速滑块式分拣线作业，为保证波次作业切换（清线）时间最短，WMS 在分拣口分配上以任务均衡为基本原则。结合对 A、B、C 三类商品三个区域的合理规划及 WMS 系统的优化调度算法，使整件拣选达到了近 17 000 箱/小时的拣选能力。

（二）整件商品播种和集货

通过分拣口出线的箱子标签上清晰地标明了每个箱子对应的门店和分货库位，分拣口作业人员按照标签的指示将箱子播种到各个分货位的笼车里。WMS 根据箱子数量计算每家门店所需的笼车数，在播种完成的分拣口，作业人员按照标签的指示完成笼车集货任务。物流中心规划了 3 万多个集货位，按照 TMS 运输调度的计划对集货位进行循环使用。

（三）拆零商品电子标签拣选

对于拆零货物，在拆零拣货区采用流利式货架、一对一电子标签拣选流水线，以保证拣货效率和准确率，并减少作业人员。物流中心每天需要完成高达几十万次的拆零拣选，目前可以实现大约 7 秒完成一个门店全部订单商品的拆零拣选作业。

（四）FLUX TMS 集中调度，全流程管控

物流中心完成分拣的订单，在 FLUX TMS 的统一调度下，实现 600 多台营运车辆管理、路线规划、装车配载、在途跟踪、门店签收和回单管理等全流程的管控，物流

中心日均吞吐量约4 800吨。

四、信息化主要效益分析与评估

茶山物流中心的建成，不仅支撑了美宜佳业务的快速扩张，也给企业带来良好的效益。

（一）ASRS提高了空间利用率，大幅增加了仓库容量

以往的平库分仓模式，支撑同等业务量需要开设4个平面分仓，使用ASRS大幅增加了仓库容量，节省土地资源46%，仓库空间利用率提升55%。

（二）降低作业难度与人工成本，提高准确率

自动化物流系统实现了整件货物动态拣选与自动补货，减少了人员行走距离，劳动强度大大降低，提高了作业效率，同时也降低了人员体能要求，减少了对人力的依赖；减少人员及劳动力35%，人员流失率降低50%。

（三）提升企业核心竞争力，树立良好的企业形象

自动化物流设备系统的引用，是物流技术的再度升级，不仅提升了企业的核心竞争能力，也为其拓展新业务、服务新客户树立良好的企业形象。

  复习思考题

1. 请说明物流系统与物流信息的关系。
2. 请说明物流信息系统的层次结构，并说明各层的基本任务。
3. 试举例说明企业物流信息化发展的四个层次。
4. 如何理解物流信息系统的发展趋势？

第 7 章　国际物流

学习目标

通过本章的学习，了解国际物流产生与发展，掌握国际物流的基本概念、特点及分类；掌握国际物流系统的组成和主要业务，能够分析国际物流发展趋势。

案例导入

联邦快递推出国际经济型分送速递服务

联邦快递是 FedEx Corp. 的附属公司，其服务遍及世界各地。联邦快递提供 24～48 小时的户到户通关服务，空运航线遍布全球，并拥有世界首屈一指的空运设备，为全球最具规模的快递运输公司。联邦快递在世界各地设有超过 50 000 个收件中心，聘用员工大约 139 000 人，拥有 638 架飞机及 43 000 辆货车。每个工作日为全球 215 个国家运送超过 310 万件物品，提供快捷、可靠及准时的快递服务。联邦快递 2004 年推出全新的国际经济型分送速递（IED）服务，为亚洲地区的货运商多提供一项选择，以便处理大批送交不同收件人的货件。IED 服务范围遍及亚洲九个国家和地区，包括菲律宾、新加坡、印度尼西亚、日本、韩国、马来西亚、泰国和中国香港、中国台湾。客户只需填妥国际空运提单，即可处理大批货件，经由同一闸口清关，送往多个地点。全新的 IED 服务大幅拓展了联邦快递的货运能力，提供更多综合性的点到点运输方案，使亚洲地区的货运更加灵活方便。

联邦快递亚太区总裁表示："联邦快递向来致力为客户提供高效的商业方案，我们的供应链管理服务非常完善，可为客户提供国际付运、本地分送以及量身定做的产品或服务。客户如果时间充裕，无须使用快速的国际优先速递（IP）服务，却要求达到同样可靠的货件寄存监控水平，IED 服务就是其最好的选择。IED 服务糅合了联邦快递强大的运输能力和优质的信息服务，将可靠性进一步提升。"

思考题：国际物流有什么特点？联邦快递的优势有哪些？它是如何实现全球配送的？联邦物流的成功为国内物流带来哪些启示？

7.1 国际物流概述

随着经济全球化的趋势不断增强,各国在国际分工基础上形成的合作交往日益密切,相互联系、相互依赖、共同发展是当今世界经济发展的主要特征。国际物流伴随着国际贸易而产生和发展,并成为国际贸易的重要基础,各国间的相互贸易必须通过国际物流来实现,各国之间的邮政物流、展品物流等构成国际物流的重要内容。国际物流是国内物流的跨国延伸和扩展。

7.1.1 国际物流的含义及特点

1. 国际物流的含义

国际物流(International Logistics)是货物(包括原材料、半成品和制成品等)及物品(包括邮品、展品、捐赠物资等)在不同国家间流动或转移。广义的理解是货物在国际的实体移动,狭义的理解仅是与另一国国际贸易相关的物流活动,如货物集运、分拨配送、货物包装、货物运输、申领许可文件、仓储、装卸、流通加工、报关、国际货运保险、单据制作等。

国际物流是不同国家之间的物流活动。当某国一企业出口其产品给另一个国家的客户消费者时,或者该企业从另一国进口生产所需的某种原材料、零部件或消耗品时,为消除生产者和消费者在时间和空间上的距离,使货物从卖方处所物理性地移动至买方处所,并最终实现货物所有权的跨国转移,国际物流的一系列活动也就产生了。有人将此简单称为出口物流和进口物流。

国际物流是国内物流的延伸,是国际贸易的必然组成部分。各国之间的贸易都需要通过国际物流来实现。因此,国际分工的细化以及国际贸易的增长带动与促进了国际物流的发展。

2. 国际物流的特点

(1)国际物流的经营环境存在较大差异

由于生产力及科学技术发展水平、物流基础设施各不相同,各国文化历史、风俗人文以及政府管理物流的适用法律等物流软环境的差异尤其突出,国际物流的复杂性远远高于一国的国内物流。例如,语言的差异会增加物流的复杂性,西欧面积比美国小得多,但由于西欧使用德语、英语、法语等多国语言,使物流活动比美国复杂得多。

(2)国际物流的系统广泛、风险性高

物流本身是一个复杂的系统工程,而国际物流在此基础上又增加了不同国家的要素,这不是地域和空间的简单扩大,而是涉及更多的内外因素,增加了国际物流的风险。例如,由于运输距离的扩大,延长了运输时间并增加了货物中途运转装卸的次数,这使得国际物流中货物损失及短缺的风险增大;企业资信汇率的变化使国际物流经营者面临更多的信用及金融风险;不同国家之间政治经济环境的差异,可能使企业开展国际物流遭遇国家风险。

(3) 国际物流运输方式具有复杂性

在国内物流中，由于运输线路相对较短，而运输频率较高，主要的运输方式是铁路运输和公路运输。而在国际物流中，由于货物运送线路长、环节多、气候条件复杂，对货物运输途中的保管、存放要求高，因此海洋运输、航空运输尤其是多式联运是主要运输方式，具有一定的复杂性。

(4) 国际物流必须依靠国际化信息系统的支持

国际物流的发展依赖高效的国际化信息系统的支持。由于参与国际运作的物流服务企业及政府管理部门众多，如货运代理企业、报关行、对外贸易公司、海关、商检等，国际物流的信息系统更为复杂，国际物流企业不仅要制作大量的单证，而且要确保其在特定的渠道内准确地传递，因此耗费的成本和时间都非常多。目前，在国际物流领域，电子数据交换（EDI）得到了较广泛的应用，它极大地提高了国际物流参与者之间信息传输的速度和准确性。但各国物流信息水平的不均衡以及技术系统的不统一，在一定程度上阻碍了国际信息系统的建立和发展。

(5) 国际物流的标准化要求较高

国际物流除了国际化信息系统支持外，标准化也是一个非常重要的内容，这有助于国际物流的畅通运行。如果贸易密切的国家在物流基础设施、信息处理系统乃至物流技术方面不能形成相对统一标准，就会造成国际物流资源的浪费和成本的增加，最终影响产品在国际市场上的竞争能力提高。目前，美国、欧洲基本实现了物流工具、设施的统一标准，如托盘采用1 000毫米×1 200毫米，集装箱实施统一规格及条码技术等。

7.1.2 国际物流的产生和发展

国际物流伴随着国际贸易的发展而发展，是国际贸易的具体实现途径和方式。在买卖双方达成国际货物买卖合同之后，如何在一定成本条件下，使合同规定的货物按质、按量、准时地从卖方处所转移到买方处所或其指定地点，也就成为国际物流的核心业务内容。国际物流的有效运作不仅能够提升一国产品在国际市场上的竞争能力，促进一国对外贸易的发展，而且能够有效促进本国经济、技术、教育发展。在第二次世界大战之前，国际贸易在概念和运作方法上都较为简单，发达国家低价从发展中国家采购大量原材料，而高价向发展中国家销售制成品，双方之间的贸易极为不平等。第二次世界大战以后，随着跨国投资的兴起、发展中国家生产力水平的提高，发达国家与发展中国家之间的贸易以及跨国生产企业内部的国际贸易发展迅速，国际贸易总量以及运作水平产生了新的变化。为适应这一变化，国际物流在数量、规模及技术能力上有了长足的发展。

国际商品流通是国际物流形成的重要前提，而国家之间的相互贸易与商品流通更加频繁，主要原因有：气候的差异造成天然物产的分布不均匀，如许多农产品或经济作物的产量分布不平衡等；资源分布、技术水平所引起的生产成本的差别，通过国际交换，用同量的劳动换取更多的消费成为可能；国际分工的日益细化和专业化程度的提高，让国际的交流与合作日趋紧密，随之形成的国际商品的流动便形成了国际物流。

国际物流活动随着国际贸易和跨国经营的发展而发展，国际物流活动的发展经历了以下几个阶段。

第一阶段：20世纪50年代至80年代初。在这一阶段，物流设施和技术得到了极大的发展，建立了配送中心，广泛运用电子计算机进行管理，出现了立体无人仓库，一些国家建立了本国的物流标准化体系，等等。物流系统的改善促进了国际贸易的发展，物流活动超出了一国范围，但物流国际化的趋势还没有得到人们的重视。

第二阶段：20世纪80年代初至90年代初。随着经济技术的发展和国际经济往来的日益频繁，物流国际化趋势开始成为世界共同问题。美国密歇根州立大学教授波索克斯认为，进入20世纪80年代，美国经济失去了兴旺发展的势头，陷入长期倒退的危机之中。因此，必须强调改善国际性物流管理，降低产品成本，并且要改善服务，扩大销售，在激烈的国际竞争中获得胜利。与此同时，日本正处于成熟的经济发展期，以贸易立国，为实现与其对外贸易相适应的物流国际化，采取了建立物流信息网络，加强物流全面质量管理等一系列措施，提高物流国际化的效率。这一阶段物流国际化的趋势局限在美、日和欧洲一些发达国家。

第三阶段：20世纪90年代初至今。在这一阶段，国际物流的概念和重要性已为各国政府和外贸部门普遍接受，贸易伙伴遍布全球，这必然要求物流国际化，即物流设施国际化、物流技术国际化、物流服务国际化、货物运输国际化、包装国际化和流通加工国际化等。世界各国广泛开展国际物流理论和实践方面的大胆探索。

7.1.3 国际物流的基本分类

根据不同的标准，国际物流主要可以分为以下几种类型。

1. 进口物流和出口物流

按照货物流向进行划分，可分为进口物流和出口外流。凡存在于进口业务中的国际物流行为被称为进口物流，而存在于出口业务中的国际物流行为称为出口物流。

2. 国家间物流和经济区域间物流

依照不同国家所规定的关税区域进行划分，可分为国家间物流与经济区域间物流。这两种物流在形式和具体环节上存在着较大差异，如欧盟区域间物流、欧盟与其他国家、欧盟与其他区域间物流的差异现象。

3. 国际商品物流及其他物品的物流

根据国家进行货物传递和流动方式，国际物流又分为国际商品物流、国际军火物流、国际邮品物流、国际援助和救助物资物流等。

围绕国际物流活动的企业有国际货运代理、国际船舶代理、国际物流公司、国际配送中心、国际运输及仓储和报关行等具体企业。

7.2 国际物流系统

7.2.1 国际物流系统的组成

国际物流系统是由商品的包装、储存、装卸、运输、报关、流通加工和其前后的整理、再包装以及国际配送等子系统组成。国际物流通过物品的储存和运输，实现时间和空间效益，满足国际贸易活动和跨国公司经营的要求。

1. 运输子系统

国际货物运输是国际物流系统的核心子系统，通过物品的空间移动实现其使用价值。国际物流系统依靠运输作业克服物品在不同国家或地区的生产地点和需要地点间的空间距离障碍，创造空间效益。国际货物运输具有线路长、环节多、涉及面广、手续繁杂、风险性大、时间性强等特点，国际运输费用在国际物品价格中有时会占有很大的比重。国际运输管理主要考虑运输方式的选择、运输路线的选择、承运人的选择、运输费用的节约、运输单据的处理以及货物保险等方面的问题。

(1) 出口货物的国内运输段

出口货物的国内运输，是出口商品由生产地或供货地运到出运港（站、机场）的国内运输，是国际物流中不可缺少的环节。离开国内运输，出口货物无法从生产地或供货地集运到港口、车站或机场，也就不会有国际运输段。出口货物的国内运输工作涉及面广，环节多，要求各方面协同组织好运输工作，摸清货源、产品包装、加工短途集运、国外到证、船期安排和铁路运输配车等各个环节，保证车、船、货、港的有机衔接，确保出口货物运输任务顺利完成，减少压港、压站等物流不畅的局面。

(2) 国际运输段

国际运输段是整个国际货物运输的重要一环，它是国内运输的延伸和扩展，同时又是衔接出口国货物运输和进口国货物运输的桥梁和纽带。国际运输段主要指被集运到港（站、场）后的出口货物可以直接装船发运，或需要暂进港口仓库储存一段时间，等待有泊位、有船后再出仓装船外运。国际运输段可以采用由出口国装运港直接到进口国目的港卸货的方式，也可以采用经过中转转运点，再运达目的港的方式。运达目的港的货物，可以在到达港直接分拨，送达最终用户，也可先送达相关的供应部门，再分运给用户。不论是国际转运还是国内拨交分运，均有相应的仓储设施，以备临时存放中转之用。

2. 储存子系统

储存会使物品在流通过程中处于一种或长或短的相对停滞状态，又称运输中的"零速度运输"。即使是在零库存的概念下，国际物流中物品的储存也是必要的，因为国际物品的流通是一个由分散到集中，再由集中到分散的源源不断的流通过程。由于储存保管可以克服物品在时间上的差异，所以也能够创造时间效益。

从现代物流的理念来看，在国际物流中，应尽量减少储存时间和储存数量，加速物品的周转，实现国际物流的高效率运转。

3. 检验子系统

由于国际贸易和跨国经营具有投资大、风险高、周期长等特点，因此商品检验成为国际物流系统中重要的子系统。在买卖合同中，一般都订有商品检验条款，其主要内容有检验时间与地点、检验机构与检验证明、检验标准与检验方法等。通过商品检验，确定交货品质、数量和包装条件是否符合合同规定。如发现问题，可分清责任，向有关方面索赔。

根据国际贸易惯例，商品检验时间与地点的规定可分为三种。

一是在出口国检验，其又可分为两种情况：第一种，在工厂检验，卖方只承担货物离厂前的责任，不承担运输中品质、数量变化的风险；第二种，装船前或装船时检验，其品质和数量以当时的检验结果为准，买方对到货的品质与数量原则上一般不得提出异议。

二是在进口国检验，包括卸货后在约定时间内检验和在买方营业处所或最后用户所在地查验两种情况，检验结果可作为货物品质和数量的最后依据。在此条件下，卖方承担运输过程中品质、重量变化的风险。

三是在出口国检验、进口国复验。货物在装船前进行检验，以装运港双方约定的商检机构出具的证明为议付货款的凭证，但货到目的港后，买方有复验权。如复验结果与合同规定不符，买方有权向卖方提出索赔，但必须出具卖方同意的公证机构的检验证明。

在国际贸易中，从事商品检验的机构很多，有国家设立的商品检验机构、民间设立的公证机构和行业协会附设的检验机构。在我国，国家进出口商品检验局及其分支机构统一管理和监督商品检验工作。选择哪个机构实施和提出检验证明，在买卖合同条款中必须明确规定。商品检验证明即进出口商品经检验、鉴定后，应由检验机构出具具有法律效力的证明文件。如买卖双方同意，也可采用由出口商品的生产单位和进口商品的使用部门出具证明的办法。检验证明是卖方所交货物在品质、重量、包装、卫生条件等方面是否与合同规定相符的依据。如与合同规定不符，买卖双方可据此执行拒收、索赔和理赔。

此外，商品检验证也是议付货款的单据之一。商品检验可按生产国的标准进行检验，也可按买卖双方协商同意的标准进行检验，或按国际标准或国际习惯进行检验。

4. 通关子系统

国际物流的一个重要特点就是跨越关境。由于各国海关的规定并不完全相同，所以，对于国际货物的流通而言，海关可能会成为国际物流中的瓶颈。要消除这一瓶颈，就要求物流经营人熟知有关国家的通关制度，建立安全有效的快速通关系统，保证货畅其流。我国海关和检验检疫等机构为进出境的货物制定了监管规定和程序，以促进我国对外贸易的发展，并为办理有关手续提供方便。

5. 商品包装子系统

杜邦定律提出，63%的消费者根据商品的包装装潢进行购买，国际市场和消费者通过商品认识企业，商品的商标和包装就是企业的面孔。我国出口商品存在的主要问题是：出口商品包装材料主要靠进口；包装产品加工技术水平低；外贸企业经营者对出口商品包装缺乏现代意识，表现在现代包装观念、市场观念、竞争观念和包装的信息观念落后，仍存在"重商品、轻包装""重商品出口、轻包装改进"等思想。为提高商品包装系统的功能和效率，应提高广大外贸职工对出口商品包装工作的认识，树立现代包装意识和包装观念；建立一批出口商品包装工业基地，以适应外贸发展的需要，满足国际市场、国际物流系统对出口商品包装的要求，保障各种包装物料和包装容器的供应。

6. 装卸搬运子系统

国际物流运输、储存等作业离不开装卸搬运，因此，国际物流系统中的又一重要子系统是装卸搬运子系统。它是短距离的物品搬移，是储存和运输作业的纽带和桥梁。它也能提供空间效益，高效率地完成物品的装卸搬运，从而更好地发挥国际物流节点的作用；同时，节省装卸搬运费用也是降低物流成本的重要途径之一。

7. 信息子系统

国际物流信息子系统的主要功能是采集、处理和传递国际物流的信息情报。在现代物流环境下，如果没有功能完善的信息系统，国际贸易和跨国经营寸步难行。国际物流信息的主要内容包括进出口单证的作业过程、支付方式信息、客户资料信息、市场行情信息、供求信息及物品在国际物流环节中的位置和状况等。国际物流信息系统的特点是信息量大，交换频繁；传递量大，时间性强；环节多、点多、线长。所以，建立技术先进的国际物流信息系统，将为国际物流的发展提供有效支撑。

国际物流系统中的上述主要子系统应与配送子系统及流通加工子系统等有机联系，统筹考虑，全面规划，建立适应竞争要求的国际物流系统。

7.2.2 国际物流系统网络

1. 国际物流系统网络的概念

国际物流系统网络，是由多个收发货的节点和它们之间的连线所构成的物流抽象网络，以及与之相伴随的信息流动网络的集合。收发货节点是进、出口过程中所涉及的国内外各层储货仓库、站场，如制造厂商仓库、中间商仓库、货运代理人仓库、口岸仓库、各类物流中心、保税区仓库等，节点内商品的收发、储运是依靠运输连线和物流信息的沟通、协调来完成的，在节点中，除收发和储存保管功能外，还具有包装、流通加工、装卸等功能。连线是连接上述众多收发货节点的运输连线，如各条海运航线、铁路线、飞机航线及海陆空联合运输线路，这些网络连线代表库存货物的移动，即运输的路线与过程。

每一对节点有许多连线以表示不同路线、不同产品的各种运输服务；各节点表示存货流动的暂时停滞，其目的是更有效地移动（收或发）；信息流动网的连线通常包括国内外的邮件，或某些电子媒介（如电话、电传、电报、EDI 等），其信息网络的节点则是各种物流信息汇集及处理之点，如员工处理国际订货单据、编制大量出口单证或准备运输单证或电脑对最新库存量的记录；物流网与信息网并非独立，它们之间的关系是密切相关的。

2. 国际物流系统网络在国际贸易中的作用

①国际物流系统网络研究的中心问题是确定进出口货源点（或货源基地）和消费者的位置，各层级仓库及中间商批发点（零售点）的位置、规模和数量，这一中心问题将决定国际物流系统的布局是否合理。

②国际物流系统网络的合理布局，决定国际物流流动的方向、结构和规模，即决定国际贸易的贸易量、贸易流程及由此而引起的物流费用和产生的经济效益。

③合理布局国际物流系统网络，对扩大国际贸易、占领国际市场、加速商品的国际流通提供了有效和切实可行的途径。

3. 建立国际物流系统网络应注意的问题

①要以国家宏观贸易总体规划为前提，紧密围绕商品交易计划规划和确定网络内建库数目、地点及规模。

②明确各级仓库的供应范围、层次关系及供应或收购数量，注意各级仓库间的有机衔接，以保证国内外物流的畅通，同时避免仓库的重复设置。

③考虑现代物流技术的发展及经济结构的调整，为后续规划留一定的发展空间。

4. 国际物流合理化措施

①合理选择和安排国内外物流网点，扩大国际贸易的范围、规模，以达到费用省、服务好、信誉高、效益高、创汇好的物流总体目标。

②采用先进的运输方式、运输工具和运输设施，加速进出口货物的流转。充分利用海

运、多式联运方式，不断扩大集装箱运输和大陆运输的规模，增加物流量，扩大进出口贸易量和贸易额。

③缩短进出口商品的在途积压，包括进货在途（如进货、到货的待验和待进等）、销售在途（如销售待运、进出口口岸待运等）、结算在途（如托收承付中的拖延等），以便节约时间，加速商品的资金周转。

④加快进出境通关工作，实现信息电子化。

⑤改进运输路线，减少相向、迂回运输。

⑥改进包装，增加技术装载量，多装载货物，减少损耗。

⑦改进港口装卸作业，有条件的国家或地区增加港口设施，合理设置泊位与船舶停靠时间，减少港口杂费，吸引更多的买卖方入港。改进海运配载，避免空仓或船货不相适应的状况。

⑧国内物流运输段在出口时，尽量做到就地、就近收购，就地加工，就地包装，就地检验，直接出口，即"四就一直"的物流策略等。

7.2.3 国际物流运输线路

国际物流流动的路径即国际化运输线路。随着国际物流的发展，我国已形成国际化运输线路网，包括国际远洋航线及海上通道、航空网线、公路网线和铁路网线等。这是我国国际物流的基础设施。

1. 国际远洋航线及海上通道

（1）海洋、运河和海峡通道

①海洋通道。太平洋沿岸有 30 多个国家和地区，拥有世界 1/6 的港口，货运量居世界第二位。随着亚洲、拉丁美洲、大洋洲发展中国家的兴起，太平洋在世界航运中的作用日益增强。大西洋沿岸拥有世界 3/4 的港口和 3/5 的货物吞吐量，几乎都是各大洲的发达地区，贸易、货运繁忙，海运量一直居各大洋的首位，约占世界海运总量的 2/3。印度洋周围有 30 多个国家和地区，拥有世界近 1/10 的港口和 1/6 的货物吞吐量。印度洋上的货运以石油为主。北冰洋因气候寒冷，仅有极少部分有通行的条件，其货运价值有限。

②运河通道。苏伊士运河，位于埃及东北部，居亚欧非三洲交通要冲，沟通地中海和红海，连接大西洋和印度洋，是一条具有重要战略意义的水道。它大大缩短了从欧洲通往印度洋和大西洋西岸的航程，目前可通行吃水 20.4 米、载重 25 万吨的超级油轮。

巴拿马运河，斜贯巴拿马国中部，沟通太平洋和大西洋，航道水深 13.5～26.5 米，可通行 6.5 万吨以下船舶。

基尔运河，位于德国东北部，横贯日德兰半岛，沟通波罗的海和北海，运河长 98.7 千米，水深 11.3 米，可通行吃水 9.4 米、载重 2 万吨级以下船舶。

③海峡通道。马六甲海峡，位于马来半岛和苏门答腊岛之间，是沟通太平洋和印度洋的海上交通要道，海峡总长 1 188 千米，水深 25～113 米，可通过 25 万吨满载海轮。

英吉利海峡，位于英法两国间狭窄处，连同多佛尔海峡总长 600 千米，水深 25～55 米，是连接大西洋与北海的主要航线。

霍尔木兹海峡，位于阿曼半岛和伊朗之间，西接波斯湾，东联阿曼湾，全长约 150 千米，平均水深 70 米以上，在航运上占有重要地位，是世界著名的石油海峡。

此外，较重要的海峡还有地中海通往大西洋唯一的通道——直布罗陀海峡，沟通印度洋、亚丁湾和红海的重要水道——曼德海峡，黑海与地中海之间的唯一通道——黑海海峡等。

（2）海运航线

世界各地水域在港湾、风向、水深及地球球面距离等自然条件的限制下，可供船舶航行的路径称为航路。海上运输运营为实现最大经济效益，在许多不同航路中所选定的运营通路称为航线。

根据不同的角度，航线可分为不同的类型。按船舶营运方式的不同，航线分定期航线和不定期航线，定期航线又称班轮航线。按航程远近的不同，航线分远洋航线、近洋航线和沿海航线，远洋航线指跨越大洋的运输航线，近洋航线指与邻国港口间的运输航线，沿海航线则指本国沿海各港口间的海上运输航线。

①太平洋航线。太平洋是世界重要的海运大洋，沿岸有30多个国家和地区。目前，太平洋的海运量占世界海运总量的20%以上，仅次于大西洋，居世界第二位，但太平洋的航运发展速度超过了其他几个大洋，已形成了世界航运中心东移之势。其主要航线有：东亚—北美西海岸航线；东亚—加勒比海、北美东海岸航线；东亚—南美西海岸航线；东亚—东南亚航线；东亚—澳大利亚、新西兰航线；澳大利亚、新西兰—北美东西海岸航线。

②大西洋航线。北大西洋两侧是西欧、北美两个世界经济发达的地区，又有苏伊士和巴拿马两运河沟通印度洋和太平洋。自16世纪起，两岸间的贸易、航运就开始繁荣。长期以来，大西洋上的航运量一直居世界首位。其主要航线有：西北欧—北美东海岸航线；西北欧、北美东海岸—加勒比海航线；西北欧、北美东海岸—地中海—东亚航线；南美东海岸—好望角—东亚航线；西北欧、地中海—南美东海岸—东亚航线。

③印度洋航线。印度洋航线众多，主要有：东亚—东南亚—海湾航线；东亚—东南亚—地中海—西北欧航线；东亚—东南亚—好望角—西非、南美航线；澳大利亚、新西兰—海湾或地中海、西北欧航线；海湾—南非—西北欧、北美运油航线；波斯湾—东南亚—日本航线；波斯湾—苏伊士运河—地中海—西欧、北美航线。

④北冰洋航线。北冰洋由于气候严寒，所以航线较少，仅有挪威海和巴伦支海西南全年可航。北极海域在夏季俄罗斯沿岸有不定期航线至东亚港口，但须破冰船开航。

⑤集装箱航线。主要有：东亚—北美航线（北太平洋航线）；北美—欧洲、地中海航线（北大西洋航线）；欧洲、地中海—东亚航线（印度洋航线）；东亚—澳大利亚航线，欧洲、地中海—西非、南非航线。

2. 国际航空路线

2020年全球10大集装箱港口吞吐量如表7-1所示。

表7-1 2020年全球10大集装箱港口吞吐量

排名	港口	吞吐量/万标准箱	增长/%	国家或地区
1	上海港	4 350	0.40	中国
2	新加坡港	3 687	−0.90	新加坡

续表

排名	港口	吞吐量/万标准箱	增长/%	国家或地区
3	宁波舟山港	2 872	4.30	中国
4	深圳港	2 655	3.00	中国
5	广州港	2 317	1.50	中国
6	青岛港	2 201	4.70	中国
7	釜山港	2 181	−0.80	韩国
8	天津港	1 835	6.10	中国
9	香港港	1 796	−1.90	中国香港
10	鹿特丹	1 434	−3.20	荷兰

(1) 世界重要航空线

①北大西洋航空线，连接西欧和北美两大经济中心区，是当今世界最繁忙的航空线，主要往返于西欧的巴黎、伦敦、法兰克福和北美的纽约、芝加哥、蒙特利尔等机场。

②北太平洋航空线，连接东亚和北美两大经济中心区，是世界又一重要航空线，它由香港、东京和北京等重要国际机场出发，经过北太平洋上空到达北美西海岸的温哥华、西雅图、旧金山、洛杉矶等重要国际机场，再接北美大陆其他航空中心。太平洋上的火奴鲁鲁、阿拉斯加的安克雷奇国际机场是该航线的重要中间加油站。

③西欧—中东—东亚航空线，连接西欧各主要航空港和远东的香港、北京、东京、首尔等重要机场，为西欧与东亚两大经济中心区之间的往来航线。

此外，还有北美—澳新航空线、西欧—东南亚—澳新航空线、东亚—澳新航空线、北美—南美航空线、西欧—南美航空线等。

(2) 国际航空站

世界各大洲主要国家的首都和重要城市均设有航空站，主要有美国芝加哥欧哈机场、英国希斯罗机场、法国戴高乐机场、德国法兰克福机场、荷兰阿姆斯特丹西普霍尔机场、日本成田机场、中国香港新机场、新加坡樟宜机场等，都是现代化、专业化程度较高的大型国际货运空中枢纽，年货运量都在数十万吨以上。

3. 大陆桥与小陆桥

(1) 美国大陆桥包括两条路径

一条路径是从美国西部太平洋的洛杉矶、西雅图、旧金山等港口上桥，通过铁路横贯至美国东部大西洋的纽约、巴尔的摩等港口转海运，铁路全长3 200千米；另一条路径是从美国西部太平洋港口上桥，通过铁路至南部墨西哥湾的休斯敦、新奥尔良等港口转海运，铁路全长为500~1 000千米。

(2) 加拿大大陆桥

货物从日本海运至温哥华或西雅图港口后，换装并利用加拿大铁路横跨北美大陆至蒙特利尔，再换海运至欧洲各港。

(3) 西伯利亚大陆桥

两端连接太平洋与波罗的海和北海，路径从东亚日本海口岸纳霍德卡港或东方港上桥，通过横穿俄罗斯的西伯利亚铁路至波罗的海沿岸港口转海运至西北欧，或者直接通过白俄罗斯、波兰、德国、比利时、法国的铁路到波罗的海沿岸港口转海运至西北欧等地，陆桥部分长达1万多千米。

（4）亚欧第二大陆桥

作为目前亚欧大陆东西最为便利的通道，东起我国连云港等港口，经津浦、京山、京沪、京广、广深、京九等线路进入陇海线，途经我国的阿拉山口国境站进入哈萨克斯坦，最终与中东地区黑海、波罗的海、地中海以及大西洋沿岸的各港口相连接。

（5）小陆桥与微型陆桥

美国小陆桥路径从东亚至美国西部太平洋口岸，经美国大陆铁路或公路，至南部墨西哥口岸；美国微型陆桥从东亚至美国西部太平洋港口，经铁路或公路到达美国内陆中西部地区或其相反方向的路线。

4. 国际主要输油管道

世界管道运输网分布很不均匀，主要集中在北美和欧洲，美国和俄罗斯管道运输最为发达。1993年美国有输油管道31.93万千米，原油运输量达9亿多吨，周转量达8 299亿吨每公里，占国内货物总周转量的20%。美国掌握了世界最先进管道技术，1977年在高纬严寒地区修建横贯阿拉斯加的输油管道正式输油。苏联管道建设发展也很快。1950年时，共有管道7 700千米，之后即以每年6 000~7 000千米的速度递增。目前，独联体各管道总长度20多万千米。除美国和独联体国家外，加拿大、西欧、中东等国家和地区管道网也很发达。加拿大输油管道约3.5万千米，管道网把落基山东麓产油区与消费区连接起来，并与美国的管道网连通。西欧的北海油田新建了一批高压大口径管道，管道长度已超过1万千米，是世界上油气管道建设的热点地区之一。中东地区的输油管道最初是从伊拉克、沙特阿拉伯至叙利亚和黎巴嫩地中海港口的管线，受战争等因素影响，在20世纪80年代初全部关闭。此外，伊拉克于1977年成立了以土耳其杰伊汉刚为重点的新管线，年输油量达5 000万吨，成为向西欧供应石油的中东战略性原油管道；沙特也在1981年建成自波斯湾横越国境中部至红海岸延布港的输油系统，年输油量达9 000多万吨。

7.3 国际物流运作

7.3.1 国际物流运作的主要业务

随着物流全球化的形成，企业物流国际化运作已是大势所趋。国际物流业务活动较为广泛，远比国内物流复杂，主要有以下几个方面。

1. 进出口业务

（1）发货人（Shipper）

进出口业务中的发货人即供应商。它可以是生产厂家或它们的经销商，有时也可能是货运公司或货运代理。

（2）货运代理（Forwarder）

货运代理是随着国际贸易的发展及货运业务的日益复杂以及传统承运人（船公司或航

空公司）的业务专门化，在近二三十年新发展出来的行业。货运代理是介于货主和实际承运人之间的中间商，它一方面代为货主租船订舱，另一方面又代为实际承运人揽货，从中收取整箱（车）货和零担货之间的差价或佣金。对于承运人，货运代理被相对地看作是货主（发货人或收货人）；对于货主，货运代理则被相对地看作是承运人，如图7-1所示。

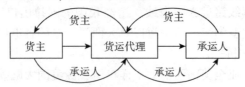

图7-1 货运代理的角色示意

货运代理的出现，使整个货运行业日趋专业化。目前大多数进出口货物运输是与货运代理打交道，因此了解货运代理的业务，对掌握国际货运中的成本和时间控制有很大帮助。

20世纪90年代以后，随着国际贸易和货运体系的不断完善，特别是银行信用证、海关和商业保险体系对货运代理运单的认可，货运代理的地位逐渐提高。

（3）承运人代理（Shipping Agent）

承运人代理主要是替承运人（如船公司、航空公司）在港口安排接泊、装卸、补给等业务，有时代理承运人签发运单，承运人代理在海运中较为常见。有的承运人代理也从事货运代理的业务。

（4）承运人（Carrier）

承运人是实施运输的主体，在国际贸易运输中主要指船舶公司或航空公司。多数情况下，货主不直接与承运人对接。

（5）报关行（Customs Broker）

虽然各国对进出口货物的管制政策有所不同，但基本上海关都要求进出口货物进行申报。报关行或货运代理的报关服务都需要货主提供必要的单据（主要包括进口报关单、提单、商业发票、原产地证书、进口许可证或进口配额证书、品质证书和卫生检验证书等），由他们在海关进行代理申报。有的报关行还提供代为商检等服务工作。海关产生关税单后，由货主缴纳关税（有时还有由海关代收的其他税收）并自行提货或由服务机构代为提送货。关税一般用征税国本国货币支付。许多国家为吸引海外投资和促进本国进出口贸易的发展，还采取了多种报关方式如电子报关、提前报关实货放行、内陆站点报关等，以缩短货物的在途时间，缓解进出口口岸的交通工具和货物拥挤情况。

（6）收货人（Consignee）

一般来说，收货人应是货物的进口人。有时由于进口管制的原因，最终的收货人并不体现在运单上，运单上的收货人往往是进口代理商，而在通知人上显示的可能才是真正的收货人。另外，在复杂的货运情况下，主运单和分运单上所示的收货人的意义有所不同，分运单上往往才是真正的收货人，而主运单上的收货人往往是货运代理人。

进出口业务是通过各种业务单证的流转来完成的，业务单证是上述各关系人业务交接、责任划分、风险承担及费用结算的凭证和法律依据。因此，在进出口业务过程中，单证起着重要作用，进出口业务中基本单证有进出口合同、运单、商业区发票、信用证、保险单、装箱单，还有报关单、商检证书、原产地证书等单据。

2. 国际运输

国际运输是跨越一国边界的货物或服务的进出口，最常用的国际运输方式是海洋运输，此外还有航空运输和铁路运输。

由于国际运输中货物需要跨越国境，且多为远洋运输，货物在途时间往往较长且一旦赴运就很难更改目的地，这就限制了企业物流运作的弹性。企业在进行跨国经营时必须具有较高的市场预测能力，才能保证将正确数量的正确货物在正确的时间内配送到目标市场，否则就会导致有些市场断货，而有些市场则有过剩库存。企业如果将一定数量的商品运到目标市场，再进行不同市场之间的调货，就会造成大量的额外开支，并造成供需时间不一致，长此以往必然削弱企业的竞争能力。

随着现代通信手段的进步和专业物流企业服务水平的提高，已经有一些物流企业通过采用卫星全球定位系统（GPS）对货物进行全程监控，并可以对在途货物重新调度，使货主可根据市场需求情况重新进行库存定位，随时修改货物目的地，避免地区性调货带来的额外成本，并使企业的配送效率得到极大提高。

3. 库存与仓储管理

国际货运的存货管理已成为最关键也最有挑战性的物流活动之一。由于距离远、港口工作拖延、海关拖延以及转运时间长，仓库需要保有比国内物流更多的存货，这必然提高存货的成本，而政府对外贸的管制及关税的征收加重了存货管理的问题，公司不得不保有额外存货以应付断货情况。

国际仓储与国内仓储功能相同，包括收货、转运、配货及发送，但人们通常更重视货物在仓库系统中的快速运转。

4. 包装

保护性包装在跨国经营中所起的作用比在国内更为重要，由于货物在途时间长，搬运次数多，气候变化等，跨国性经营产品的包装会大幅度地增加物流成本，其中一部分是由于特殊的包装要求，另一部分是标签和包装标志方面的原因。由于目的国不同，标签要求也不相同，各国对产品标签有许多不同的规定，标签规定的目的在于：

①使货主遵守现行产品标准；
②对添加剂的使用加以限制和控制；
③禁止使用误导性信息；
④建立对产品的标准说明。

5. 物料搬运

物料搬运系统在全球各地都不相同，澳大利亚、新西兰、中国香港、新加坡等地的物料搬运系统是世界上最先进的系统，均已实现机械化或自动化。然而，许多发展中国家的物料搬运系统仍然是人工为主，产品在仓库和工厂中的搬运效率很差，并且对有些货物根本无法处理。

6. 信息作业

国际物流中的信息作业主要涉及物流过程中各种单据传输的电子化、在途货物的跟踪定位以及市场信息的跨国传递,主要信息通信手段包括电子数据交换、计算机网络以及人造卫星通信系统。

尽管许多发达国家已建立复杂的物流信息系统,而许多第三世界国家仍停留在纸和笔的年代,上述先进系统在这些国家根本就无法利用,这不仅造成了企业物流国际化运作中的信息传递受阻现象,也使这些落后国家在国际物流网络中只能处于附属地位。

7.3.2 国际物流运作的主要环节

国际物流运作遵循物流系统模式的原理,由一系列相互影响、相互制约的环节构成一个有机整体,有明确的系统目标,并受到外界环境的影响和制约。在国际物流运行系统中,以商品出口的物流模式为例,商品出口的物流模式主要包括三个主要过程,其业务内容如图7-2所示。

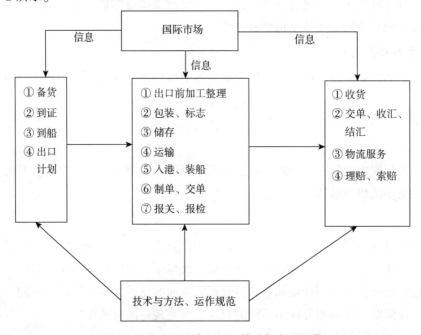

图7-2 国际物流出口运行模式与主要环节

对商品出口而言,第一个阶段主要包括出口方进行的集货、备货,到证,即接到买方开来的信用证,到船,编制出口货物运输计划等;第二个阶段主要包括商品出口前的加工整理,包装,储存、运输,商品进港、装船,制单、交单,报关、报检;第三个阶段主要包括买方收货,交单结汇,提供各种服务,理赔、索赔等。在这三个阶段中,通过国际市场上的信息来引导和协调,采用先进的流通技术与组织方式,按照国际惯例和国际上通行的运作规程来组织流通过程,完成各环节的运作,使整个物流系统协调运行,高效实现系统目标。相对国内物流系统,国际物流系统更容易受到国际国内政治、经济、技术、政策、法令、风俗习惯等因素的制约和干扰,因此必须提高系统对环境的应变和适应能力。

7.4 国际物流的发展

随着经济全球化的纵深发展，处于全球化环境中的企业都必须在其竞争战略分析中考虑世界环境，不能忽视其他国家的经济发展趋向或技术创新。就总体和长远而言，经济全球化有利于世界经济的发展，它推动国际贸易的高速增长，有助于国际贸易在更大范围内实现供求平衡，它也有助于生产要素在全球范围内的合理配置，必然带动物流全球化。这是国际物流发展的大环境。

全球物流运作的环境远比国内物流复杂，可以用4个D来概括，即距离（Distance）、单证（Documentation）、文化差异（Diversity in Culture）和顾客需求（Demands of Customers），即在不同的国家和地区内，物流活动的距离更长、单证更复杂、在产品和服务上顾客需求差异性更大，并要满足各种文化差异。

7.4.1 集装箱运输的发展方向

随着国际贸易和国际航运业务的发展，有条件的国家和地区都十分重视能接纳国际航运船舶的港口的建设，把港口视为通向世界的门户。港口发展模式随着世界经济贸易发展的变化而不断演进，大致上经历了三个阶段。

在20世纪50年代以前，港口作为国际航运的起始港和目的港，主要服务于国际贸易的流动，起着货物装卸、储存和中转的功能，同时为到港船舶提供物资供应和维修等服务，城以港兴、港以城荣，随着国际贸易的发展，在靠泊国际船舶和接卸国际贸易货物的港口所在地，逐步发展成繁荣的商业贸易城市。

20世纪50年代以后，世界经济出现了国际分工的格局，即国际贸易不再局限于将本国或地区的产品销往其他国家和地区，而是经济发达国家将原料从产地国和地区运往本国进行生产，然后将制成品销往全球各地，要发展这样的国际分工格局必须满足以下条件。

①原料产地的产品质量好，值得长途运输进行加工，如中东的石油，巴西和澳大利亚的铁矿砂等。

②经济发达国家具有雄厚的资金和掌握技术的高素质人才，足以发展资金技术密集型的大型工业企业，如炼油厂、钢铁厂、发电厂、汽车制造厂等。

③要有运输成本低廉的运输工具，以补偿远距离运输所增加的运输费用，10万～30万吨载重量的大型油轮和运矿砂的散货船投入使用，通过规模经济效益，大大降低了运输成本，日本用几十万吨的大型油轮从中东运输石油的成本比在沿海用小型油轮运输的成本还低。

④有接纳大型船舶的深水港湾。第二次世界大战以后，经济发达国家，如西欧和日本，在重建战争中被毁坏的港口时，充分利用临海深水岸线的良好条件和大型船舶海运成本低廉的特点，发挥深水海港的区位优势，将发展中国家优质、廉价的原料和能源运到临海港口，建设大型的临海工业区。这次国际分工和全球经济的资源优化配置，对部分国家战后经济的迅速恢复和高速增长起了巨大的推动作用，对世界经济的发展也有促进作用。

在新经济时代，发展中国家将自己加工原材料，制造并输出普通工业品；发达国家则转而生产和输出高科技产品和知识产品，特别是控制高科技产品和知识产品的研究和开发。一般工业品的生产和销售由跨国公司根据资源优化配置的原则在全球范围内进行组织，全球将出现原工业社会国际分工格局与新经济时代新一轮国际分工格局并存的局面。由于发展中国家经济发展的需要，大宗原料和能源的国际运输仍会占有重要地位，但作为全球物流发展的主流将是集装箱运输，当前全球集装箱运输量的快速增长印证了这一点。

7.4.2 国际物流发展的支撑体系

1. 经济全球化是国际物流发展的基础

国际环境的变化要求人们从更长远的视角看待全球物流竞争。在国际企业中，全球物流网络是为全球价值链服务的系统，网络中各部门应在高度组织下各司其职。在这物流网络中要建立若干个关键节点（通常称物流中心），不仅要求高效的物流硬件设施、合适的信息技术和不断创新的信息系统，更需要对整个物流网络各个节点进行准确、战略性的定位，此外还必须对整个物流网络进行科学规划、制订详细的计划并付诸实施。

2. 信息与通信技术是国际物流发展必备的技术条件

技术的更新实质上也是一种内在的经济活动，市场经济活动与科技开发活动的相互作用，必然引发技术的创新。全球化的物流系统需要众多企业及各国政府、国际组织的广泛合作，而这种合作则离不开信息技术的发展与应用。信息技术在国际物流全球化发展中起到十分重要的作用，一个国家的信息基础设施的建设及普及程度往往能反映该国（或地区）的物流竞争力，智能化运输系统及信息高速公路能增强一个国家的国际物流竞争力。

3. 国际物流发展中的环境保护需要国际合作

在全球环保意识日益增强的前提下，交通运输系统尤其是公路运输系统面临着许多环境问题，如噪声污染、废气排放等，而承担公路货运的载重车辆则被人们认为是造成一系列问题的主要源头。要把全球物流系统对环境的损害降到最小，光靠一个公司或一个国家政府不可能实现，需要靠各个公司、各国政府及国际组织在许多领域开展更为广泛的合作，寻找一种平衡方式，如物流硬件设施、信息基础设施及信息系统不仅能为发达国家参与全球竞争打下良好的基础，而且也能促进发展中国家经济与社会的可持续发展。

4. 国际物流健康发展需要各国政府的大力支持

可持续发展的要求给物流系统的设计和运行带来了巨大影响，许多跨国公司及国家政府纷纷在可持续发展的条件下提出了物流新概念，发展物流新技术。

（1）物流的全球化站

站在全球资源优化的角度考虑一个国家或一个公司的物流网络系统，如新加坡、韩国釜山、中国上海、中国香港等国家和地区以实际行动参与亚太地区物流中心的竞争。

（2）物流系统的重新整合

为提高运输效率，降低成本，并降低对环境的损害，配送中心及联运等物流方式在许多国家的物流业中得到了迅速发展，第三方物流服务已成为一个新的经济增长点。

（3）对再生资源的重视

再生资源引起越来越多国家政府和企业的重视，这也是全球经济可持续发展的重要因素。

5. 国际物流发展需要物流理论的支持和国际机构的努力推进

目前,世界各国物流理论工作者积极呼吁各国物流发展要走全球化道路,以推进物流现代化的进程,国际组织也组织专业人士认真地研究、探索物流国际合作之路,国际供应链协会、国际采购与物流联盟、亚太地区物流联盟等国际组织正在努力推动世界物流的发展。世界经合组织(OECD)1997年分别在欧共体(今欧盟)、北美自由贸易区和亚太地区组成三个多边合作的物流研究专家小组,以这三个世界上最主要的经济贸易联合体为共同协作、调查研究物流发展的对象。

总之,全球化是世界物流发展的必然趋势。中国加入WTO后,包括物流业在内的服务贸易的对外大门必将进一步敞开,我们将直接面临国际物流业市场的激烈竞争。因此在研究和制定我国经济结构调整的规划时,必须对这一发展趋势有充分的认识,使我国物流业更健康地发展。

阅读材料

"买全球、卖全球、大门在郑州"——河南保税物流中心

河南省进口物资公共保税中心集团有限公司(以下简称河南省公共保税中心)是河南保税物流中心的主体运营单位,国家级试点项目"郑州市跨境贸易电子商务服务试点项目"的承建单位,为国资控股51%、港资控股49%的混合制企业,位于国家郑州经济技术开发区,2010年1月7日经国家海关总署四部委联合批准承建河南首家B型保税物流中心,2012年公司积极申报并顺利获得国家发展改革委、财政部、商务部、海关总署等八部委联合批准,承建郑州市跨境贸易电子商务服务试点项目。承接国家级试点项目后,通过深入解决中国跨境电子商务"三难"问题,持续在信息化建设、业务规模、单日放量等方面引领全国,探索出一条中国特色的跨境电子商务+邮快件的全球采购、出口、分拨、配送的商业模式,引起了国内外的高度关注。创新提出的跨境电商"保税备货模式"成为海关总署1210模式推广全国的蓝本,多项研究成果成为国家政策的理论和实践依据。

一、河南省保税物流中心概况

河南省公共保税中心以仓储为依托,重点发展仓储和物流产业,在此基础上拓展国际中转、国际配送、国际采购和国际转口贸易四大功能,促进本地港航产业与现代物流产业的联动发展,将保税仓储、保税商品展示、保税物流、进出口商务代理、通关通检、信息咨询、网络服务、商品分销、电子商务等融为一体,将有形市场和无形市场相结合,为国外企业开发中国市场,提供跨行业跨地域、多功能、规范化、高起点的服务,为国内外企业提供全面的商务拓展和商务代理。

河南省公共保税中心将立足河南,辐射中部,成为中国中部地区最大经济效益最好管理最先进的国际贸易仓储、物资加工和配送、信息管理和物资展示交易基地,全国最重要的国际物流枢纽之一,让世界的产品走进中原,让中原的产品走向世界。

河南省公共保税中心在职与外派员工500人,平均年龄29.7岁,本科以上学历占47%;35%的专业人员具有海外从业、海外留学背景,公司经营班子具有国际视野、丰富的国际业务经验和专业技能,其中有一半具有全球一流公司高管从业背景、具有长期国际高端物流一线业务运营经验。为保持行业领先发展地位,公司与多家国

际一流专业咨询机构、知名高密切合作，外聘专业领域权威专家组成顾问团队。

河南省公共保税中心下设战略规划委员会、行政服务中心、业务中心、物流中心、企业服务中心、技术服务中心、财务中心、风控中心、投资金融中心等16个职能部门及河南中大门网络科技有限公司、河南中启保税报关有限公司、郑州中大门教育科技有限公司、EHL国际物流有限公司等11家子公司，已在北京、上海、广州、深圳、天津、重庆、成都等地设立办事处，在俄罗斯、美国、韩国、日本、澳大利亚等国家和中国香港等地区设立分支机构。公司拥有创新、集群、产品、招商、区位、运营、配套等诸多市场优势。

河南省保税物流中心拥有运营、产品服务、技术、配套服务等多方面的优势。

（1）区位优势。郑州承东启西、联南贯北，是河南省国际物流核心功能区和中国内陆腹地海陆空多式联运节点，是全国核心交通枢纽之一。公司所在地距国家铁路一类口岸郑州铁路集装箱中心站1.5千米，距郑州国家干线公路物流港3千米，310、107国道交汇于此，5分钟可抵达高速路口，20分钟可到达郑州新郑国际机场。米字形高铁的核心区，具有得天独厚的区位优势。

（2）基础设施优势。公司占地825亩，保税仓库10万平方米，一般仓储5万平方米，智能分拣立体库23万平方米，堆场10万平方米，展厅3万平方米；吊车、叉车、堆高机等各类机械设备齐全；办公楼四座，其中包括联检楼1座、服务楼1座、企业办公楼2座；拥有容纳500人的职工宿舍，满足600多人就餐的食堂；有信息化机房一座，满足300万包/日运营的信息化设备；已建成满足30万包/日分拣能力的自动化申报分拣系统及10万包/日的终端配送分拣系统。

（3）产品服务优势。推出了具有市场竞争力的商业产品及服务：E贸易进口集备货服务、出口集备货服务、E速达、E速宝产品；O2O商业服务（中大门线上电子商务交易平台、E博馆线下展示展销馆）；出口俄罗斯、欧洲、南美等专线服务。

（4）运营优势。国家及地方各级政府高度重视、大力支持，形成良好的政策营商环境；公司是E贸易试点方案的原创单位，商业模式处于市场领先地位；企业运营机制灵活，具有快速应对市场变化的能力；拥有国际化专业的运营团队，为客户提供量身定制的综合服务方案，提升客户的市场竞争力。

（5）技术优势。自主研发、独家首创，国内率先运营E贸易信息化系统，具有报关、报检、支付、订单处理、运单处理、仓储管理等综合服务功能，实现"一次申报、一次查验、一次放行"；系统设计业务处理能力达到300万包/天。

（6）配套优势。基础设施条件完善，拥有多条先进的查验流水线、X光机等监管设施，拥有德国进口的世界领先的全自动化分拣流水线。

（7）客户资源优势。拥有丰富的国际国内物流承运商、境外电商等合作伙伴，为参与企业提供了大量的相互合作商机。

（8）人才培育优势。拥有先进的跨境电商培训软件，设备齐全的跨境电商教育培训、就业创业见习基地，优秀的师资团队，完善的行业、企业、高校、协会保障组织——跨境电子商务教育培训产业联盟。

二、河南省保税物流中心运营状况

河南省保税物流中心国家跨境贸易电子商务服务试点项目自申报实施以来，在中央省、市等各级各部门的关心支持和指导帮助下，各项工作进展顺利：2013年5月31日，郑州试点实施方案率先获批；2013年7月15日，郑州试点率先开展业务测试；2013年12月9日，E贸易信息化综合服务平台率先上线。测试期间，境内外大批网商、电商、物流商、支付企业等积极参与测试，效果显著。测试数据为国家制定跨境贸易电子商务相关政策提供了有力支撑，测试实践充分发挥了平台的集聚带动效应。

随着公司E贸易国际影响力的不断提升，园区跨境电子商务生态链不断优化，平台建设、业务规模、招商规模全国领先。聚美优品、网易、菜鸟、DHL、苏宁易购、亚马逊、WISH、敦煌等知名电商平台和国际物流商入驻，基本实现跨境电商龙头企业的全方位引入，具备产业化运营的基础条件。带动本土电商产业发展，如中原国际电子商务产业园、万国优品、熊抱网、九号店等200余家电商企业的产生。

区内落地企业业务不断放量，并纷纷在公司进行国内、国际核心业务布局，尤其近期新增的唯品会、苏宁易购、敦煌网、小红书等企业更是强势加盟，大量产业配套商、金融支付商快速集聚；DHL、FERCAM、CDE、APEX、UFL、BONDEX、华贸、爱意特、韩进、郑州陆港公司、全程物流、宅急送等纷纷加盟。大企业顶天立地、小企业铺天盖地的局面正在形成。取得单月突破100万单，单日突破100万单，月单量、日当量和累计单量全国第一的好成绩。随着园区招商的扩大和业务持续放量，园区企业员工将增加到2万人，拉动耗材、餐饮、住宿、金融、航空货运及陆路和铁路运输等产业和行业发展；为地方纳税效果显著，作为"买全球、卖全球"的国际化企业，河南省公共保税中心E贸易对区域经济转型升级、关联产业拉动、社会就业等发挥了重要的作用，将成为郑州国际商都建设、中原经济区繁荣的重要支撑。

资料来源：河南保税物流中心官方网站

复习思考题

1. 何谓国际物流，相比于国内物流主要有哪些特点？
2. 说明国际物流合理化的一些措施。
3. 试举例说明国际物流运作的主要业务活动。
4. 案例分析：

UPS是一家大型的国际快递公司，它除了自身拥有几百架货物运输飞机之外，还租用了几百架货物运输飞机，每天运输量达1 000多件。UPS在世界各地建立了十多个航空运输中转中心，在200多个国家和地区建立了几万个快递中心，员工达几十万人，年营额可达几百亿美元，在世界快递公司中享有较高的声誉。UPS公司是从事信函、文件及包裹快速传递业务的公司，它在世界各国和地区取得了进出的航空权。在中国，它建立了许多快递中心。公司充分利用高科技手段，建立了迅速安全、物流服务内容广泛的企业品牌形象。

根据以上材料，请回答问题。

(1) 为什么说UPS是一家国际物流企业，与一般运输物流企业有什么不同？
(2) UPS在各地开设快递业务与当地地理环境、风俗习惯、消费观念、收入是否有关？
(3) UPS是否需要建立许多仓库？
(4) 描述一下国际快递物流企业的发展前景。

第 8 章　供应链管理

学习目标

全面理解供应链的概念，了解不同供应链模式和结构特点，掌握供应链的特征和流程，并在此基础上，理解供应链管理的概念、特点，以及供应链管理与物流管理的区别，掌握供应链管理运作模式，了解快速反应、有效客户反应、协同规划、预测、补货和企业资源计划等供应链管理方法。

案例导入

肯德基遭遇中国式"速成鸡"

2012 年 11 月 23 日，中国媒体曝光肯德基中国（KFC China）的鸡肉供应商粟海集团用有毒化学品饲养鸡，以便将生长周期从 100 天压缩到 45 天。肯德基中国在当天进行了回应，否认所有指责，并称 45 天是行业标准；同时，肯德基中国强调，粟海集团供应的鸡肉仅占到其鸡肉供应总量 1%。但是，这番表态显然不足以"止血"。"速成鸡"事件曝光后，包括中央电视台在内的中国媒体将之称为食品安全丑闻，有关"肯德基'45 天'速成鸡"的讨论在网络论坛上沸沸扬扬。腾讯、新浪、MSN 三个主流网站甚至就肯德基食品安全问题展开了用户意见调查，调查结果显示，绝大多数受访者表示"肯德基的食物不安全""以后不会买肯德基的食物"。

据肯德基母公司百胜餐饮集团公布的 2012 年第四季度财报，上海市食品药品监督管理局对鸡肉供应链安全的调查，严重影响了肯德基中国四季度最后两周的销量，2012 年四季度肯德基中国销售额下降 8%，尤其在 12 月下旬急剧下降。分析人士认为，相比以往的"苏丹红"事件，百胜此次在中国遭遇的"速成鸡"的影响更大，"这涉及国内整个肉鸡养殖产业的问题，是一个企业没有办法完全解决的问题"。实际上，"45 天速成鸡"事件的影响不只是局限于粟海集团，更是仔细地审视肯德基中国的供应链，其最大鸡肉供应商大成食品公司和圣农发展公司的简介显示，它们的肉鸡生长周期分别为 42 天和 45 天左右。这表明，如果公众对"速成鸡"的情绪无法平息，肯德基中国就必须改变其采购策略。2013 年 2 月，肯德基中国在北京首次召开新闻发布会，宣布调整已有的鸡肉供应商管理体系，保障鸡肉供应安全。目前，肯德基已经取得 25 家供应商的同意，淘汰 10 多家风险相对较高的鸡舍；同时，对具有一定资格的养殖户,肯德基和供应商将采取相应扶助措施。肯德基共推出六项行动,其中有三项行动均和源头治理相关。除了淘汰鸡舍外,另有两项行动。一是强调对供应商"从严管理"及"食品安全一票否决制"的原则,任何供应商如果没有决心及能力管好养殖环节,都将立即被停止供应资格;二是肯德基的采购策略将向"全产业链一条龙模式"的企业倾斜。

思考:什么是供应链管理?你能画出肯德基中国的鸡肉供应链体系结构图吗?

8.1 供应链概述

8.1.1 供应链的定义

供应链,即生产与流通过程中涉及将产品或服务提供给最终用户的上下游企业所形成的网链结构。

在全球竞争加剧的环境下,对供应链的理解不应仅仅是一条简单的从供应商到用户的链,而是一个范围更广阔的网链结构模式,包含所有加盟的节点企业;供应链不仅是一条连接供应商到用户的物料链、信息链、资金链,还是一条增值链,物料在供应链上因加工、包装、运输等过程而增加其价值,给相关企业带来收益。供应链应当包含这样几个基本要点。

第一,供应链都是以物资为核心的。整个供应链可以看成一种产品的运作链,产品的运作可以包括以下几种形式:单一产品的供、产、销;多个产品的集、存、分。

第二,供应链是一种联合体。这种联合包括结构的联合和功能的联合。

第三,供应链都有一个核心企业。核心企业根据其性质可以分为生产企业、流通企业、物流企业。除此之外,核心企业还可以是银行、保险公司、信息企业等,它们能够组织各种各样的非物资形式的供应链系统。

第四,供应链都必然包含上游供应链和下游供应链。

第五,供应链有一个整体目的或宗旨。

8.1.2 供应链的结构模型

根据供应链的定义,其结构可以简单地归纳为图8-1的模型。

供应链由所有加盟的节点企业组成,其中一般有一个核心企业(可以是产品制造企业,也可以是大型零售企业),节点企业在需求信息的驱动下,通过供应链的职能分工与合作(生产、分销、零售等),以资金流、物流和服务流为媒介实现整个供应链的不断增值。

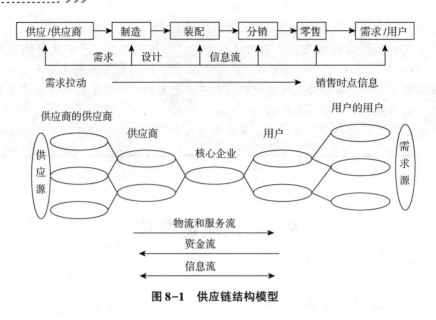

图 8-1 供应链结构模型

8.1.3 供应链的特征

在供应链竞争中，企业处于相互依赖的网络中心，这个网络中的参与者通过优势互补结成联盟，供应链之间的竞争是通过这种网络进行竞争的。因此，为了在供应链竞争中处于领导地位，必须在内部整合的基础上，集中于供应链的网络管理。供应链时代的网络竞争建立在高水平的、紧密的战略发展规划基础上，要求供应链中各合作者必须共同讨论网络的战略目标和实现战略目标的方法及手段，在相互合作中，共同提高绩效以实现双赢。一般来说，供应链具有以下特征。

①复杂性。因为供应链节点企业的组成跨度（层次）不同，供应链往往由有多个多类型的企业构成，它们之间的关系错综复杂，关联往来和交易多，所以供应链结构模式较一般单个企业的结构模式更为复杂。

②动态性。供应链管理因企业战略和适应市场需求变化的需要，其中的节点企业需要动态地更新和调整，这使供应链具有明显的动态性。

③面向用户需求。供应链的形成、运作、重构都基于一定的市场需求，用户的需求拉动是供应链中信息流、产品流、服务流、资金流运作的驱动源。

④交叉性。节点企业可以是这个供应链的成员，同时也可以是另外一个供应链的成员，因此供应链往往形成交叉结构。

⑤创新性。供应链扩大了原有单个企业的物流渠道，向着物流、商流、信息流、资金流各个方向同时发展，形成了一套相对独立而完整的体系，具有创新性。

⑥风险性。供应链的需求匹配是一个持续性的难题，供应链上的消费需求和生产供应存在着时间差和空间分割。通常在实现产品销售的数周和数月之前，制造商必须确定生产的款式和数量，这一决策直接影响供应链系统的生产、仓储、配送等功能的容量设定，以及相关成本的构成，但并不能保证与需求的高度匹配。因此，供应链上供需匹配隐含着巨大的财务风险和供应风险。

此外，供应链的特征还表现在其是增值的和有利可图的，否则就没有存在的必要。所有的生产运营系统都是将一些资源进行转换和组合，增加适当的价值。

8.2 供应链管理

8.2.1 供应链管理的概念

国家标准《物流术语》（GB/T 18354—2021）对供应链管理的定义是："从供应链整体目标出发，对供应链中采购、生产、销售各环节的商流、物流、信息流及资金流进行统一计划、组织、协调、控制的活动和过程。"对于供应链管理的概念，可以从以下几方面来把握。

① 供应链管理把对成本有影响和在产品满足顾客需求的过程中起作用的每一方都考虑在内，从供应商、制造工厂经过仓库和配送中心，到批发商和零售商以及商店。

② 供应链管理的目的在于追求效率和整个系统的费用有效性，使系统总成本最小，这个成本包括运输、配送和库存成本。因此，供应链管理的重点不在于简单地使运输成本达到最小或减少库存，而在于用系统方法来进行供应管理。

③ 因为供应链管理是把供应商、制造商、分销商（包括批发商和零售商）有效率地结合成一体，因此它包括许多层次的活动，从战略层次到战术层次到作业层次。

8.2.2 供应链管理产生的背景

1. 市场竞争环境的变化

信息社会或网络社会开始影响我们的生活，这必然带来工作和生活方式的改变，其中最主要的就是消费者需求的变化。在短缺经济时代，量的供给不足是主要矛盾，所以企业的管理模式主要以提高效率、最大限度地从数量上满足用户的需求为主要特征。而随着人们生活水平的提高，个性化需求越来越明显，一个企业靠一种产品打天下的时代已不复存在，多样化需求对企业管理的影响越来越大，而品种的增加必然会加大管理的难度和对资源获取的难度，企业快速满足用户需求的愿望往往受到资源获取的制约。企业经济效果最好，兼顾社会利益的压力也越来越大，如环保问题、可持续发展问题等，这使得其既要考虑自己的经济利益，还要考虑社会利益，而有时社会利益和企业经济利益是不协调的。

2. 传统管理模式的弊病

传统"纵向一体化"管理模式至少有以下四方面弊端。
① 增加企业的投资负担。
② 承担丧失市场时机的风险。
③ 有限的资源消耗在众多的经营领域中，企业难以形成突出的核心优势。
④ 对于复杂多变的市场需求无法做到敏捷响应。

8.2.3 供应链管理模式

由于纵向一体化管理模式的种种弊端，从 20 世纪 80 年代后期开始，越来越多的企业放弃了这种经营模式，横向一体化管理思想兴起，即利用企业外部资源快速响应市场需求，本企业只抓最核心的东西：产品方向和市场。生产只抓关键零部件的制造，甚至全部委托其他企业加工。

为了使加盟供应链的企业都能受益，并且每个企业都有比竞争对手更强的竞争实力，就必须加强对供应链构成及运作的研究，由此形成了供应链管理这一经营与运作模式。供应链管理强调核心企业与世界上最杰出的企业建立战略合作关系，委托这些企业完成一部分业务工作，自己则集中精力和各种资源，通过重新设计业务流程，做好本企业能创造特殊价值、比竞争对手更擅长的关键性业务工作，这样不仅能提高本企业的竞争能力，而且使供应链上的其他企业都能受益。

供应链管理利用现代信息技术，通过改造和集成业务流程，与供应商以及客户建立协同的业务伙伴联盟，开展电子商务，大大提高企业的竞争力，使企业在复杂的市场环境下立于不败之地。根据有关资料统计，供应链管理的实施可使企业总成本下降10%；供应链上的节点企业按时交货率提高15%以上；订货—生产的周期时间缩短25%～35%；供应链上的节点企业生产率增值10%以上。这些数据说明，供应链企业在不同程度上都取得了发展，其中以"订货—生产的周期时间缩短"最为明显。能取得这样的成果，得益于供应链企业相互合作、相互利用对方资源的经营策略。如果制造商从产品开发、生产到销售完全自己承担，不仅要背负沉重的投资负担，而且要花相当长的时间。采用了供应链管理模式，则可以使企业在最短时间里寻找到最好的合作伙伴，用最低的成本、最快的速度、最好的质量赢得市场，受益的不止一家企业，而是一个企业群体。因此，供应链管理模式吸引了越来越多的企业。

8.2.4　供应链管理的作用

供应链管理使相关企业形成了一个有机联系的网络整体。加速产品从生产到消费的过程，缩短了产销周期，使企业可以对市场需求变化做出快速反应，大大增强了供应链企业的市场竞争能力。供应链管理有以下作用。

1. 降低库存量

供应链管理可以有效减少成员间的重复工作，剔除流程中的多余步骤，使供应链流程低成本、高效化。此外，通过建立公共的电子数据交换系统，既可以减少因信息交换不充分造成的信息扭曲，又可使成员间实现全流程无缝作业，大大提高工作效率，减少失误。

许多企业长期存在库存的不确定性，并用一定的人力、物力准备来应付不确定性，这种不确定性既存在于物流过程中，也存在于信息流过程中，供应链管理通过对组织内部业务流程的重组，建立战略合作伙伴关系，实现物资通畅，信息共享，从而有效地消除不确定性，减少各环节的库存数量和多余人员。

2. 为决策人员提供服务

为决策人员提供的服务主要在以下几个方面：分析供应链中不确定性因素，确定库存量，制定订货政策，优化投资；评估并选择最有利的方案；分析供应链运行中存在的问题，通过协调提高整体效益。

3. 改善企业与企业之间的关系

供应链管理使企业与企业之间的竞争转变为供应链与供应链之间的竞争，它强调核心企业与其上、下游企业之间建立的战略伙伴关系，发挥每一个企业的优势，达到共赢的目的。这一竞争方式将会改变企业的组织结构、管理机制、企业文化以及企业与企业之间的关系。

4. 提高服务质量

供应链通过企业内外部之间的协调与合作，大大缩短产品的生命周期，把适销对路的产品及时送到消费者手中。供应链管理还使物流服务系列化，在储存、运输、流通加工等服务的基础上，新增了市场调查与预测、配送、物流咨询、教育培训。快速、优质的服务可塑造企业良好的形象，提高消费者的满意度，提高产品的市场占有份额。

5. 实现供求的良好结合

供应链把供应商、生产商、销售商紧密结合在一起，并对它们进行协调、优化，使企业与企业之间形成和谐的关系，使产品、信息的流通渠道最短，进而可以使消费者的需求信息沿供应链迅速、准确地反馈到销售商、生产商、供应商，而它们据此做出的决策，可保证供求的良好结合。

8.2.5 供应链管理的发展

近年来，供应链管理得到了前所未有的重视，发展十分迅速，根据供应链管理覆盖的范围可将其发展分为三个阶段。

第一个阶段为传统物流管理阶段：集合运输和仓储两大职能。

第二个阶段为现代物流阶段：增加了制造、采购和订货管理职能，辅以 EDI、世界范围的通信和高性能计算机的应用。

第三个阶段为同步一体化供应链阶段：在原有供应链的两端分别增加了供应商和顾客，供应链成为七项功能的集合体，在整个过程中整合许多职能以实现共同目标，其复杂性大大增加，对此，必须依赖电子数据、电子资金支付、宽频通信和计算机决策支持系统来规划和执行。一体化供应链管理涵盖了信息流、物流和资金流的管理，需要更多职能间的协作，如产品开发、营销和顾客服务。

8.2.6 供应链管理的基本特征

供应链管理的基本特征可归纳为以下几方面。

第一，横向一体化的管理思想。强调每个企业的核心竞争力，为此，要清楚把握本企业的核心业务，狠抓核心资源，以保持核心竞争力。

第二，非核心业务采取外包方式分散给业务伙伴，和业务伙伴结成战略联盟关系。

第三，供应链企业间是一种合作性竞争。合作性竞争可以从两个层面理解，一是过去的竞争对手相互结盟，共同开发新技术，成果共享；二是将过去由本企业生产的非核心零部件外包给供应商，双方合作共同参与竞争，这实际上也是核心竞争力的互补效应。

第四，以顾客满意度为目标的服务化管理。对下游企业来讲，供应链上游企业的功能不是简单地提供物料，而是要用最低的成本提供最好的服务。

第五，供应链追求物流、信息流、资金流、工作流和组织流的集成。这几方面在企业日常经营中都会发生，但过去是间歇性或者间断性的，因而影响企业间的协调，最终导致整体竞争力下降；供应链管理则强调将这几方面集成，只有跨企业流程实现集成化，才能实现供应链企业协调运作的目标。

第六，借助信息技术实现目标管理。

第七，更加关注物流企业的参与。在供应链管理环境下，物流的作用特别重要，缩短物流周期比缩短制造周期更关键。

8.2.7 供应链管理的原理

1. 资源横向集成原理

资源横向集成原理揭示新经济形势下的一种新思维。该原理指出，在经济全球化迅速发展的今天，企业仅靠原有的管理模式和自己有限的资源，已经不能满足快速变化的市场对企业所提出的要求。企业必须放弃传统的基于纵向思维的管理模式，朝着新型的基于横向思维的管理模式转变，横向集成外部相关企业的资源，形成"强强联合，优势互补"的战略联盟，结成利益共同体参与市场竞争，在提高服务质量的同时降低成本，在快速响应顾客需求的同时给予顾客更多选择。该原理是供应链系统管理最基本的原理之一，体现企业在管理思维方式上所发生的重大转变。

2. 系统原理

系统原理指出，供应链是一个系统，是由相互作用、相互依赖的若干组成部分结合而成的具有特定功能的有机整体。供应链是围绕核心企业，通过对信息流、物流、资金流的控制，把供应商、制造商、分销商、零售商和最终用户连成一个整体的功能网链结构模式。

供应链的系统特征首先体现在整体功能上，整体功能是组成供应链的任一成员企业都不具有的特定功能，是供应链合作伙伴间的功能集成，而不是简单叠加。供应链系统的整体功能集中表现在供应链的综合竞争能力上，这种综合竞争能力是任何一个单独的供应链成员企业都不具有的。其次体现在供应链系统的目的性上，供应链系统有着明确的目的，这就是在复杂多变的竞争环境下，以最低的成本、最快的速度、最好的质量为用户提供最满意的产品和服务，以赢得市场。这一目的也是供应链各成员企业的共同目的。再次体现在供应链合作伙伴间的密切关系上，这种关系是基于共同利益的合作伙伴关系，供应链系统目的的实现，受益的不只是一家企业，而是一个企业群体。因此，各成员企业都需要有局部利益服从整体利益的系统观念。然后体现在供应链系统的环境适应性上。在经济全球化迅速发展的今天，企业面对的是一个迅速变化的买方市场，要求企业能对不断变化的市场做出快速反应，不断地开发出符合用户需求的、定制的"个体化"产品去占领市场以赢得竞争，新型供应链以及供应链管理是为了适应这一新的竞争环境而产生的。最后体现在供应链系统的层次性上，供应链各成员企业分别是一个系统，同时也是供应链系统的组成部分；供应链是一个系统，同时也是它所从属的更大系统的组成部分。相对于传统的基于单个企业的管理模式而言，供应链管理是一种针对更大系统（企业群）的管理模式。

3. 多赢互惠原理

多赢互惠原理指出，供应链是相关企业为了适应新的竞争环境而组成的一个利益共同体，其密切合作建立在共同利益的基础之上，供应链各成员企业之间是通过一种协商机制谋求多赢互惠的目标。供应链管理改变了企业的竞争方式，将企业之间的竞争转变为供应链之间的竞争，强调核心企业通过与供应链中的上下游企业之间建立战略伙伴关系，以强强联合的方式，使每个企业都发挥各自的优势，在价值增值链上达到多赢互惠的效果。

4. 合作共享原理

合作共享原理具有两层含义，一是合作，二是共享。合作原理认为，任何企业所拥有的资源都是有限的，它不可能在所有的业务领域都获得竞争优势，因而企业要想在竞争中获胜，就必须将有限的资源集中在核心业务上；与此同时，企业必须与全球范围内的在某一方面具有竞争优势的相关企业建立紧密的战略合作关系，将本企业中的非核心业务交由合作企业来完成，充分发挥各自独特的竞争优势，从而提高供应链系统整体的竞争能力。共享原理认为，实施供应链合作关系意味着管理思想与方法的共享、资源的共享、市场机会的共享、信息的共享、先进技术的共享以及风险的共担。

5. 需求驱动原理

需求驱动原理指出，供应链的形成、存在、重构，都是基于一定的市场需求，并且在供应链的运作过程中，用户的需求是供应链中信息流、产品流、资金流运作的驱动源。在供应链管理模式下，供应链的运作以订单驱动方式进行，商品采购订单在用户需求订单的驱动下产生，商品采购订单驱动产品制造订单，产品制造订单又驱动原材料（零部件）采购订单，原材料（零部件）采购订单再驱动供应商。这种逐级驱动的订单驱动模式，使供应链系统准时响应用户需求，从而降低了库存成本，提高了物流的速度和库存周转率。

基于需求驱动原理的供应链运作模式是一种逆向拉动运作模式，与传统的推动式运作模式有着本质的区别。推动式运作模式以制造商为中心，驱动力来源于制造商；而拉动式运作模式以用户为中心，驱动力来源于最终用户。两种不同的运作模式分别适用于不同的市场环境，有着不同的运作效果。不同的运作模式反映了不同的经营理念，由推动式运作模式向拉动式运作模式的转变，反映的是企业所处环境的巨变和管理者思想认识上的重大转变，反映经营理念从"以生产为中心"向"以顾客为中心"的转变。

6. 快速响应原理

快速响应原理指出，在全球经济化的大背景下，随着市场竞争的不断加剧，经济活动的节奏也越来越快，用户在时间方面的要求也越来越高。用户不但要求企业要按时交货，而且要求的交货期越来越短。因此，企业必须能对不断变化的市场做出快速反应，必须有很强的产品开发能力和快速组织产品生产的能力，源源不断地开发出满足用户多样化需求的、定制的个性化产品占领市场，以赢得竞争。

7. 同步运作原理

同步运作原理指出，供应链是由不同企业组成的功能网络，其成员企业之间的合作关系存在多种类型，供应链系统运行业绩的好坏取决于供应链合作伙伴关系是否和谐，只有和谐而协调的关系才能发挥最佳的效能。

供应链的同步化运作，要求供应链各成员企业之间通过同步化的计划来解决生产的同步化问题，只有供应链各成员企业之间以及企业内部各部门之间保持步调一致，供应链的同步化运作才能实现。供应链形成的准时生产系统，要求上游企业准时为下游企业提供必需的原材料（零部件），供应链中任何一个企业不能准时交货，都会导致供应链系统的不稳定或者运作的中断，导致供应链系统对用户的响应能力下降。

8. 动态重构原理

动态重构原理指出，供应链是动态的、可重构的，是在一定的时期内、针对某一市场机会、为适应某一市场需求而形成的，具有一定的生命周期。当市场环境和用户需求发生较大的变化时，围绕着核心企业的供应链必须能够快速响应，能够进行动态快速重构。

市场机遇、合作伙伴、核心资源、业务流程以及敏捷性等是供应链动态重构的主要因素。从发展趋势来看，组建基于供应链的虚拟企业将是供应链动态快速重构的核心内容。

8.2.8 供应链管理的发展趋势

供应链管理是迄今企业物流发展的最高级形式。虽然供应链管理非常复杂、动态、多变，但众多企业已经在供应链管理的实践中获得了丰富的经验并取得显著的成效。当前供应链管理的发展正呈现出一些明显的趋势。

1. 时间与速度

越来越多的公司认识到，时间与速度是影响市场竞争的关键因素。如在 IT 行业，国内外大多数 PC 制造商都使用 Intel 的 CPU，因此，如何确保在第一时间内安装 Intel 最新推出的 CPU 就成为各 PC 制造商增强竞争力的首选。在供应链环境下，时间与速度已被看作提高企业竞争优势的主要来源，一个环节的拖沓往往会影响整个供应链的运转。供应链中的各个企业通过各种手段实现物流、信息流的紧密连接，以达到对最终客户要求的快速响应、减少存货成本、提高供应链整体竞争水平的目的。

2. 质量与资产生产率

供应链管理涉及许多环节，需要环环紧扣，并确保每一个环节的质量。任何一个环节，比如运输服务的质量，将直接影响供应商备货的数量、分销商仓储的数量，进而最终影响用户对产品质量、时效性及价格等方面的评价。一方面，越来越多的企业认识到物流质量创新正在演变成一种提高供应链绩效的强大力量；另一方面，制造商越来越关心资产生产率，提高资产生产率不仅仅是减少企业内部的存货，更重要的是减少供应链渠道中的存货。供应链管理发展的趋势要求企业开展合作与数据共享，以减少在整个供应链渠道中的存货。

3. 组织精简

供应链成员的类型及数量是导致供应链管理复杂性的直接原因。在当前趋势下，越来越多的企业开始考虑减少物流供应商的数量，如跨国公司客户更愿意将它们的全球物流供应链外包给少数几家，理想情况下最好是一家物流供应商。因为这样不仅有利于管理，而且有利于在全球范围内提供统一的标准服务，实现全球供应链管理的整套优势。

4. 客户满意度

供应链成员越来越重视客户服务与客户满意度。传统的评价指标以订单交货周期、完整订单的百分比为主，而目前更注重客户对服务水平的评价，客户服务标准转移的结果就是重视与物流公司的关系，并把物流公司作为提供高水平服务的合作者。

8.3 供应链管理的基本内容

8.3.1 供应链管理的主要领域

供应链管理主要涉及四个领域：供应（Supply）、生产计划（Schedule Plan）、物流

(Logistics)、需求（Demand）。由图8-2可见，供应链管理是以同步化、集成化生产计划为指导，以各种技术为支持，尤其以Internet/Intranet为依托，围绕供应、生产、物流、需求实施。供应链管理主要包括计划、合作、控制从供应商到用户的物料和信息。供应链管理的目标在于提高用户服务水平和降低总交易成本，并且寻求两个目标之间的平衡。

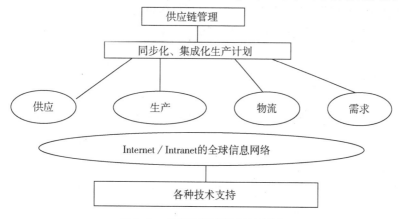

图8-2　供应链管理涉及的领域

在以上四个领域的基础上，我们可以将供应链管理细分为职能领域和辅助领域。职能领域主要包括产品工程、产品技术保证、采购、生产控制、库存控制、仓储管理、分销管理，而辅助领域主要包括客户服务、设计工程、会计核算、人力资源、市场营销。

由此可见，供应链管理并不仅仅是物料实体在供应链中的流动，而且是总的物流成本与用户服务水平之间的关系，因此要把供应链各个职能部门有机地结合在一起，最大限度地发挥供应链整体的力量，达到供应链企业群体获益的目的。

8.3.2　供应链管理的主要内容

一个企业的管理集中于四个方面（或四个流程）：商流（买卖的流通）、物流（物资实物的流通）、信息流（信息、知识的流通）、资金流（货币的流通）。企业供应链管理即是运用供应链管理的指导思想对上述四流所进行的规划、组织和控制活动，即对生产过程中的物流、管理过程中的信息流以及决策协调过程中的商流和资金流进行控制与协调，因而供应链管理的主要内容可以归纳为：

1. 供应链网络结构设计

供应链网络结构设计即供应链物理布局的设计，具体包括合作伙伴选择、物流系统设计。

2. 集成化供应链管理流程设计与重组

集成化供应链管理流程设计与重组具体分为以下几点。

（1）各节点企业内部集成化供应链管理流程设计与重组

各节点企业内部集成化供应链管理流程设计与重组主要包括三大核心作业流程的设计与重组：

①客户需求管理流程，如市场需求预测、营销计划管理、客户关系管理；

②客户订单完成管理流程，如生产计划与生产作业管理、新品研发计划管理、物料采购计划管理、品质管理、运输与配送计划与作业管理、资金管理；

③客户服务管理流程，如产品售前、售中、售后管理，客户退货管理。

（2）外部集成化供应链管理流程设计与重组

外部集成化供应链管理流程设计与重组包括供应链核心主导企业的客户订单完成管理流程与其原材料供应商、产成品销售商、物流服务提供商等合作伙伴管理流程之间的对接。

（3）供应链交互信息管理

供应链交互信息管理包括市场需求预测信息、库存信息、销售信息、新品研发信息、销售计划与生产计划信息等的交互共享，以及供应链各节点企业间的协同预测、计划与补给的库存管理技术等。

3. 供应链管理机制的建设

供应链管理机制的建设包括合作协商机制、信用机制、绩效评价与利益分配机制、激励与约束机制、监督预警与风险防范机制等。

表8-1总结了供应链管理的主要内容和实现技术。

表 8-1　供应链管理的主要内容和实现技术

供应链网络结构设计	集成化供应链管理流程设计与重组	供应链管理机制建设
供应链伙伴选择： • 合作对策与委托代理理论 • 各种决策评价方法：DEA法、模糊综合评价法、作业成本法（ABC分析法）等 物流系统设计： • 网络结构决策支持系统 • 仿真模型与最优化技术 • 启发式算法	• BPR（业务流程再造）理论 • SCOR（供应链参考运作模型） • TOC管理（瓶颈管理、约束管理）理论 • JIT、精益制造、零库存管理理论 • MRPⅡ、ERP、DRP管理信息系统 • CAD、CAP、CIM信息系统 • SCOR（供应链参考运作模型） • BPR（业务流程再造）理论 • TOC管理（瓶颈管理、约束管理）理论 • CRM、SRM、SCM管理信息系统 • QR（快速响应）、ECR（有效顾客反映）技术 • EDI（电子数据交换）技术 • VMI（供应商管理库存）技术 • JMI（联合库存管理）技术 • CPFR（协同规划、预测与补给）技术 • 敏捷制造技术	• 合作信用机制 • 协商机制 • 绩效评价与利益分配机制 • 激励与约束机制 • 监督与预警机制 • 风险防范机制

8.3.3　企业供应链管理面临的转变

企业要实现供应链管理，必须注意以下几方面的问题：企业要从供应链的整体出发，考虑企业内部的结构优化问题；企业要转变思维空间、思维模式，从纵向的一维空间思维向纵横一体的多维空间思维方式转变；去除部门障碍，实行协调工作和并行化经营；企业要建立分布的、透明的信息集成系统，保持信息沟通渠道的畅通和透明；企业要放弃"小而全、大而全"的封闭的经营思想,与供应链中的相关企业建立战略联盟,形成纽带性的优势互补、合作关系。因此,企业供应链管理面临的转变概括为以下几个方面。

1. 功能管理向过程管理的转变

传统的管理将供应链中的采购、制造、市场营销、配送等功能活动分割,独立运作,而供应链管理就是使它们建立在协调一致的管理机制系统中。不仅在企业内部向过程管理过渡,管理供应链上下游各合作伙伴的业务活动,也需要从功能管理向过程管理过渡。

2. 从利润管理向盈利性管理转变

企业到底追求的是利润还是盈利性?传统的管理将利润作为企业管理的重点,但现代管理认为利润管理是粗放的,因为利润只是一个绝对指标,用绝对指标衡量企业的经营业绩是不具可比性的;应该用相对指标来衡量企业的经营业绩,盈利性就是一个相对指标。西方发达国家企业强调盈利性管理,主要在于这种盈利性是建立在双赢的基础上的,只有供应链各方均具有较好的盈利性,企业自身的盈利性才有可能得到保证。

3. 产品管理向顾客管理转变

在买方市场的经济环境下,顾客主导企业的生产、销售经营活动。因此,顾客是核心,顾客是主要的市场驱动力,顾客的需求、购买行为、潜在消费偏好、意见等都是企业谋求竞争优势所争夺的重要资源,因此,顾客是供应链上重要的一环。供应链管理的核心正在由生产企业向消费者倾斜,顾客管理成为供应链管理的重要内容。而客户关系管理系统、分销资源计划系统及供应链管理系统形成了基于电子商务模式的供应链管理的最有效管理系统。

4. 交易管理向关系管理转变

传统供应链伙伴之间的关系是交易关系,主要考虑眼前的既得利益,因此不可避免地出现供应链伙伴之间为了自身利益而牺牲他人利益的情况。现代管理理论认为,可以找到一种途径同时增加供应链各方的利益,这种途径以协调的供应链关系为基础进行交易,以使供应链整体的交易成本最小化、收益最大化,使企业所处的供应链具有市场竞争力。因为,在知识经济社会,企业与企业之间的竞争正逐步发展成供应链与供应链之间的竞争。

供应链合作关系的建立能够产生巨大的潜在效益,但供应链合作关系的效益往往在供应链合作关系形成两三年之后才能实现。企业决策人要有充分的准备和忍耐,只有那些致力于供应链整体竞争优势提高和长期占有市场的供应链,才能真正获得利益。供应链合作关系随时存在风险,如果供应链中一个关系伙伴在经营上造成失误或不合作,将可能导致整个供应链的巨大损失,这应引起企业足够的重视。

5. 库存管理向信息管理转变

对于企业内部的供应链管理,首先要考虑与企业间供应链的经济利益是否吻合,是否达到企业经济化的库存批量。企业对待库存的心理一直都十分矛盾,一方面库存是财富,必须拥有;另一方面库存又是成本和累赘,必须尽可能摆脱。企业的外部配件供应商的库存转移,在信息技术的管理下,已经变为对方的流动产品和本企业的零库存,准确的信息代替实物库存是供应链理论的一个重要观点。

8.3.4 供应链管理实施的基本步骤

1. 制订供应链战略实施计划

实施供应链战略首先应该制订可行的计划,这项工作一般分为四个步骤。

第一步,将企业的业务目标同现有能力及业绩进行比较,发现现有供应链的弱点并改善,迅速提高企业的竞争力。

第二步,同关键客户和供应商一起探讨、评估全球化、新技术和竞争局势,建立供应链的远景目标。

第三步,制订从现实到理想供应链目标的行动计划,同时评估企业实现这种目标的现实条件。

第四步,根据优先级安排上述计划,并且提供相应的资源。

根据实施计划,首先定义长期的供应链结构,使企业在与正确的客户和供应商建立的正确供应链中,处于正确的位置;然后重组和优化企业内部和外部的产品、信息和资金流;最后在供应链的重要领域如库存、运输等环节提高质量和效率。

2. 构建供应链

现代供应链的重心已向销售领域倾斜,在市场日益规范、竞争日趋激烈的背景下,建立供应链、推行供应链管理是企业必须采取的对策。企业可以采取如下措施建立供应链。

(1) 明确自己在供应链中的定位

供应链由原料供应商、制造商、分销商、零售商及消费者组成。一条富有竞争力的供应链要求组成供应链的各成员都具有较强的竞争力,都应该是专业的。任何企业都不可能包揽供应链的所有环节,它必须根据自己的优势来确定自己的位置,制定相关的发展战略,比如对业务活动进行调整和整合,着重培养业务优势等。

(2) 建立物流、配送网络

企业的产品能否通过供应链快速分销到目标市场上,取决于供应链上物流、配送网络的健全程度及市场开发状况等,物流、配送网络是供应链存在的基础,一个供应链组建物流、配送网络时应该最大限度地谋求专业化。

(3) 广泛采用信息技术

目前,我国少数生产企业处在生产引导消费的阶段,大量的生产企业则处于由消费引导生产的阶段,无论哪种情况,都应该全面收集消费信息。供应链的领导者还应该倡导建立整个供应链管理的信息系统。

3. 改造供应链流程

企业供应链流程可从广度和深度两方面考虑,企业供应链流程改造在本质上是使命导向或问题导向,使命导向追求差异化,问题导向追求效率。因此,使命导向改造的重点是关键流程与资源整合,问题导向改造的重点则是流程分析与原因确认。一般企业若遇到新产品导入时效慢、交货准确率差、存货周转率差、产品成本过高,须进行企业流程改造,这属于问题导向,策略导向是以新的做法维持竞争优势。

4. 评估供应链管理绩效

供应链管理绩效的评价指标应该基于业务流程的绩效评价指标,能够恰当地反映供应链整体运营状况以及上、下节点企业之间的运营关系，而不是孤独地评价某一企业的运营情况。对于供应商的指标应该有循环期、准时交货、产品质量等，制造商的指标应该有循环期、交货可靠性、产品质量等，分销商的指标应该有循环期、订单完成情况等。

8.4 供应链管理方法

8.4.1 联合库存管理

供应链管理的一个最重要的方面是联合库存管理。所谓联合库存管理，就是建立以核心企业为核心的库存系统，具体地说，一是要建立一个合理分布的库存点体系，二是要建立起一个联合库存控制系统。

联合库存分布一般是供应商企业取消自己的成品库存，而将成品库存直接设置到核心企业的原材料仓库中，或者直接送上核心企业的生产线。联合库存分布原理和物资从产出点到需求点的途径如图 8-3 所示。

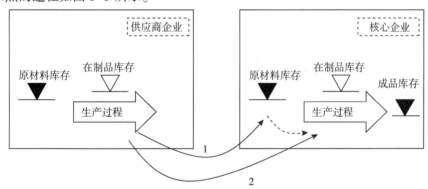

图 8-3　联合库存分布原理和物资从产出点到需求点的途径

1. 集中库存模式

集中库存模式，即是变各个供应商的分散库存为核心企业的集中库存。各个供应商的货物都直接存入核心企业的原材料库，变各个供应商的分散库存为核心企业的集中库存，有以下好处。

① 减少了库存点，省去了一些仓库设立费用和相应的仓储作业费用，减少了物流环节，降低了系统总的库存费用。

② 减少了物流环节，在降低物流成本的同时，提高了工作效率。

③ 供应商的库存直接存放在核心企业的仓库中，保障核心企业的物资供应、取用方便，使核心企业可以统一调度、统一使用管理、统一进行库存控制，为核心企业方便高效地生产运作提供了保障。

④ 为科学的供应链管理如供应商掌握库存、连续补充货物、快速响应、配送、准时化供货等创造了条件。

2. 无库存模式

在无库存模式下，核心企业也不设原材料库存，实行无库存生产。这个时候供应商的成品库和核心企业的原材料库都取消，则这时供应商与核心企业实行同步生产、同步供货，直接将供应商的产成品送上核心企业的生产线，这就是准时化供货模式。这一供货模式完全取消了库存，所以效率最高、成本最低。但是对供应商和核心企业的运作标准化、配合程度、协作精神要求更高，操作过程更严格，一般二者的距离不能太远。

这两种联合库存模式，不仅适用于各个供应商和核心企业，也适用于核心企业与分销企业。在运用于核心企业与分销商的情况下，核心企业要站在供应商的立场上，对各个分销企业实行分布库存，将货物直接存于各个分销仓库，并且直接掌握各个分销库存，通过配送等方式实行小批量、多频次送货。

联合库存体系除了建立联合库存分布之外，还要建立起统一的库存控制系统。

8.4.2 供应商掌握库存

供应商掌握库存（Vendor Managed Inventory，VMI），是供应链管理理论出现后提出的一种新的库存管理方式。它是供应商掌握核心企业库存的一种库存管理模式，是对传统的由核心企业自行从供应商购进物资、自己管理、自己消耗、自负盈亏模式的一种革命性变动。由供应商管理库存有以下的好处。

①供应商是商品的生产者，它掌握核心企业的库存具有很大的主动性和灵活机动性。
②可以把核心企业从库存陷阱中解放出来。
③供应商掌握库存，就是掌握市场。

可见，由供应商掌握库存，可以实现核心企业和供应商企业的双赢，不但对核心企业，而且对供应商企业自身都是有好处的。

实施供应商管理库存，需要几个前提条件。

第一，供应商要详细掌握核心企业的销售信息和库存消耗信息，即核心企业的销售信息和库存消耗信息要对供应商透明。

第二，要建立通畅的信息传输网络，建立供应链系统的管理信息系统，实现信息的及时传输和处理。

第三，要建立供应链系统的协商机制和互惠互利机制，加强沟通，及时协商处理各种问题，本着责任共担、利益共享的精神，建立企业之间的友好协作关系，如建立某种组织的或规章制度的保证系统，订立合作框架协议。

8.4.3 供应链运输管理

除库存管理之外，供应链管理的另一个重要方面就是运输管理。运输管理的任务重点有三个，一是设计规划运输任务，二是找合适的运输承包商，三是运输组织和控制。

设计规划运输任务要站在供应链的整体高度，进行统一规划，确定运输方式、运输路线、联合运输方案、设计运输蓝图，达到既能够满足各点的运输需要，又使总运输费用最省的目的。因为供应链运输问题是一个多点系统的运输问题，涉及供应商到核心企业、核心企业到分销商以及供应商之间、分销商之间的多个企业、多个品种、多种运输方式、多条运输路线的组织规划等问题。要根据供应链正常运行的节拍，确定各点之间的正常运量，然后统一组织联合运输、配送和准时化供货。通常要建立模型，优化运输方案，建立运输蓝图。

运输任务方案确定后，就需要确定运输承包商。对比筛选优质运输企业或者物流企业，建立稳定的合作关系，甚至可以把它们纳入供应链系统。

运输组织和控制，就是按照运输方案、运输蓝图对运输承包商的运输活动过程和效果进行组织、管理和控制。

8.4.4 连续补充货物

连续补充货物，就是供应点连续多频次小批量地向需求点补充货物，它基本上是与生产节拍相适应的运输蓝图模式，主要包括配送和准时化供货方式。配送供货一般用汽车将供应商线下的产品按核心企业所需要的批量（日需要量或者半天需要量）进行多频次批量送货（一天一次、一天两次）。准时化供货，一般用汽车、叉车或传输线进行更短距离、更多频次的小批量多频次供货（按生产线的节拍，一个小时一次或两次），或者用传输线进行连续同步供应。

8.4.5 快速反应与有效客户反应

1. 快速反应

快速反应在 20 世纪 80 年代开始于美国，由美国的纺织与服装行业及主要的连锁零售商（沃尔玛、凯玛特）等为主力推动建立。1986 年以后，美国的百货公司和连锁店也开始加入这一行列。为了增加营业绩效，导入快速反应的零售商越来越多；而随着科技的进步，快速反应体系逐渐加入更多新的功能。

快速反应系统建立的起因是美国的成衣行业制造时间过长，造成存货成本和缺货率都过高，面对亚洲各国激烈的竞争，零售商开始和制造商合作，研究如何从制造、分销、零售至消费过程中缩短产品在供应链上的周期，以达到降低存货成本、提高周转率与降低零售店缺货率的目的。美国的成衣行业在应用了快速反应系统后，改变了产业结构，产品的产销时间从 125 天减少至 30 天，所节省的成本每年达 120 亿美元之多。

快速反应思想运用到供应链中，在 JIT 思想的影响下，产生了快速反应物流。快速反应物流是基于获得时间上的竞争优势开发敏捷快速的物流系统。因此，快速反应物流是在信息系统和及时生产制物流系统的联合下，实现"适时、适地提供适当产品"这一目标。信息技术的发展，使快速反应物流成为可能。越来越多的企业认识到，加快物流速度可实现销售成本的降低。

在快速反应的实施中，零售商和制造商紧密协调零售库存的分布和管理。快速反应系统一般包括以下三个重要组成部分。

①零售商通过对条码商品的扫描，从销售时点信息系统得到及时准确的销售数据。
②经由电子数据交换传送，制造商每周或每日共享库存单位一级销售与库存数据。
③针对预定的库存目标水准，制造商受委托进行自动或近于自动的补充供应活动。

2. 有效客户反应

有效客户反应是美国塞尔蒙公司于 20 世纪 90 年代提出的供应链管理系统，主要思想是组织由生产厂家、批发商和零售商等构成的供应链系统，在店铺空间安排、商品补充、促销活动、新商品开发与市场投入四个方面相互协调和合作，更好、更快并以更低的成本满足消费者需要的供应链管理。有效客户反应的观念主要有：

①凡是对消费者没有附加价值的流程，必须从供应的渠道上排除，以达到最佳效益；

②确认供应链内的合作体制和供应链成员之间的结盟关系；

③保证准确及时的信息流，以信息流代替物流。

成功实施有效客户反应的关键因素有：

①信息完整。供应链上、下游成员之间要实现信息互通、信息共享，因此，供应链的信息库中要有完整的信息，包括需求、供应、技术、市场等方面的信息。

②标准化。为快速响应客户需求，供应链上各项信息、数据的收集和传输应标准化。

③互信、互利、共识的建立。实施有效客户反应的重点在于供应链企业体系上、下游之间彼此分享信息，以消费者的利益为出发点执行供应链的各个流程与活动，因此，企业之间的信任非常重要，必须建立相互信任、荣辱共存、共同发展的新型伙伴关系。

(4) 完善的物流系统。建立一个高效率、功能完备、低成本的物流系统，是确保整个有效客户反应体系成功实施的重要条件。

8.4.6 电子化、信息化

当今世界从以机器和原材料为特征的工业时代进入以计算机和信息为特征的信息时代，在信息社会中，信息成为企业生存和发展的重要资源，为在市场竞争中获得更有利的竞争地位，企业要树立"人才是企业的支柱，信息是企业的生命"的经营思想。

企业是一个多层次、多系统的结构，信息是企业各系统和成员间密切配合、协同工作的"黏合剂"。为了实现企业的目标，必须通过信息的不断传递，把各部门、各岗位的经济行为协调起来，通过信息技术处理人、财、物和产、供、销之间的复杂关系。

供应链作为一种扩展的企业，其信息流动和获取方式不同于单个企业下的情况。在一个由网络信息系统组成的信息社会里，各种各样的企业在发展的过程中相互依赖，形成了一个"生物化企业环境"，供应链就是这样的"生态系统"中的"食物链"。企业通过网络从内、外两个信息源中收集和传播信息，捕捉最能创造价值的经营方式、技术和方法，创建网络化的企业运作模式。

信息技术对供应链的支撑可分为两个层面。第一个层面是由标识代码技术、自动识别与数据采集技术、电子数据交换技术等基础信息技术构成的物流信息技术；第二层面是基于信息技术而开发的支持企业生产的各种应用技术，如销售时点信息系统技术、电子自动订货系统技术、计算机辅助设计、计算机辅助工艺规划、计算机辅助工程、计算机辅助制造技术、企业资源计划、制造资源计划、及时生产制技术、客户关系管理技术的具体集成和应用等。

8.4.7 物流业务外包

供应链管理注重提升企业核心竞争力，强调根据企业的自身特点，专门从事某一领域、某一专门业务，在某一点形成自己的核心竞争力，这必然要求企业将其他非核心竞争力业务外包给其他企业，即业务外包。

第三方物流公司是能提供包括供应商、需求商在内的各种物流业务的专业化运作公司。第三方物流公司由于具有专业的物流能力和强大的物流基础设施设备，实行统筹化、规模化运作，因此在降低物流成本、提高物流操作质量和效率方面具有优势，因此，生产企业愿意把物流业务承包给第三方物流公司。

供应链管理和第三方物流并没有特别的必然联系。供应链管理并不一定要用第三方物流模式，第三方物流也不一定要操作供应链物流业务。不过两者可相互联系，利用各自优势，共同协调配合进行运作。供应链管理业务可考虑承包给第三方物流公司，以提高效率、降低成本、提高质量。第三方物流公司如果承包了供应链管理的业务，就应当根据供应链的特点，按照供应链的管理目标去运作，实现供应链管理的目标。

> **阅读材料**
>
> ### 小米的供应链：雷军如何掌控全局？
>
> 大约在2011年6月，雷军到访英华达，希望对方代工小米手机。按照行业惯例，代工厂一定会对小米科技公司进行调查，主要包括公司背景、资金状况、管理能力等，令人窘迫的地方在于，整个手机上游供应链包括英华达，没有人知道雷军。
>
> 从常理说，没有人会愿意为一款尚未面世、销量未知的手机产品及一个圈内人从未听说过的人进行代工生产，英华达自然也是半信半疑。对于这种状况，雷军也不是第一次遇到了。除了代工厂的存疑，上游供货商更不可能对小米有额外的优待，大部分情况下会要求小米提前三个月订货，并现付定金。
>
> 接下来的故事就更有趣了，雷军竟然可以——将整个环节走通，并完成了一项庞大的系统工程。下面是小米及整个电子产品生产链条的一些故事。
>
> （1）互联网公司要做好上游供应链，必须有共同成长的心态，随意更换供应商、加工厂，恶意欺诈，拖欠等都是大忌。从工厂来说，行业竞争越来越激烈，每个公司都希望找到可以一起成长的品牌商，一起将事业发展壮大。
>
> （2）公众对"产能不足"一词其实存在误解。已经有无数次，小米被抨击是饥渴营销，而根源在于其产能不足。实际上，从上游供应链来说，几乎每一家供应商或代工商都存在产过剩的问题，而绝非是产能不足。那么，为何还出现供应不上的局面？这是因为制造手机是一项庞大而复杂的系统工程。且手机的大部分元器件是需要定制的，这需要小米与供货商进行较长时间的模具研发与调试。比如，一个看似简单的手机后壳，要做到无缝合拢，需要富士康先生产出十几套模具，之后挨个调试，选出合格的模具，然后与其他手机配件搭配。
>
> （3）快资金周转率。创业初期，小米的资金周转压力极大，大部分供应商都要求提前订货和先交钱再办事，整个链条的任何一个环节出了纰漏，都会导致资金流停滞，而停滞太久几乎就意味着失败。那么，小米为何能够快速转起来？小米在产业链运转的资金周期分为三个部分：一是给上游供应商的押款账期，尽管在芯片和内存等核心器件方面，小米依然需要先交订金，但它在一些周边元器件上争取到了一部分的账期；二是库存周期，仓库完全周转一次大约是10天，而且没有库存积压；三是销售的回款周期，因为小米不提供货到付款，运营渠道也是要先付款后拿货，线上渠道则是网上支付，在短短几天内就能拿到回款。
>
> 这三个关键节点的健康、快速运转，叠加起来，造就了一个快速发展的小米。
>
> 资料来源：搜狐IT

复习思考题

1. 什么是供应链？结构模型如何？有哪些特征？
2. 供应链管理有哪些基本原理？
3. 试举例说明供应链管理的一些方法。
4. 案例思考题

戴尔公司的供应链包括有两个有效环节：顾客订购和生产环节，原材料与零部件的获得环节。公司的销售模式为直销，即不通过中间商或分销商来销售产品，而是直接面对顾客。它是通过生产而不是通过成品库来满足顾客的需求，因此，其生产环节便成为顾客订购环节中的重要组成部分。戴尔公司的生产哲学是"每单定制"，生产模式是"大量客制化运作"模式，其成功主要取决于终极仓库概念和基于先进软件平台基础上的物流系统。戴尔公司每年在制品周转次数大约为264次，而公司本身只保持不超过6天的库存。来自全球范围内的50~60家部件供应商为戴尔公司在得克萨斯州奥斯汀市和田纳西州纳什维尔市的两个生产工厂提供部件，戴尔公司要求供应商在两个小时内对其订单做出反应，供应商要达到这个目标的唯一方法就是利用物流公司提供的先进物流管理，位于佛罗里达州迈阿密的莱德物流咨询管理公司（Ryder Integrated Logistics）承担了这项物流服务，该公司的主要任务是管理供应商为戴尔公司提供库存直至将它运至戴尔的工厂，通过看板管理中的信息管理系统进行补货，为戴尔公司生产工厂管理运作库存，使戴尔公司在销售运作中的产品预测和旺季预测等工作上取得了巨大的成绩。从供应商将部件运至Ryder公司开始，Ryder公司的集成化运作流程和物流管理就贯穿于整个物流运作中，从而为戴尔公司带来了巨大的增值。

问题：

（1）供应链上存在推动流程和拉动流程，请问这两种流程分别由什么条件启动？

（2）戴尔公司的供应链上是否同时存在有两种流程？若同时存在，这两种流程的边界在哪里？

（3）莱德物流咨询管理公司为戴尔公司提供了什么库存管理模式？这种管理模式的基本思想是什么？实施过程中应坚持什么原则？

（4）戴尔公司和供应商在这种物流服务中取得了什么收益？

第9章 企业物流管理

学习目标

通过本章内容学习，了解企业物流的基本内涵及其经营模式，掌握企业物流组织结构的典型类型，重点掌握采购物流、生产物流、供应物流、销售物流、逆向物流管理的基本内容及流程，思考现代生产物流管理的新模式。

案例导入

青啤集团像送鲜花一样送啤酒

青啤集团的物流管理体系是被"逼"出来的。1998年第一季度，青啤集团以"新鲜度管理"为中心的物流管理系统开始启动，当时青岛啤酒的产量不过30多万吨，但库存就高达3万吨，限产处理积压，按市场需求组织生产成为当时的主要任务。

青啤集团首先成立了仓储调度中心，对全国市场区域的仓储活动进行重新规划，对产品的仓储、转库进行统一管理和控制。同时，青啤集团应用建立在互联网信息传输基础上的企业资源计划系统，筹建了青啤集团技术中心，将物流、信息流、资金流全面统一在计算机网络的智能化管理之下，建立起各分公司与总公司之间的快速信息通道，及时掌握各地最新的市场库存、货物和资金流动情况，为制定市场策略提供准确信息，并简化了业务运行程序，提高了销售系统运作效率，增强了企业的应变能力。此外，青啤集团还对运输仓储过程中的各个环节进行了整合优化，以减少运输周转次数、压缩库存、缩短产品仓储和周转时间等。经过一年多的运转，青岛啤酒物流网取得了阶段性成果。首先是市场销售的产品新鲜度提高；其次是产成品周转速度加快，库存下降使资金占用下降3 500多万元；再次是仓储面积降低，仓储费用下降187万元。

现代物流管理体系的建立，使青啤集团的整体营销水平和市场竞争能力大大提高。1999年，青啤集团产销量达到107万吨，再登国内榜首。

思考：青啤集团中生产物流和供应物流中"新鲜度管理"是如何运作和实现的？

9.1 企业物流及其经营模式

9.1.1 企业物流

1. 企业物流概念

企业物流是企业内部的物品实体流动，可理解为围绕企业经营的物流活动，是具体、微观物流活动的典型领域。对生产类型的企业而言，是原材料、燃料、人力、资本等的投入，经过制造或加工使之转换为产品或服务；对服务型企业而言则是将设备、人力、管理和运营，转换为对用户的服务。物流活动伴随着企业的投入→转换→产出而发生，投入是企业外供应或企业外输入物流，转换是企业内生产物流或企业内转换物流，产出是企业外销售物流或企业外服务物流。由此可见，在企业经营活动中，物流是渗透到各项经营活动之中。

从定义本身看，企业物流只包括企业内生产物流或企业内转换物流，但这个外延不够全面，因为企业物流是企业一体化管理的重要组成部分，它是指以客户满意度为目标和驱动力，在企业内和供应、营销渠道对货物、服务和信息等，从货源地到目的地进行有效的流通和储存，以满足客户要求。

因此，企业物流活动的范围应从原材料采购开始，到产成品送达顾客，甚至退货、废弃物回收也应在企业物流的范畴内，如图9-1所示。

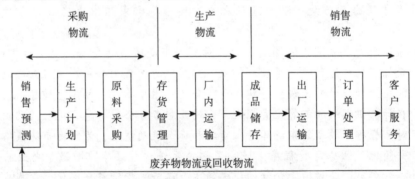

图 9-1 企业物流示意

2. 企业物流的内容

随着企业物流从单纯的产品配送向综合物流直至向供应链管理阶段的发展，企业物流包含的内容不断丰富，涉及的领域不断扩大。目前，企业物流几乎贯穿企业的整个运营过程，可概括为采购、运输、存储、搬运、生产计划、订单处理、包装、客户服务及存货预测等若干项功能。

（1）采购

企业运输成本与生产所需原材料、零部件等的地理位置有直接关系，采购的数量与物流中的运输与存储成本也有直接关系。把采购归入企业物流领域，企业可以通过协调原材料的采购地、采购数量、采购周期及存储方式等降低运输成本，进而为企业创造更大的价值。

（2）运输

运输是企业物流系统中非常重要的一部分，也是企业物流最为直接的表现形式，物流中最重要的是货物的实体移动及移动货物的网络。通常情况下，企业的物流经理负责选择运输方式，或建立企业自有的运输能力来运输原材料及产成品。

（3）存储

存储包括两个既独立又相互联系的活动：存货管理与仓储。事实上，运输与存货水平及所需仓库数之间也有直接的关系，企业许多重要的决策与存储活动有关，包括仓库数目、存货量大小、仓库的选址、仓库的大小等。

（4）物料搬运

物料搬运对仓库作业效率的提高非常重要，物料搬运也直接影响生产效率。在生产型企业中，物流经理通常要对货物搬运入库、货物在仓库中的存放、货物从存放地点到订单分拣区域的移动以及最终到达出货区准备出库等环节负责。

（5）生产计划

在竞争激烈的市场上，生产计划与物流的关系越来越密切，生产计划往往依赖物流的能力及效率。此外，企业的生产计划还与存货能力、存货预测有关。

（6）订单处理

订单处理过程包括完成客户订单的所有活动。物流领域之所以要直接涉及订单的完成过程，是因为产品物流的一个重要方面是前置期，即备货周期，它是指从客户下达订单开始，至货物完好交于客户为止的时间。从时间或前置期的角度来看，订单处理是非常重要的物流功能，订单处理的效率直接影响备货周期，进而影响企业的客户服务质量。

（7）工业包装

与物流紧密相关的还有工业包装，即外包装。企业物流中运输方式的选择直接影响包装要求，铁路与水运引起货损的可能性较大，因而需要支出额外的包装费用。

（8）客户服务

客户服务也是一项重要的物流功能。客户服务水平与物流领域的各项活动有关，存货、运输、仓储的决策等取决于客户对服务的要求。

（9）存货预测

准确的存货、物料和零部件预测是有效控制存货的基础，尤其是使用零库存和物料需求计划方法控制存货的企业，因此，存货预测也是企业物流的一项重要功能。

3. 企业物流分类

从企业角度研究与之有关的物流活动，是具体的、微观的物流活动的典型领域。企业物流又可区分以下不同的具体物流活动。

（1）企业生产物流

企业生产物流指企业在生产工艺中的物流活动，这种物流活动与整个生产工艺过程相伴，已成为生产工艺过程的一部分。企业生产物流的过程大体为：原料、零部件、燃料等辅助材料从企业仓库或企业的"门口"开始，进入生产线的开始端，再进一步随生产加工过程流动，在流动的过程中，材料被加工，同时产生废料余料，直到生产加工终结。

过去人们在研究生产活动时，主要关注一个一个的生产加工过程，而忽视了将每一个生产加工过程串在一起，并且和每一个生产加工过程同时出现的物流活动，如材料或半成品不断离开上一工序，进入下一工序，便会不断发生搬上搬下、向前运动、暂时停滞等物流活动。实际上，一个生产周期，物流活动所用的时间可能远多于实际加工的时间。

（2）企业供应物流

企业为保证生产节奏，不断组织原材料、零部件、燃料、辅助材料供应的物流活动，这种物流活动对企业正常、高效生产起着重大作用。企业供应物流不仅是一个保证供应的目标，而且要以最低成本、最少消耗、最大保证来组织供应物流活动。现代物流学是基于非短缺商品市场这一个宏观环境来研究物流活动的，在这种市场环境下，供应数量容易保证，企业的竞争关键在于如何降低这一物流过程的成本。为此，企业供应物流就必须解决供应网络问题、供应方式问题、零库存问题等。

（3）企业销售物流

企业销售物流是企业为保证经营利益，伴随销售活动，不断将产品所有权转给用户的物流活动。在现代社会中，市场环境是一个买方市场，因此，销售物流活动便带有极强的服务性，以满足买方的要求，最终实现销售。企业销售物流的特点，便是拥有包装、送货、配送等一系列活动，这就需要研究送货方式、包装、运输路线等。

（4）企业回收物流

企业在生产、供应、销售的活动中会产生各种边角余料和废料，其回收需要物流活动支持。在一个企业中，回收物品处理不当，往往会影响生产环境、产品质量，也会占用空间，造成浪费。

（5）企业废弃物物流

企业废弃物物流是对企业排放的无用物进行运输、装卸、处理等的物流活动。

4. 企业物流的增值作用

企业重视物流的目的，是以最低的成本将产品送到用户手中。企业物流更为核心的作用还表现在通过经济效用来增加产品或服务的价值，经济效用包括地点效用、时间效用、形态效用及占用效用。

（1）地点效用

企业物流活动增加产品或服务价值的最直观的表现，就是改变产品或服务的提供地点。物流活动通过扩展企业的市场边界增加产品的价值，而扩展市场边界的最直接表现就是通过运输来转移产品所处的地点。如企业通过物流活动将产品从密集的生产地运输到需求分散的各消费地。

（2）时间效用

时间效用就是在消费者需要的时间内将产品送达。企业物流通过运输来改变产品的位置，同时也产生产品的时间效用，时间效用强调减少备货时间，在当今激烈的市场竞争中显得越来越重要。

（3）形态效用

形态效用是指以制造、生产和组装增加产品的价值，而企业的某些物流活动也能产生产品的形态效用，如装机商将中央处理器、主板、硬盘、内存、显示器、机箱等零部件通过物流活动组织在一起，形成整机；瓶装饮料公司把果汁、水、碳酸盐等调和在一起制成软饮料。这表明企业能通过物流活动改变产品形态,改变产品形态可以使产品增值。

(4) 占用效用

占用效用与市场营销中的产品推销紧密相关,市场营销通过企业物流产生地点和时间效用,进而实现产品的占用效用。

5. 企业物流与宏观经济

企业物流通过影响社会资源的配置影响宏观经济的政策与发展。因此,企业物流与宏观经济之间具有紧密的关系,二者相互适应、相互促进。

第一,促进社会分工的专业化。企业通过物流活动将产品送达市场,实现销售,进而促进企业生产的专业化,生产的专业化带来成本优势,成本优势提高竞争力。

第二,改善供给状况。有企业物流活动的支持,才能在生产地、仓储与需求地等之间形成有机联系。物流作业提供了网络,它对现代经济的运转发挥着关键的作用。

第三,提高产业效率。通过物流整合,实现产业链的最佳组合,进而促进产业效率的提高。

此外,在企业实践中,物流对于降低产品或服务价格,提升某些地理位置的土地价值等也有明显的作用。

6. 企业物流与微观经济

企业物流几乎贯穿企业运营的所有过程,企业物流对这些过程有或多或少的影响,这些影响表现为企业物流与微观经济的某些互动关系,如企业物流与生产制造的关系、企业物流与市场营销组合的关系等。

企业物流与生产制造的关系主要表现在对企业生产周期的影响上,若物流稳定畅通,生产周期则相对稳定且较短;若物流周期不稳定,则生产周期的波动可能较大。在竞争激烈的行业或原材料的价格变化较为频繁的行业,对物流的快速响应要求更高,如制造业、通信行业等。为提高竞争力,很多行业努力缩短生产周期并减少生产时间与费用,采用零库存方法进行存储与计划,如戴尔公司,通过零库存的生产模式最大限度地控制存货风险,提高应变能力。除了生产周期,企业物流还与产品包装直接相关,包装的主要目的是保护产品,因此,物流中的运输方式、物流质量与稳定性等都会影响包装。

企业物流与市场营销的关系更为密切,因为企业系统中的产品物流作业直接关系产品如何运输、存储及送达客户,因而对产品的销售起十分重要的作用。

从产品的角度来看,产品的大小、形状、重量及工业包装等物理特性都影响物流系统对产品的移动和存储,如承运人的选择、设备的要求、破损率、存储能力、装卸设备等。

在物流作业中,把托运量调整到与运量相关的价格点至关重要,这直接影响产品的运输成本,自然也影响产品的市场定价策略。通常情况下,铁路运输有最小托运量的要求,而公路运输针对不同托运量也有不同的运价等级,运量越大,单位运价越低,单位产品的运输成本越低。

产品的分销渠道和最终交易渠道都对物流有不同程度的影响。企业选择的分销策略,如渠道类型、渠道层次等影响物流的效率;最终交易渠道的数量与地域分布直接影响物流的成本。

不同类型的促销对物流的要求不同。拉动式促销通过广告实现,引起的需求不平稳,企业难以准确预测,因而对企业物流系统的要求是具有救急能力,反应迅速;而推动式促销通过渠道中间商来实现，引起的需求相对平稳，企业预测较为容易，因而要求企业物流系统平稳通畅则可。不同类型的促销方式对企业的营销费用需求不同，效果的持续性也不同，企业需要对营销费用与物流成本进行综合考虑。

企业物流经营是为合理配置物流资源、有效提供物流服务、不断创造物流价值、谋求良好经济效益而开展的各种活动。企业选择什么样的物流经营模式，主要取决于两个因素，其一是物流对企业成功的影响程度，其二是企业对物流的管理能力，据此企业可选择以下方案：物流自营方案、物流外包方案、物流联盟方案。

9.1.2 物流自营方案

物流自营是生产企业利用自身的物质条件自行组织的物流活动。在物流自营方式中，企业也会向运输公司购买运输服务或向仓储企业购买仓储服务，但这些服务只限于一次或一系列分散的物流功能，而且是临时性、纯市场交易的服务。

据调查，在国内工业企业中，原材料由企业自身和供应方企业承担的比例分别为36%和46%；在产品销售物流中，由企业自理、企业自理与第三方物流共同承担的比例分别为24.1%和59.8%；在商业企业中，由企业自理和供货方承担的物流活动分别为76.5%和17.6%。物流自营比例之所以较高，是因为物流自营有利于企业掌握营销的主动权，能保证供货的准确性和及时性，保证顾客服务的质量，确保企业获取长期稳定的利润。物流自营是现有体制下企业的现实选择，如实行物流职能外包，将使得自营物流企业现有的物流设施闲置或转让，企业的产权状况决定了企业自营物流。

一般说来，如果物流对企业的影响很大，且企业对物流的管理能力很强，企业采用物流自营模式较适宜。常见的物流自营经营方式有：

①将分散在不同组织部门的物流活动整合成一个部门加以运作管理，实现跨业务单位的内部物流管理一体化。

②开发内部的水平物流组织或跨职能物流组织，该组织按照业务过程或工作流程进行，而不按照任务或职能划分，以实现跨任务协作，以顾客为中心。

③建立物流服务部，内部的物流服务部门以市场为导向，并向内部的服务对象收费，且内部顾客不再享有免费或低价服务。物流部门可为外部顾客提供服务，内部顾客也可以享受任选外部供应商的服务。

④成立物流子公司，代理企业专司物流业务管理，对物流业务统一指挥并实行独立核算、自负盈亏，多余的物流能力可参与社会经营，避免物流能力闲置和浪费。

9.1.3 物流外包方案

物流外包是以签订合同的方式，在一定期限内将部分或全部物流活动委托给专业物流企业完成。由于任何企业所拥有的资源都是有限的，不可能在所有的业务领域都获得竞争优势，在快速多变的市场竞争中，单个企业依靠自己的资源进行自我调整的速度很难赶上市场变化的速度，企业必须将有限的资源集中在核心业务上，强化核心能力，而将非核心业务以外包、战略联盟或合作的形式交外部组织。正如美国著名管理学者德鲁克曾预言："在十年至十五年之内，任何企业中，仅做后台支持而不创造营业额的工作都应该外包出去，任何不提供向高级发展机会的活动、业务也应该采用外包形式。"美国《财富》杂志报道，年营收在5 000万美元以上的公司，普遍开展了外包业务。据IDC统计，全球外包服务市场年增长率为 12.2%。

企业采用物流外包模式，根本原因是与物流自营相比，物流外包能获得更多的效用价值，此外，可减少固定资产投资，加速资本周转；企业自身物流技术手段有限；增加企业柔性；提高企业为顾客服务的专业水平，提升企业形象；降低成本，提高效率，增强企业竞争力。

一般说来，如果物流对企业成功的影响程度不大，且企业对物流的管理能力较弱，企业采用物流外包模式较适宜。

1. 外包全部物流

当企业物流服务的复杂性低且资产的专用性低时，企业可采用多个外包伙伴，以提高外部企业的竞争性并从中获得更好、更稳定的低价服务；当企业物流服务的复杂性高但资产的专用性低时，企业广泛地将各种物流服务外包给专业化的第三方物流企业更有利。

2. 外包部分物流

当企业物流服务的复杂性低但资产的专用性高时，企业自己投资专用性资产，不从事物流自营，而将专用性资产租赁给外部企业，并由其来运作物流；当企业物流服务的复杂性高且资产的专用性高时，可采用激励机制实施部分物流外包。

9.1.4 物流联盟方案

物流联盟是企业双方在物流领域战略性合作中进行的有组织的市场交易，并由此形成优势互补、要素双向或多向流动、互相信任、共担风险、共享收益、长期互利、全方位的物流合作伙伴关系。物流联盟是介于物流自营和物流外包之间的一种物流组建模式，联盟双方在相互合作的同时，仍保持各自的相对独立性。物流联盟的建立有助于物流伙伴之间在交易过程中减少相关交易费用，如信息搜索成本、讨价还价成本、监督执行成本、机会主义成本、交易风险成本等。

一般说来，如果物流对企业成功的影响程度很大，而企业对物流的管理能力很弱，或是物流对企业成功的影响程度不大，而企业对物流的管理能力很强，企业采用物流联盟模式较适宜。

1. 水平一体化物流联盟

水平一体化物流联盟通过同一行业中多个企业在物流方面的合作，获得规模经济效益和物流效率。如不同的企业可以用同样的装运方式进行不同类型商品的共同运输；当物流范围相近，而某个时间内物流量较少时，几个企业分别进行物流操作显然不经济，可通过一个企业在装运本企业商品的同时也装运其他企业商品的方式降低成本。

2. 垂直一体化物流联盟

垂直一体化物流联盟要求企业将提供产品或运输服务等的供货商和用户纳入管理范围，要求企业实现从原材料到用户的全过程物流的管理，要求企业利用自身条件建立和发展与供货商和用户的合作关系，形成联合力量，赢得竞争优势。

3. 混合一体化物流联盟

混合一体化物流联盟是水平一体化物流联盟和垂直一体化物流联盟的有机组合。

9.1.5 企业物流模式选择

企业在进行物流决策时,应根据自己的需要和资源条件,综合考虑以下主要因素,慎重选择物流模式,以提高企业的市场竞争力。

1. 物流对企业成功的影响和企业对物流的管理能力

物流对企业成功的影响,企业处理物流的能力相对较低,则采用第三方物流;物流对企业成功的影响小,同时企业处理物流的能力也低,则采用外购物流服务;物流对企业成功影响大,且企业处理物流能力强,则采用自营物流。

2. 企业对物流控制力要求

越是竞争激烈的产业,企业越是要强化对供应和分销渠道的控制,则采用自营物流。如主机厂或最终产品制造商对渠道或供应链过程的控制力比较强,往往选择自营物流,即作为龙头企业来组织全过程的物流活动和制定物流服务标准。

3. 企业产品自身的物流特点

对于大宗工业品原料的回运或鲜活产品的分销,则应采用相对固定的专业物流服务供应商和短渠道物流;对全球市场的分销,宜采用地区性的专业物流公司提供支援;对产品线单一或为主机厂做配套的企业,则应在龙头企业统一下自营物流;对于技术性较强的物流服务,如口岸物流服务,企业应采用委托代理的物流方式;对非标准设备的制造商,企业自营虽有利可图,但还是应该交给专业物流服务公司,以提高物流专业化水平。

4. 企业规模和实力

大中型企业由于实力较雄厚,有能力建立自己的物流系统,制订合适的物流需求计划,保证物流服务的质量,还可以利用过剩的物流网络资源拓展外部业务。而小微型企业则受人员、资金和管理资源的限制,物流管理效率低,企业为把资源投入核心的业务,就适宜把物流管理交给第三方专业物流代理公司。

5. 物流系统总成本

在选择是自营还是物流外协时,必须弄清两种模式物流系统总成本的情况。计算公式为:物流系统总成本=总运输成本+库存维持费用+批量成本+总固定仓储费用+总变动仓储费用+订单处理和信息费用+顾客服务费用。

这些成本之间存在着效益背反现象:减少仓库数量时,可降低保管费用,但会带来运输距离和次数的增加而导致运输费用增加;如果运输费用的增加部分超过了保管费用的减少部分,总的物流成本反而增大。所以,在选择和设计物流系统时,要对物流系统的总成本加以论证,最后选择成本最小的物流系统。

6. 第三方物流的客户服务能力

在选择物流模式时,尽管成本很重要,但第三方物流为本企业及企业顾客提供服务的能力是选择物流服务的核心因素,即第三方物流在满足企业对原材料及时需求的能力和可靠性的基础上,其对零售商和最终顾客不断变化的需求的反应能力,应该是首要的考虑因素。

7. 第三方物流的资产所有权

自拥资产第三方,指有自己的运输工具和仓库,从事实实在在物流操作的专业物流公司，它们有较大的规模、雄厚的客户基础、到位的系统，专业化程度较高，但灵活性受到一定限制。非自拥资产第三方，指不拥有硬件设施或只租赁运输工具等少量资产，它们主要从事物流系统设计、库存管理和物流信息管理等职能，而将货物运输和仓储保管等具体作业活动交给其他物流企业，这类公司运作灵活，能根据服务内容自由混合、调配供应商，管理费用较低。企业可根据自己的要求对两种模式加以选择和利用。

9.2 企业物流组织结构

9.2.1 物流组织结构的概述

物流组织是以物流经营和管理活动为核心内容的实体性组织，它可以是企业内部的物流管理和运作部门、企业间的物流联盟组织，也可以是从事物流及其中介服务的部门、企业以及政府物流管理机构。物流组织是物流活动的组织者和协调者，是物流活动得以有效进行的基础和保障。

组织结构是描述组织的框架体系，一个组织通过对任务和职权进行分解、组合，就形成一定的组织结构。对物流的任务和职权进行分解、组合，就形成了物流组织结构。

9.2.2 企业物流组织结构形式

企业销售物流组织形式是基于企业管理组织的从事物流工作的组织体系，根据不同的划分标准，它可以划分为多种不同的形式。

1. 按组织物流的主要依据划分

按组织物流的主要依据，物流组织可以划分为职能式组织结构形式、产品式组织结构形式、市场式组织结构形式和地区式组织结构形式。

（1）职能式组织结构形式

这种组织结构以职能为主要特征组织销售物流，各环节由各个不同的职能部门协作完成，如图9-2所示。

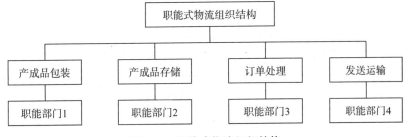

图9-2 职能式物流组织结构

（2）产品式组织结构形式

这种组织结构以产品为主要特征来组织销售物流，不同产品交给不同的职能部门完成物流工作，如图9-3所示。

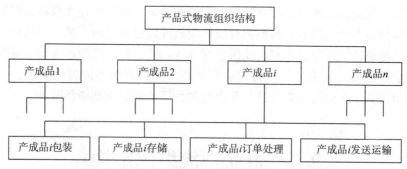

图 9-3　产品式物流组织结构

(3) 市场式组织结构形式

这种组织结构以市场为主要特征来组织销售物流，各环节按不同的市场，分别由各个不同的职能部门完成，如图 9-4 所示。

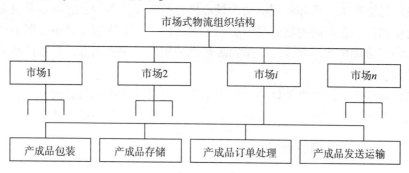

图 9-4　市场式物流组织结构

(4) 地区式组织结构形式

这种组织结构以地区为主要特征来组织销售物流，各环节按不同的地区分别由各个不同的职能部门来完成，如图 9-5 所示。

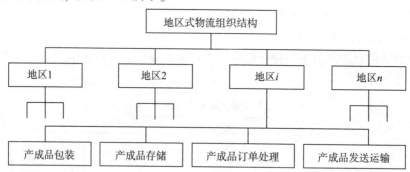

图 9-5　地区式物流组织结构

2. 按照组织结构

销售物流管理的组织形式大致包括顾问型、直线型、直线顾问型、矩阵型和事业部五种。

(1) 顾问型

顾问型结构是一种过渡型、物流整体功能最弱的物流组织结构。在顾问型结构下，物流部门在企业中只是作为顾问的角色，负责整体物流的规划、分析、协调和物流工程，并形成决策建议，对各部门的物流活动起指导作用，但物流活动的具体运作管理仍由原部门负责。顾问型结构如图9-6所示。

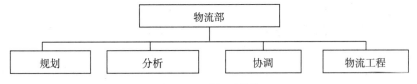

图9-6　顾问型结构

其中，规划包括场所规划、仓库规划、预算、产品开发规划；分析包括运作成本分析、客户服务和需求分析、存货控制分析、运输效率和服务分析；协调包括销售、生产、财务协调；物流工程包括物料搬运研究、运输设备研究、包装材料研究、物流业务流程研究。

（2）直线型

直线型结构是物流部门对所有物流活动具有管理权和指挥权的物流组织结构，是一种较为简单的组织结构形式。直线型结构如图9-7所示。

图9-7　直线型结构

在直线型物流组织结构下，物流总经理一方面管理下属各部门日常业务的运作，同时又兼顾物流系统的分析、设计和规划。

（3）直线顾问型

单纯的直线型或顾问型物流组织结构都存在一定的缺陷，解决办法是将这两种组织结构形式合二为一，变成直线顾问型的物流组织结构。直线顾问型结构如图9-8所示。

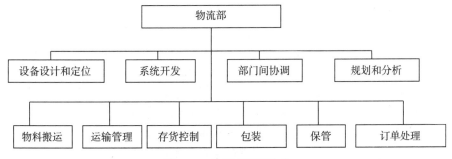

图9-8　直线顾问型结构

在直线顾问型结构中，物流部经理对业务部门和顾问部门均实行垂直领导，都具有指挥权。

（4）矩阵型

矩阵型结构履行物流业务所需的各种物流活动仍由原部门（垂直方向）管理，但水平方向上又加入类似于项目管理的部门（一般也称物流部门），负责管理一个完整的物流业务（作为一个物流"项目"），从而形成了纵横交错的矩阵型物流组织结构。

（5）第三方物流组织结构：事业部

第三方物流是资本密集型和技术密集型兼顾的企业，一般规模较大，资金雄厚，并且有良好的物流服务信誉，它利用自身专业、高效的物流信息平台和先进的物流设备，为客户提供各种个性化的物流服务。

所谓事业部，是按产品或服务类别划分成多个类似分公司的事业部单位，实行独立核算。事业部实际上实行分权式的管理制度，即分级核算盈亏，分级管理。第三方物流的事业部相当于多个物流子公司，负责不同类型的物流业务，其组织结构如图9-9所示。

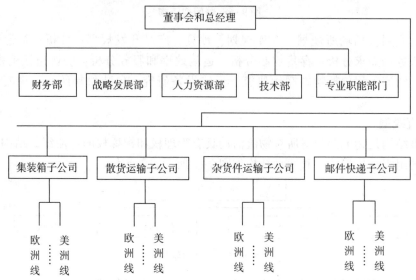

图9-9 事业部制的第三方物流组织结构

9.3 企业采购与供应物流管理

供应物流包括原材料等一切生产物资的采购、进货运输、仓储、库存管理、用料管理和供应管理，也称原材料采购物流。它是生产物流系统中相对独立的子系统，并且和生产系统、财务系统等各部门以及企业外部的资源市场、运输部门有密切的联系。

供应物流是企业为保证生产节奏，不断组织原材料、零部件、燃料、辅助材料供应的物流活动，这种活动对企业生产的正常高效运行提供保障。企业供应物流不仅要实现供应保证，而且要在低成本、少消耗、高可靠性的条件下组织供应物流活动。

9.3.1 供应采购的重要性

采购是企业向供应商获取商品的一种商业行为，企业经营活动所需要的绝大多数物资通过采购获得，采购是企业物流管理的起始点。采购物流管理的目标是以合适的价格、在合适的时间、从合适的供应商处购买到合适数量和质量的商品或服务。在制造业中，企业的采购资金占最终产品销售额的40%~60%，这意味着采购成本的降低将对企业利润的增加至关重要，其增加利润的效果远远大于在其他方面采取的措施。

企业生产部门对采购物品的要求不仅仅局限于数量方面，还对质量、性能与时间等方面提出了要求。现代物流管理要求实现准时化采购，它的基本要求是按照生产部门或客户需求的数量和时间，及时安排采购计划，做到既不过量又不提前，能够准确及时地满足需要，最大限度地降低采购物资的库存水平。

9.3.2 采购流程

1. 采购的一般流程

企业采购流程是有生产需求的企业选择和购买生产所需的各种原材料、零部件等物料的全过程。采购的一般流程如图9-10所示。

图9-10 采购的一般流程

2. 采购流程的变革

传统采购流程的特点主要表现如下。

①传统的采购过程是典型的非信息对称博弈过程。

②供需关系是临时的或短期的合作关系，这种合作关系造成竞争多于合作。

③响应用户需求能力迟钝。

④对质量和交货期只能进行事后分析，采购方很难参与供应商的生产过程和有关质量控制的活动中。

现在许多企业已采取供应链管理来完成采购流程，即基于供应链环境下的采购流程，强调协同采购。

现代采购流程的特点如下。

①利用电话、传真、EDI、电子邮件等方式进行电子化订货。

②与传统的基于库存的采购不同，现代采购不是为了补充库存，而是为了直接满足需求。在供应链管理模式下，供应商的生产活动以用户的采购订单为驱动，由采购订单驱动供应商，供应商生产出来直接供应到需求点，这样可以大大降低库存成本，提高物流的速度和库存周转率。

③与供应商形成战略协作伙伴关系，实现信息共享、资源共享、责任共担、利益共享。

④实施小批量、多频次连续补充货物机制，以零库存为目标。

9.3.3 采购原则

经长期摸索总结，物流研究者提出了"5R"原则指导采购活动，即采购就是在适当的时候以适当的价格从适当的供应商处买回所需数量的商品，采购必须围绕"价""质""量""地""时"等基本要素开展工作。

1. 适价

一个合适的价格往往要经过以下几环节的努力才能获得：多渠道获得报价；比价；

议价。

2. 适质

来料品质达不到使用要求的后果非常严重。

3. 适时

企业已安排好的生产计划若因原材料未能如期完成会造成企业内部混乱，即会产生"停工待料"，产品不能按计划出货。但原材料提前太久买回放在仓库里"等"着生产，又会造成库存过多，积压采购资金。故采购人员要扮演协调者与监督者的角色，促使供应商按预定时间交货。

4. 适量

批量采购虽有可能获得折扣，但会积压采购资金，而采购太少又不能满足生产需要，故合理确定采购数量相当关键，一般按经济订购量采购。采购人员不仅要监督供应商准时交货，还要强调按订单数量交货。

5. 适地

企业往往容易在与距离较近的供应商合作中取得主动权，近距离不仅沟通更为方便，处理事务更快捷，亦可降低采购物流成本。

越来越多的企业在建厂之初就考虑"群聚效应"，即在周边地区能否找到企业所需大部分原材料的供应商。

9.3.4 现代采购技术

1. JIT 采购

JIT 采购是一种完全以满足需求为目的的采购方法。需求方根据自己的需要，对供应商下达订货指令，要求供应商在指定的时间、将指定的品种、指定的数量送到指定的地点。特点：是一种直接面向需求的采购模式；品种规格符合客户需要；品种质量符合客户需要，拒绝次品和废品；用户需要多少就送多少，不多不少送；用户什么时候需要就什么时候送，不早不晚送；用户在什么地点需要就送到什么地点。它是比较科学、理想的采购模式。

2. 订货点采购

由采购人员根据各个品种需求量和订货提前期，确定每个品种的订货点、订货批量、订货周期或最高库存水准等，在此基础上建立一种库存检查机制。当发现到达订货点，就检查库存、发出订货，订货批量由规定的标准确定。其特点是以需求分析为依据，以填充库存为目的，采用一些科学方法，兼顾满足需求和库存成本控制，操作比较简单；但是由于市场随机多，此方法具有库存量大、市场响应不灵敏的缺陷。

3. 物料需求计划采购

根据主产品的生产计划、主产品的结构，以及主产品及其零部件的库存量，逐步计算出主产品的各个零部件、原材料的投产时间、投产数量，或者订货时间、订货数量，得出所有零部件、原材料的生产计划和采购计划，然后按计划采购。其特点是以需求分析为依据，以满足库存为目的，其市场响应灵敏度及库存水平订货点采购有所进步。

4. 供应链采购

供应链采购是一种供应链机制下的采购模式。采购不再由采购者操作，而由供应商操作，即供应商掌握用户库存。其特点是用户为最大受益者，可摆脱烦琐的采购事务，甚至库存负担、运输进货等都可由供应商承担。供应商能够及时掌握市场需求信息，灵敏响应市场需求变化，减少生产和库存浪费，减少库存风险，提高经济效益；供应链采购对企业信息系统、供应商的业务运作要求较高。

5. 电子商务采购

电子商务采购是在电子商务环境下的采购模式，它由采购人员通过互联网系统寻找供应商、所需品种，在网上洽谈贸易、订货甚至网上支付货款，但是在线下送货进货，完成采购活动。其特点是扩大了采购市场范围、缩短了供需距离；简化了采购手续，减少了采购时间，减少了采购成本，提高了工作效率；但它依赖电子商务的发展和物流配送水平的提高。

9.3.5 供应商管理

供应商管理是企业保证物资供应、确保采购质量和节约采购资金的重要环节。

1. 供应商评估与选择

供应商评估与选择的一般步骤为：
①成立供应商评估和选择小组；
②确定全部的供应商名单；
③列出评估指标并确定权重；
④逐项评估每个供应商的履约能力；
⑤综合评分并确定供应商。

供应商选择的评估要素主要有技术水平、产品质量、供应能力、价格、地理位置、可靠性、售后服务、提前期、交货准确率、快速响应能力，等等。

供应商的评估与选择是一个多对象多因素（指标）的综合评价问题，先对各个评估指标确定权重，权重可用数字1~10的某个数值表示，可以是小数，然后对每个评估指标打分，再对所得分乘以该指标的权重，进行综合处理后得到一个总分，最后根据每个供应商的总得分进行排序、比较和选择。

2. 供应商关系管理

供应商关系管理的具体目标有五个：获得符合企业质量和数量要求的产品或服务；以最低的成本获得产品或服务；确保供应商能提供最优的服务和及时的选择；发展和维持良好的供应商关系；开发潜在的供应商。

企业与供应商之间的关系大致分成五种：短期目标型、长期目标型、渗透型、联盟型、纵向集成型。

短期目标型，双方之间是交易关系，双方所做的努力只停留在短期的交易合同上。

长期目标型，建立一种合作伙伴关系，双方从长远利益出发，相互配合，不断改进产品质量与服务质量，共同降低成本，提高供应链的竞争力。

渗透型，把对方企业看成自己企业的延伸，看成自己的一部分，对对方的关心程度大大提高。为了能够参加与对方的业务活动,有时会在产权关系上采取适当的措施,如互相投资、参股等,以保证双方利益的共享与一致性。

联盟型,在更长的纵向链条上管理成员之间的关系,往往需要一个处于供应链核心地位的企业出面协调成员之间的利益。

纵向集成型,把供应链上的成员整合起来,但各成员拥有自主决策权。在这种关系中,每个企业在充分了解供应链的目标、要求,以及充分掌握信息的条件下,能自觉做出有利于供应链整体利益的决策。

9.4 企业生产物流管理与优化

9.4.1 企业生产物流管理基础

1. 企业生产物流管理概念

企业生产物流含义:将原材料、半成品、燃料、外购件投入生产后,经过下料、发料,运送到各加工点和存储点,以及在制品形态从一个生产单位流入另一个生产单位,按照规定的工艺路线进行加工、存储,借助一定的运输工具在某个点内流转,又从某个点流出,物料始终处于实物形态的流转过程。

现代企业的生产物流管理是对企业生产经营活动所需各种物料的采购、验收、供应、保管、发放、合理使用、节约代用和综合利用等一系列计划、组织、控制等管理活动的总称。

2. 生产物流管理的重要性

生产物流管理是整个物流过程中的关键一环。通过生产物流管理工作,能根据企业生产、销售和科研的需要,制订生产物料供应的目标和实现方案,指导整个生产物流活动;能够协调各方面的关系,正确处理生产物料供需矛盾,保证生产顺利进行;能够降低企业产品成本,使企业取得更大的经济效益。

3. 生产物流管理的目标

企业生产物流管理的目标主要是协调企业内部各职能部门之间的关系,从整个企业的角度控制生产活动中的物流,做到供应好、周转快、消耗低、费用省,取得良好的经济效益,保证企业生产顺利进行。

4. 生产物流管理的发展趋势

第一,从专业部门管理发展到全面综合管理。

第二,从单纯的生产物料储备发展到生产物流及时订货管理。在生产物流管理的实践中尽力消除不增值的活动和不必要的环节,同时与少数渠道成员建立长期关系,从而仅在需要的时间和地点,获取所需要的生产物流。

第三,从手工操作发展到机械化、自动化。

第四,从简单的生产物流预测发展到科学的物料需求计划系统。生产物流管理中的预测主要有三类：需求预测、供给预测、价格预测，物料需求计划在供给和需求预测分析的基础上，提供对有关生产物流价格的短期、长期预测，以及相关影响因素的分析。随着市场经济的发展，高新技术不断涌现，企业组织自身不断成熟与完善，生产物流管理在企业管理中的角色和地位发生了很大的变化。

9.4.2 企业生产物流计划

1. 生产物流计划的概念

生产物流计划是为保证生产顺利进行而编制的生产物流供应计划，是企业计划期内生产物流供应活动的行动纲领。它和企业的物流能力、物料需求、制造需求、采购需求紧密联系。企业生产物流计划主要包括以下内容：确定企业计划期的生产物料需用量；确定生产物料的消耗定额；清查企业的库存资源，经过综合平衡，编制物料需求计划，并组织实施。一个科学合理的生产物流计划，对提高生产物流管理的工作效率有以下意义。

①作为订货和采购的依据。
②作为监督生产物流合理使用的标准。
③有助于存货控制和生产物流配送。

2. 编制供应计划的准备工作

（1）做好市场预测，掌握生产物流市场动态

在市场经济环境中，生产物料市场总是呈波动状态，这就要求对所需生产资料进行充分的市场调研，分析货源，调查了解现有的供应量、供货方的生产能力，预测今后市场需求的变化趋势，确定是否有相应的替代品，并结合本企业的生产计划确定某项生产物料的需求计划。

（2）收集企业内部的相关资料

生产物流计划是企业生产经营活动在物资方面的综合反映，对企业的整个生产过程产生重要的影响，所以编制生产物流计划前需要掌握详尽的企业内部资料，包括生产物料消耗定额、生产计划、在制品数量、产品设计更改单、物料供应与物料消耗规律分析、上期生产物流计划在执行中的在途中库存生产物料资源、预计计划期初资源等。

3. 生产物流计划的编制和执行

企业生产物流计划按计划期的不同可分为年度生产物流计划、季度生产物流计划和月份生产物流计划。以年度生产物流计划的编制为例，基本步骤包括：

①审核数据计算指标；
②综合平衡生产物流计划和其他计划，如生产计划、运输计划、资金使用计划、库存计划等各计划之间存在着相互依存、相互制约的关系；
③编制计划，生产物流供应计划一般由三部分组成，即生产物流核算表、待购生产物流表和文学说明。

根据编制的计划进行实施。

9.4.3 生产物流控制

1. 生产物流控制系统要素和方式

控制系统的组成要素包括控制对象、控制目标、控制主体。生产物流控制的方式包括

负反馈控制方式和前反馈控制方式。

2. 生产物流控制的内容和程序

控制内容包括进度控制、在制品管理、偏差的测定及处理。完成上述控制内容的系统可以采取不同的结构和形式，但都具有一些共同的要素。这些共同的要素包括以下几个方面。

①强制控制和弹性控制，指通过有关期量标准、严密监控等手段所进行的强制或自觉控制。

②目标控制和程序控制，即控制系统是核查生产实际结果还是对生产程序、生产方式进行核查。

③管理控制和作业控制。管理控制的对象是全局，为使系统整体达到最佳效益而计划调节各个环节、各个部门的生产活动。作业控制的对象是对某项作业进行控制，是局部的，其目的是保证具体任务或目标的实现。

3. 生产物流控制原理

在生产物流系统中，物流协调和减少各个环节生产和库存水平非常重要，系统的稳定与所采用的控制原理有关，主要有以下两种原因。

（1）物流推进型控制原理

根据最终产品的需求结构，计算出各个生产工序的物料需求量，在考虑各生产工序的生产提前期之后，向各工序发出物流指令（生产计划指令）。推进型控制的特点是集中控制，每个阶段的物流活动都要服从集中控制指令，但各阶段没有考虑影响本阶段的局部库存因素，因此这种控制原理不能使各阶段的库存水平都保持在期望水平上，原料需求计划系统控制实质上就是推进型控制。

（2）物流拉动型控制原理

根据最终产品的需求结构，计算出最后工序的物流需求量，根据最后工序的物流需求量，向前一工序提出物流供应要求，以此类推，各生产工序都接受后工序的物流需求。拉进型控制的特点是分散控制，每个阶段的物流控制目标都是满足局部需求，通过这种控制方式，使局部生产达到最优要求。但各阶段的物流控制目标难以考虑系统的总体的控制目标，因此这种控制原理不能使总费用水平和库存水平保持在期望水平。看板管理系统控制实质上就是拉动型控制。

9.4.4 生产物流的系统化改造

1. 系统化改造的出发点

制造业所面临的生产管理问题，比其他行业更具有代表性和复杂性，这主要体现在以下几个方面。

①生产所需的原材料不能准时供应或供应不足。

②零部件生产不配套，且积压严重。

③产品生产周期过长，生产率下降。

④资金积压严重，周转期长。

⑤市场和客户要求多边和快速，使企业的经营、计划系统难以适应。

2. 系统化改造的思路

（1）订货点法

按照过去的库存经验预测未来的物料需求，虽然具有物料库存的计划与控制功能，但受其原理本身的影响，它的应用面很窄，不能适应社会生产力发展的需要。

（2）物料需求计划

物料需求计划的基本任务是从最终产品的生产计划（独立需求）导出相关物料（半成品、原材料等）的需求量和需求时间（相关需求）；根据物料的需求时间和生产提前期确定其开始生产的时间和数量。

物料需求计划的依据是主生产计划，即为生产什么及什么时候生产；物料清单，即需要什么及需要多少；库存信息，即所需物料还有多少。

物料生产计划管理流程基于产品结构的物料需求组织生产，根据产品完成日期和产品结构制订生产计划，以产品零件为计划对象，以完工日期为计划基准倒排计划，以各种零件与部件的生产周期反推生产与投入时间和数量，按提前期长短区别各个物料下达订单的优先级，从而保证在生产需要时所有物料都齐备，不过早积压，达到减少库存量和减少占用资金的目的。

（3）准时化生产

准时化生产作为一种先进的生产管理技术，对企业的管理基础、人员素质、工厂技术设备和外部环境等都有很高的要求，是一种较为先进的管理和控制方法。

准时化生产现场控制技术的基本原则是在正确的时间生产正确数量的零件或产品，即准时生产。

准时化生产系统设计与计划技术看板的应用建立在一系列生产管理技术的基础上。

准时化生产思想是基础，在此思想基础上，才能设计及规划准时化生产系统，才能实施准时化生产工作。

准时化生产的目标是彻底消除无效劳动和浪费。

9.5 销售物流管理

9.5.1 销售物流概述

1. 销售物流的概念

销售物流是企业在销售过程中，将产品的所有权转给用户的物流活动，是产品从生产地到用户的时间和空间的转移。销售物流是包装、运输、储存等诸环节的统一，以实现企业销售利润为目的。

对销售物流概念的理解包括以下几个方面。

（1）销售物流是一个系统，具有一体化特征

销售物流是企业为保证经营效益，伴随销售活动，不断将产品所有权转给用户的物流活动，它是订货处理、产成品库存、发货运输、销售配送等物流活动的有机统一。

(2) 销售物流是连接生产企业和用户的桥梁，是企业物流与社会物流的一个衔接点

销售物流是企业物流活动的一个重要环节，它以产品离开生产线进入流通领域为起点，以送达用户并经售后服务为终点，它与社会销售系统相互配合，共同完成企业的分销和销售任务。

(3) 销售物流是生产企业赖以生存和发展的条件

对生产企业而言，物流是企业的第三利润源。降低销售物流成本是企业降低成本的重要手段，销售物流成本占企业销售总成本的20%左右，直接关系企业的利润，进而关系企业的生存与发展。

(4) 销售物流具有很强的服务性

销售物流是以满足用户的需求为出发，从而实现销售和完成售后服务，在现代社会中，市场是一个买方市场，只有满足买方要求，卖方才能最终实现销售。在这种市场前提下，销售物流的服务性表现在以满足用户的需求为出发点，树立"用户第一"的观念，要求销售物流必须快速、及时，这不仅是用户和消费者的要求，也是企业发展的要求。

(5) 销售物流以实现销售为目的

销售物流的所有活动及环节都是为了实现销售利润，因此物流本身所实现的时间价值、空间价值及加工价值在销售过程中都处于从属地位。

2. 分销渠道

当生产者和消费者之间存在大量交换需求时，社会就产生了分销渠道。分销渠道被看作销售物流的"运动场"，承担产品和服务所有权的交换。发展分销渠道有以下效益：分销渠道减少了市场中交易的次数；专业化的分销渠道设置使分销成本最小化，交易规范化；分销渠道为买卖双方搜索市场资源提供了便利。

从系统角度来看，分销渠道可以看作参与产品和服务买卖过程的企业构成系统，每一个渠道成员都享受渠道成功的回报或承担失败的风险。只有通过渠道范围内的合作，将分销渠道中的主要参与者联系在一起，营销和物流配送等经营活动才能高效顺利进行。

影响渠道结构的因素包括市场覆盖率目标、产品特征、客户服务目标、利润等。

3. 渠道设计的步骤

一般企业在构思渠道结构，或企业有新产品问世，或现有的分销渠道不能很好地适应经营环境的变化，无法实现其整体目标时，企业需要考虑设计其渠道结构，一般分如下步骤进行：建立渠道目标；形成渠道战略；确定渠道结构的备选方案；评估渠道结构和各备选方案；选择渠道结构；确定各渠道成员的候选组织或机构；评估并选择渠道成员；测量评定渠道绩效。

如果渠道目标未能实现，或是出现了有创意的新渠道设计方案，重新评估渠道备选方案，并重复4～8步。

9.5.2 销售物流的流程与功能

1. 企业销售物流流程

企业销售物流是企业物流的一个重要环节，它与企业的销售系统相结合，共同完成产品的销售任务，一般的企业销售物流流程如图9-11所示。

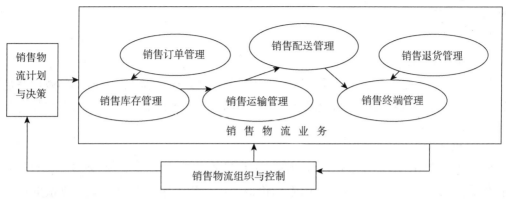

图 9-11 销售物流流程

销售物流归根到底是由客户订单驱动，物流的终点也是客户。因此，在设计销售物流之前，企业要进行售前的各种市场活动，包括确定客户（潜在客户、目标客户）、产品展示、客户询价、报价、报价跟踪等。

2. 销售物流的功能

（1）进行市场调查和需求预测

销售物流的首要任务是进行销售预测，然后在此基础上制订生产计划和存货计划。

（2）开拓市场和制定销售产品的策略

在进行产品销售活动中，开拓市场和制定销售产品的策略是销售物流的一项重要内容，主要包括销售渠道、营销组合、产品定价等。

（3）编制销售计划

正确确定计划期产品销售量和销售收入两个指标。

（4）组织、管理订货合同

组织签订合同，检查执行合同和处理执行合同中的问题。

（5）组织产品推销

产品推销工作包括产品的商标与装潢设计、广告宣传、试销试展、派员推销及市场信息反馈等。

（6）组织对用户的服务工作

对用户的服务工作包括产品安装调试、使用与维修指导，实行"三包"，提供配件，以及售前、售后征求用户意见等。

（7）进行成本分析

对销售功用与销售成本进行分析，不断提高销售的经济效益和销售管理工作水平。一般认为，营销物流总成本涉及项目大致包括运输（46%）、仓储（26%）、存货管理（10%）、接收和运送（6%）、包装（5%）、管理（4%）以及订单处理（3%）。

9.5.3 销售物流服务

1. 销售物流服务的概念

销售物流服务是企业向客户提供及时而准确的产品输送服务，是一个满足客户时间和空间效用需求的过程。

2. 销售物流服务的目标

(1) 提高销售收入

销售物流服务是企业物流的重要因素，销售物流活动通过提供时间和空间效用满足客户需求，是企业物流功能的产出或最终产品。所以，提高客户服务水平，可以增加企业销售收入，提高市场占有率。

(2) 提高客户的满意程度

客户服务是由企业向购买产品或服务的人提供的一系列活动。一般来说，客户关心的不仅仅是产品的实体，还包括产品的附加价值。销售物流服务是产品附加价值的重要内容。良好的销售物流服务能提高产品的价值和附加价值，由此提高客户的满意程度。

(3) 留住老客户，争取新客户

贝恩咨询公司的研究显示，服务质量、留住客户和公司利润率之间有非常高的相关性。物流领域高水平的服务能吸引并留住客户。

(4) 降低销售物流成本

物流管理追求以最小的总物流成本产生最大的时间和空间效用。企业非常重视采取各种创新方法降低物流成本，客户服务水平对物流系统起着制约作用，运输、仓储、订单处理等各项物流成本的增加或减少都依赖于客户所期望的服务水平。

综上，提高销售物流的客户服务水平是提高企业竞争优势的重要途径。

3. 销售物流服务的构成要素

(1) 时间

目前很多企业对物流服务要求的标准水平已经从"97-3"，提高到"98-2"，其含义是：97%的企业要求物流服务的时效从3天72小时，提高到98%的企业要求时效为2天48小时，很多企业接到生产指令后，从原材料供给到送达供应商手中，全部周期仅仅为48小时。对销售物流而言，时间因素重点指订货周期（提前期），即从客户确定对某种产品有需求到需求被满足之间的时间间隔。

(2) 可靠性

"97-3"到"98-2"除了上面所讲的时间外，还有一个意思就是差错率由3%下降到2%，也就是说目前供应商要求制造企业的供货差错率低于2%，因此企业在销售物流整个过程中要考虑货物的安全性，保证产品在预定的时间，以足够的数量及承诺的质量送到供应商手中。

当客户收到与所订货物不符时，将造成客户停工待料或不能及时销售产品。销售物流领域中，订货信息的传送和订货挑选可能影响企业的正确供货。因此，为实现可靠供货，在订货信息传递阶段，可使用电子数据交换系统，以降低出错率。

(3) 通信

当前供应商与企业之间，已经由传统的短期买卖关系转变为长期合作伙伴关系，追求双赢。因此，企业与供应商之间要经常沟通，通信的效率直接影响销售的状况。

(4) 便利性

便利性是服务水平必须灵活便利。所有客户对销售物流服务有较高的要求，为更好地满足客户需求,就必须根据客户规模、区域分布、购买的产品及其他因素将客户需求进行细分,为不同客户提供适宜的服务,实现以最经济方式满足不同客户的服务需求。

企业的产品只有经过销售才能实现其价值,从而创造利润,实现企业的价值。而提供优质的销售物流服务,和供应商相互配合与合作,是企业创造利润的重要途径。

4. 销售物流客户服务能力

销售物流客户服务能力是销售物流服务的基本水准,也是客户服务最基本的方面,包括可得性、作业绩效和服务可靠性。

(1) 可得性

当客户需要货物时,物流企业拥有的存货能够满足其需要。可得性可以通过各种方式来实现,最基本的方法是按照预期的客户订货进行存货储备。

可得性一般可用缺货频率、供应比率、订货完成率三个绩效指标来衡量。

①缺货频率。它指缺货发生的概率,当需求超过产品可得性时,就会发生缺货。缺货频率是用来衡量一种产品需求超过其可得性的次数,将全部产品所有的缺货次数汇总,可以反映企业实现其基本服务承诺的状况。

②供应比率。它是用于衡量缺货的程度或影响的比率,供应比率通常按照客户服务目标予以区分,于是对缺货程度的衡量,构成企业在满足客户需求方面的跟踪记录,如一位客户订货 50 个单位产品,只有 47 个单位产品可得,那么订货供应比率为 94%。一般说来,供应比率高,客户会感到满意;反之,则不满意。

③订货完成率。它用于衡量物流企业完成客户所预订的全部产品的时间。

将以上三个衡量指标结合,就可以判断、识别一个物流企业满足客户期望的程度,成为评估适当可得性水平的基础。

(2) 作业绩效

作业表现为物流企业从客户订货到产品交付使用的全部运作过程。作业一般通过速度、一致性、灵活性、故障恢复能力等衡量物流完成周期。

①速度。速度指从客户订货开始到货物实际到达的时间。

②一致性。一致性指物流企业必须随时按照递送承诺履行物流处理能力。

③灵活性。灵活性指处理异常(一次性改变装运交付地点、供给中断等)的客户服务需求的能力。

④故障恢复能力。物流企业要有能力预测服务过程中可能出现的故障或服务中断,并有适当的应急计划来完成恢复服务;当实际的服务故障发生时,应启动应急计划。

(3) 服务可靠性

销售物流服务活动中还包括能否迅速提供有关物流作业和客户订货状况的精确信息。

理想的销售物流服务水平要求达到:适当的质量,适当的数量,适当的时间,适当的地点,适当的价格,好的印象。

9.5.4 销售物流控制

1. 销售物流效率与评价

物流效率是物流要素投入与产出比,物流效率评价基本分为:单要素投入的效率评价,如衡量劳动、资本或技术投入在物流行为改善中所起的作用;多要素效率评估包括所需全部物资、设备、能量与其他投入的评估。

单因素投入法一般用来考察个别的物流要素,如运输、先进物流设备采用后对物流行为的影响。而对于整个销售物流过程效率的考察须采用多因素投入评价。

在销售物流的效率评估中,首先应以销售物流作业为基础,通过对销售物流作业成本的确认,从而计算销售物流作业的总成本。产品或服务的形成是由一系列作业引起的,因此要以销售物流作业为核心,实施全过程的成本计算和控制。

企业可以通过指标树法和层次分析法来评价销售物流效率。

(1) 指标树法

指标树法通过设计指标体系全面反映销售物流效率。总的销售物流效率可用各子指标的加权求和,可以分别设定销售订单管理、库存管理、运输管理、配送管理、终端管理、退货管理等效率衡量指标,这些指标可以反映销售物流环节中各项工作的效率情况,将这些指标进行汇总还可以反映整个销售物流工作的效率,有利于全面地反映销售物流的工作情况,并且易于发现销售物流各环节的工作情况,易于发现问题并加以改进。由于物流的系统特征,在设计指标时应遵守以下几条原则:

①系统性原则;
②实用性原则;
③可行性原则;
④动态性原则;
⑤可比性原则。

(2) 层次分析法

层次分析法是对指标树法的改进。销售物流可以在顾客服务、运输、配送等诸多环节和诸多要素上体现,是众多要素共同作用的综合结果。

2. 销售物流成本

销售物流成本是产品空间位移(包括静止)过程中所耗费的各种资源的货币表现,是物品在实物运动过程中,如包装、装卸搬运、运输、储存、流通加工、物流信息等各个环节所支出的人力、财力、物力的总和。

(1) 销售物流成本构成

①销售物流过程的研究设计、重构和优化等费用。
②销售物流过程中的物质消耗,如固定资产的磨损、包装材料、电力、燃料消耗等。
③产品在保管、运输等过程中的合理损耗。
④用于保证销售物流顺畅的资金成本,如支付银行贷款的利息等。
⑤在组织销售物流的过程中发生的其他费用,如进行有关物流活动的旅差费、办公费等。
⑥从事物流工作人员的工资、奖金及各种形式的补贴等。

(2) 销售物流成本控制

销售物流成本控制按照成本会计的方法,事先预定各自的成本目标,在实际过程中将实际发生的物流成本与目标成本进行比较,寻找差距原因。销售物流成本控制在企业物流管理中有以下作用。

第一，通过对企业销售物流成本内容的数量化分析，了解销售物流的成本和它在销售成本中所占的地位，从而提高企业内部对销售物流活动重要性的认识，并从销售物流成本的分析中发现企业销售物流活动中存在的问题。

第二，根据销售物流成本计算的结果，制订详尽的销售物流计划，评价销售物流活动效果并调整销售物流活动，通过统一管理和系统优化降低销售物流费用。

第三，根据销售物流成本计算结果，明确销售物流活动中的不合理环节及其责任者。

销售物流成本的控制包括局部控制和综合控制。

①销售物流成本的局部控制。在企业的销售物流活动中，针对销售物流的一个或某些局部环节的支出所采取的策略和控制，以达到预期的物流成本目标。销售物流成本局部控制的基本内容可归纳如下：运输费用的控制，装卸搬运费用的控制，订货处理成本，退货成本，储存费用的控制，包装费用的控制，流通加工费用的控制。

②销售物流成本的综合控制。销售物流成本的综合控制包括事前、事中和事后对销售物流成本进行预测、计划、计算、分析、反馈、决策等的全过程的系统控制，以达到预期目标。

3. 销售物流综合绩效考评

对销售物流整体绩效的考评，应当以整体物流成本最小化、顾客服务最优化、企业利益最大化为目标，将物流绩效评价的重点放在不断降低成本上。

（1）建立销售物流综合绩效考评体系的原则

要对销售物流系统进行综合考评，必须建立一套销售物流科学考核体系。各个企业的实际情况千差万别，制定考核体系也会有所不同，但在设计考核体系的过程中，须遵循以下基本原则。

①整体性原则。销售物流的评价体系不仅要考察局部的工作职能，还应从整体上对销售物流的绩效进行考核、控制。

②可比性原则。在设计评价体系的时候，不仅要考虑本企业在纵向上的可比性，还应当考虑本企业的绩效与同行业企业横向上的可比性。

③经济性原则。在考核企业销售物流绩效时，要考虑考评过程中的成本收益。如果指标收集过于庞大，不仅操作困难且费时费力，得不偿失；但指标确定得太小，又可能遗漏有关的信息，掩盖存在的问题，所以，在设计考评体系时应当在二者之间寻求一个平衡点。

④定量与定性相结合的原则。由于销售物流的考核涉及风险和顾客满意度等难以量化的问题。因此，企业在考核销售物流的绩效问题时，除了采用定量的指标之外，还应当辅以定性的指标进行修正。

（2）销售物流综合绩效考评体系的指标

销售物流总体绩效的考评由以下几个主要的指标构成。

① 物流管理绩效的成本指标。局部成本指标包括运输装卸费用、订货处理费用、退货处理费用、仓储费用、包装费用和流通加工费用等。全局性的成本指标是采用销售物流总成本来衡量绩效水平。

② 物流的效率评价指标。物流的效率可用以下五个指标来反映，如表9-1所示。

表9-1 物流效率评价指标

指标项	计算方法
销售物流的合理物流率	（物流总成本-不合理的物流量）/物流总的完成量
迅速及时的物流率	迅速及时完成销售物流量/销售物流总完成量
准确完成物流率	准确无误完成销售物流量/销售物流总完成量
耗损率	耗损量/销售物流总完成量
经济效率	销售物流实现利润/销售物流资金占用

③ 销售物流的风险评价指标。销售物流的整个流程由运输装卸、仓储、配送、包装和流通加工等阶段构成，各阶段之间的衔接必然存在风险，所以风险评价在日常的企业管理中具有现实意义。

④ 销售物流的客户满意度评价指标。物流和资金流、信息流渗透在企业运作的各个方面，销售物流直接与顾客相连，销售物流的管理水平直接关系顾客的满意程度。因此在对销售物流管理绩效进行评价时，必须考虑销售物流对顾客满意度的影响，可通过表9-2所列的指标来反映。

表9-2 销售物流客户满意度评价指标

指标项	计算方法
货物到达客户手中的及时率	1-货物没有及时送达客户的次数/送货总次数
货物发送的正确率	货物正确送达客户手中的次数/送货总次数
货物出现损伤的频率	1-货物发送的完好率
完成一次销售的周期和时间	订购周期+运输周期+仓储周期
客户的抱怨率	抱怨的客户数量/客户的总数
问题的处理率	问题得到解决的顾客的数量/出现抱怨的顾客的总数
回应顾客问询的时间	实际回应时间

9.5.5 销售物流的管理

1. 销售物流管理的目标

销售物流管理的目标是追求销售物流的合理化，需要做到以下几点。

① 在适当的交货期，准确地向顾客发送商品。
② 对于顾客的订单，尽量减少商品缺货。
③ 合理设置仓库和配送中心，保持合理的商品库存。
④ 使运输、装卸、保管和包装等操作省力化。
⑤ 维持合理的物流费用。
⑥ 使订单到发货的情报流动畅通无阻。
⑦ 将销售额情报迅速提供给采购部门、生产部门和销售部门。

2. 销售物流管理原则

企业实施销售物流管理应遵循以下七项原则。

①根据客户所需的服务特性划分客户群。

②根据客户需求和企业可获利情况设计企业的物流网络。

③掌握市场需求信息，及时发现需求变化的早期警报，并据此安排和调整计划。

④实施延迟策略。

⑤与渠道成员建立双赢的合作策略。

⑥在整个分销渠道领域构筑高效的信息平台。

⑦建立整个销售物流的绩效考核准则，销售物流管理的最终验收标准是客户的满意程度。

3. 销售物流的合理化

（1）销售物流合理化的形式

销售物流合理化的形式有大量化、计划化、商物分离化、差别化、标准化等多种形式。

①大量化。通过控制客户的订货，增加运输量，使发货大量化。如家用电器企业规定三天内送货，这样做能够扩充配送货物量，大幅度提高配送的装载效率。以延长备货时间来增加货运量的方法，已被所有的行业广泛采用。

②计划化。对客户的订货按照某种规律制订发货计划，并对其实施管理，如按路线配送、按时间表配送、混装发货、返程配载等措施。

③商物分离化。商物分离是将订单活动与配送活动相互分离。

④差别化。根据商品周转的快慢和销售对象规模的大小，将仓储地点和配送方式加以区别，是利用差别化方法实现物流合理化的策略。

⑤标准化。销售批量规定订单的最低数量，会明显提高配送效率和库存管理效率，比如成套或者成包装数量出售。如某一级烟草批发商进货就必须至少以一箱（50 条）为一个进货单位。

（2）销售物流合理化的实现

①销售物流的综合成本控制。仓储、运输、包装等各职能部门所投入的成本为职能成本，系统成本则是整个销售物流活动过程中各职能成本的总和。

②直销方案的综合物流费用分析。通常直销的货物数量不会很大，运输频率高，因此运送成本较高。直销一般是针对急需的用户，一旦延误，很有可能失去用户；如果失去销售机会而损失的成本大于物流成本，企业会采取直销方案。

③销售物流的统一管理。在销售物流过程中，仓储、运输、包装决策应互相协调。因此，企业应将销售物流活动统一管理，协调各职能部门的决策，有利于满足用户需求，节约企业的物流投入。

9.5.6　分销需求计划

分销需求计划是运用物料需求计划的原则，在配送环境下从数量和提前期等方面确定物料配送需求的一种动态方法。在逻辑上分销需求计划是物料需求计划的扩展，但两者之间存在根本的差异：物料需求计划通常在一种相关需求的情况下运作，根据企业制订和控制的生产计划确定；而分销需求计划是在一种独立的环境下运作，由不确定的顾客需求直接确定存货需求。

实际运用中，通常将分销需求计划与物料需求计划结合起来，从而综合了原材料、在制品和产成品的计划安排，总体协调存货水平，计划存货运输，如图 9-12 所示。

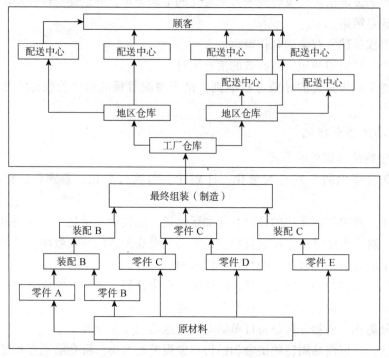

图 9-12　综合的分销需求计划/物料需求计划系统功能模型图

分销需求计划系统为管理部门提供了一系列便利，主要表现在营销和物流方面。

在营销方面改善了服务水准，保证了准时递送，减少了顾客投诉，有效改善了促销计划和新产品引入计划，提高了预计短缺的能力，改善了与其他企业的协调功能，提高了向顾客提供存货管理服务的能力。

在物流方面，由于实行了协调装运，降低了配送中心的运输费用；能准确确定何时需要何种产品，降低了存货水平和仓库空间需求；减少了延迟供货现象，降低了运输成本；改善了物流与制造之间的存货可视性和协调性；能有效模拟存货和运输需求，提高企业的预算能力。

9.6　逆向物流管理

2005 年 6 月，郑州"光明"山盟乳业加工回炉奶被河南经济生活频道曝光，一时间"光明牛奶如此制造"的文章迅速传播，给"光明"企业带来极大的压力，股价下跌超过 17%，流通市值瞬间缩水了两亿元。

抛开媒体的炒作和消费者对奶制品生产环节的不了解，单就事件而言，这是一起发生在产品从终端返回企业的逆向物流环节的管理漏洞。无独有偶，曾经的冠生园月饼也遭受过如此的重创，这都说明企业不能忽视对逆向物流环节的管理。

9.6.1 逆向物流定义与分类

1. 逆向物流

目前，理论界对逆向物流概念表述也有很多，较专业、准确地概括其特点的定义是：与传统供应链反向，为价值恢复或处置合理而对原材料、中间库存、最终产品及相关信息从消费地到起始点的有效实际流动所进行的计划、管理和控制过程。

可见，逆向物流的表现是多样化的，从使用过的包装到经处理的电脑设备，从未售商品的退货到机械零件等。也就是说，逆向物流包含来自客户手中的产品及其包装品、零部件、物料等物资的流动。简而言之，逆向物流就是从客户手中回收用过的、过时的或者损坏的产品和包装开始，直至最终处理环节的过程。但是现在越来越被普遍接受的观点是，逆向物流是在整个产品生命周期中对产品和物资的完整、有效和高效利用过程的协调。然而对产品再使用和循环的逆向物流控制研究却是过去的十年里才开始被认知和展开的。其中较知名的论著是罗杰斯和提篷兰柯的"回收物流趋势和实践"、佛雷普的"物流计划和产品再造"等。

国家标准《物流术语》（GB/T 18354—2021）中所讲的"逆向物流"是狭义的逆向物流，它不包括废弃物物流，具体表述如下：逆向物流（Reverse Logistics）也称反向物流，是指"为恢复物品价值、循环利用或合理处置，对原材料、零部件、在制品及产成品从供应链下游节点向上游节点反向流动，或按特定的渠道或方式归集到指定地点所进行的物流活动"。废弃物物流（Waste Logistics）是指"将经济活动或人民生活中失去原有使用价值的物品，根据实际需要进行收集、分类、加工、包装、搬运、储存等，并分送到专门处理场所的物流活动"。

综上所述，逆向物流有广义和狭义之分。狭义的逆向物流是指对那些由于环境问题或产品已过时的原因而回收产品、零部件或物料的过程，它是将排泄物中有再利用价值的部分加以分拣、加工、分解，使其成为有用的资源重新进入生产和消费领域。广义的逆向物流除了包含狭义的逆向物流的定义之外，还包括废弃物物流的内容，其最终目标是减少资源使用，并通过减少使用资源达到废弃物减少的目标，同时使正向以及回收的物流更有效率。

从广义角度而言的，在其他参考书目及文献中与它等同的相关概念还有回收物流、逆物流、反向物流、返回物流或静脉物流等专业术语。

2. 逆向物流的分类

逆向物流根据分类的依据和标准的不同，可以分为不同的类别。

（1）按照回收物品的渠道划分

按照回收物品的渠道可分为退货逆向物流和回收逆向物流两部分，如图9-13所示。退货逆向物流是下游顾客将不符合订单要求的产品退回上游供应商，其流程与常规产品流向正好相反。回收逆向物流是将顾客所持有的废旧物品回收到供应链上各节点企业，它包括五种物资流：直接再售产品流（回收、检验、配送）；再加工产品流（回收、检验、再加工）；再加工零部件流（回收、检验、分拆、再加工）；报废产品流（回收、检验、处理）；报废零部件流（回收、检验、分拆、处理）。

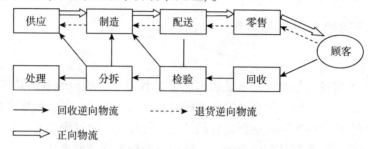

图 9-13 逆向物流网络示意

回收逆向物流主要包括以下几个环节。

①回收。回收是将顾客所持有的产品通过有偿或无偿的方式返回销售方，销售方可能是供应链上任何一个节点，如来自顾客的产品可能返回到上游的供应商、制造商，也可能是下游的配送商、零售商。

②检验与处理决策。该环节是对回收品的功能进行测试分析，并根据产品结构特点以及产品和各零部件的性能确定可行的处理方案，包括直接再销售、再加工后销售、分拆后零部件再利用和产品或零部件报废处理等，然后对各方案进行成本效益分析，确定最优处理方案。

③分拆。按产品结构的特点将产品分拆成零部件。

④再加工。对回收产品或分拆后的零部件进行加工，恢复其价值。

⑤报废处理。对没有经济价值或严重危害环境的回收品或零部件，通过机械处理、地下掩埋或焚烧等方式进行销毁。

（2）按照回收物流材料的物理属性划分

按照回收物流材料的物理属性，可分为钢铁和有色金属制品回收物流、橡胶制品回收物流、木制品回收物流、玻璃制品回收物流等。

（3）按成因、途径和处置方式及其产业形态划分

根据成因、途径和处置方式的不同，回收物流可分为投诉退货、终端使用退回、商业退回、维修退回、生产报废与副品，以及包装六大类别，表 9-3 中列出了这六类典型的回收物流，它们普遍存在于企业的经营活动中，涉及的部门从采购、配送、仓储、生产、营销到财务部门。因此，从事回收物流管理的经理需要完成大量协调、安排、处置、管理与跟踪工作，才能完成资源的价值再生，然而在许多企业，回收物流的管理却往往被忽视或简单化。

表 9-3 按成因、途径和处置方式划分的回收物流分类

类别	周期	驱动因素	处理方式	例证
投诉退货：运输短少、偷盗、质量问题、重复运输等	短期	市场营销客户满意服务	确认检查、退换货补货	电子消费品，如手机、DVD机等

续表

类　别	周　期	驱动因素	处理方式	例　证
终端退回： 经完全使用后须处理的产品	长期	经济、市场营销	再生产、再循环	电子设备的再生产、地毯循环、轮胎修复
		法规条例	再循环	家用电器
		资产恢复	再生产、再循环、处理	电脑组件、打印机硒鼓
商业退回： 未使用商品退回还款	短到中期	市场营销	再使用、再生产、再循环、处理	零售商积压库存、时装、化妆品
维修退回： 缺陷或损坏产品	中期	市场营销、法规条例	维修处理	有缺陷的家电、零部件、手机等
生产报废和副品： 生产过程中的废品和副品	较短期	经济法规条例	再生产、再循环	药品行业、钢铁业
包装： 包装材料和产品载体	短期	经济	再使用	托盘、条板箱、器皿
		法规条例	再循环	包装袋

资料来源：孙明贵．回收物流管理［M］．北京：中国社会科学出版社，2005．

3. 逆向物流的特点

逆向物流作为企业价值链中特殊的一环，与正向物流相比，既有共同点，也有明显的区别，二者的共同点是都有包装、装卸、运输、储存、加工等物流功能，但逆向物流与正向物流相比又有其鲜明的特殊性。

（1）分散性

逆向物流产生的地点、时间、质量和数量是难以预见的。废旧物资可能产生于生产领域、流通领域或生活消费领域，在社会的每个角落都在日夜不停地发生，正是这种多元性使其具有分散性。

（2）缓慢性

逆向物流开始的时候回收物流数量少、种类多，只有在不断汇集的情况下才能形成较大的流动规模。废旧物资需要经过加工、改制等环节，甚至只能作为原料回收使用，这一系列过程的时间是较长的；同时，废旧物资的收集和整理也是一个较复杂的过程，这决定了废旧物资缓慢性这一特点。

（3）混杂性

回收的产品在进入回收物流系统时往往难以进行归类，因为不同种类、不同状况的废旧物资常常混杂在一起，表9-4列出了中国城市的生活垃圾组成成分，回收物流的混杂性可见一斑。

表 9-4 若干城市生活垃圾构成成分   单位:%

城市	厨余	纸品	塑料	纤维草木等	炉灰	玻璃	金属	有机物合计	无机物合计
北京	27	3	2.5	0.5	63	2	2	33	67
天津	23	4	4	—	61	4	4	31	69
杭州	25	4	3.5	0.5	64	2	2	32	68
重庆	20	2	1.5	7.5	65	2	2	31	69
哈尔滨	15	1	1.5	1	76	2	3.5	18.5	81.5

(4) 多变性

由于逆向物流的分散性及消费者对退货、产品召回等政策的滥用，企业很难控制产品的回收时间与空间，这就导致了多变性。

逆向回收物流往往给企业带来高昂的处理费用，其中以运输和存储费用为主。

9.6.2 逆向物流经营模式

企业需要根据实际情况选择合适的逆向物流运作方式，如逆向物流的自营方式、联合经营方式以及外包方式等。

1. 逆向物流的自营模式

逆向物流的自营模式是生产企业建立独立的逆向物流体系，自行管理退货和废旧物品的回收处理业务。在逆向物流自营方式下，企业不但重视产品的生产销售和售后服务（包括退货的管理），还重视产品在消费之后的废旧物品以及包装材料的回收和处理。企业建立了遍及产品销售区域的逆向物流网络，以便回收各种回流物品，并将其送到企业的回流物品处理中心进行集中处理。在政府管制的条件下，生产企业建立自己的逆向物流系统，这是外部社会成本的内部化，是生产者责任延伸制度的主要形式。

2. 逆向物流的联合经营模式

逆向物流的联合经营模式是生产相同产品或者相似产品的同行业企业进行合作，以合资等形式建立共同的逆向物流系统（包括回收网络和处理企业），为各合作企业或非合作企业提供逆向物流服务。在政府管制的条件下，建立联合的逆向物流系统，不仅可以减轻单个企业在建立逆向物流系统上的投资压力，而且集合了专业技术优势，容易实现规模经营，还可以为各合作企业提供廉价的原材料，保证该企业运作过程中的原材料来源，实现企业间的合作共赢。

3. 逆向物流的外包模式

逆向物流的外包模式是生产企业通过协议等形式，将其回流产品回收处理中的部分或者全部业务，交由专门从事逆向物流服务的企业。企业将逆向物流外包，可以减少企业在逆向物流设施和人力资源方面的投资，将巨大的固定成本转变为可变成本，降低逆向物流管理的成本；由于外包服务的专业化运作，可以提供更高的服务质量；此外，逆向物流外包之后，企业可以将集中精力在自己的核心业务上，更利于提高企业的竞争实力。

逆向物流的发展

1990年开始,美国一些大型连锁零售商仿照正向物流管理中的商品调配中心模式,采用逆向思维,分区域设立"返品中心"集中处理返品业务。其中,沃尔玛公司设立了10家,凯玛特公司拥有4家,其他较大的连锁零售商也都有自己的返品中心。目前,美国通过返品中心处理的返品已占总数的六成以上,集约化处理已成为逆向物流管理的主导方式。

返品中心的主要功能包括:

(1) 接收系统内各零售店的所有返品;

(2) 对返品进行甄别,并进行相关处理,如整修后重新销售,降价批发销售;向生产厂家退货,作慈善捐赠用,作废品利用及无利用价值等;

(3) 对返品涉及的资金往来进行统一结算;

(4) 对各厂家、各销售店、各类商品的返品状况及产生原因、返品的变动趋势等信息进行统计分析,并及时向总部提交相关报告。

返品中心提高了逆向物流的流通效率,降低了流通成本,加速返品资金的回流。由于采用了集中配送、返品票据统一处理、发掘废弃商品残值等方式,逆向物流管理每年可为商家降低销售总成本0.1%～0.3%,沃尔玛通过逆向物流管理每年平均节约资金7.3亿多美元;还能大大减轻零售店和生产厂家的工作量,充分利用零售店卖场空间;同时也有利于企业掌握相关商业动态。

由于大型零售公司的脚步逐渐向边缘地区拓展,有些零售店的布局相对分散,出于经济效益的考虑,一些大型零售公司委托第三方物流公司承担逆向物流管理业务,这些公司也由此逐步发展成以逆向物流管理为主的专业化公司。专业化逆向物流管理企业的出现,使逆向物流管理的科学化、集约化程度上升到一个新的高度。这些新型逆向物流管理企业的特点是:

(1) 同时为多个商家和厂家提供返品处理服务,使得逆向物流管理的规模化效应更加突出,如吉门股份有限公司(Genco)同时为在某一地区内处于竞争关系的沃尔玛、凯玛特等多家零售商提供服务。

(2) 专业分工更细,集约化与效率化程度更高。这些专业逆向物流管理公司下派生出专业的逆向物流经纪人公司、返品运输公司、返品仓储公司、返品整修公司、残次品销售公司和填埋无价值返品公司等,分别承担返品处理业务的不同环节。

(3) 采用更完善的专业管理技术,以最大限度回收返品的经济价值,如Road Runner公司采取智能标签加快退货过程的信息处理。

这些专业化的逆向物流管理公司代表逆向物流管理的未来和方向,它们的出现引起了日本、欧洲等零售商业发达国家的重视。对于我国企业而言,学习借鉴先进的逆向物流管理理念和技术,提高逆向物流管理水平,同样具有积极意义。

复习思考题

1. 企业物流模式有哪几种？如何进行物流模式的选择？
2. 说明物流组织形式的演进过程。
3. 何谓采购活动的"5R"原则？
4. 试述生产物流管理的发展趋势。
5. 销售物流合理化有哪些表现形式？
6. 何谓逆向物流？有何特点？

第10章 物流发展

学习目标

了解电子商务物流、智慧物流、冷链物流、精益物流和绿色物流五种典型的物流形式，掌握几种典型物流产生的背景、内涵、特点以及未来的发展趋势。

案例导入

顺丰优选的冷链物流

2013年5月26日，顺丰推出优选生鲜食品业务，通过全程冷链配送确保生鲜食品的品质，力求把最优质的食品以最快的速度配送至消费者手中。生鲜食品一直占据顺丰优选品类第一的位置，冷链物流也是其着力打造的方向。位于北京顺义区的顺丰优选冷链仓库占地近1万平方米，可满足-60℃至30℃的"冷冻、冷藏、常温"及"恒温恒湿"储存需求。食品高质量速运主要得益于顺丰的物流配送优势，使得头天下单，第二天即可送达用户。

网购生鲜类产品作为一种时尚生活方式，被越来越多的年轻人认识并青睐。2013年5月30日，顺丰在京城十大地铁站派送1.3吨直采荔枝"妃子笑"，这是继速运生鲜食品后的第二大动作。端午节来临之际，顺丰优选了全国各种口味的粽子。快递起家，并且在运送速度上占尽优势的顺丰速运，可谓赢在了起跑线上。

2013年9月9日起，顺丰优选开通常温商品配送的城市从9个扩展到了37个，生鲜商品配送城市从2个扩展到11个。据了解，顺丰优选将辐射华东、华南地区的仓库分别选在嘉兴和广州，这与其优越的地理位置密不可分。新仓库与北京仓库一样分为5个库区，包括常温区（0℃~30℃）、冷藏区（-9℃~8℃）、冷藏区（8℃~10℃）、冷冻区（-18℃）、恒温恒湿区（15℃~18℃），并配有60℃冷冻柜。跨度达90℃的温控区间，可满足全品类食品的存储要求。据相关人士称，顺丰现配备了140多辆可控温度的运输车，并且一直严格按照冷链要求执行。

未来，顺丰优选在坚持大规模引进海外直采和国内直采商品的同时，采购政策也会因地制宜进行调整，将适当采取就近购买的原则，以确保商品新鲜度及快速周转，降低运输和库存损耗。在蔬菜采购上也与大型有机蔬菜、绿色蔬菜基地合作，实行产地直供，24小时送达用户餐桌。

> 顺丰优选的负责人说，冷链配送业务是快递行业下一个增长点，目前这块业务的增速在100%以上。他认为，顺丰切入冷链市场的选择和时机是正确的，但要守住市场却难，因为冷链配送的技术、人才极其匮乏，投资规模庞大，若没有清晰的战略目标，终究会失败。
>
> 思考：什么是冷链物流？冷链物流对企业，如电商企业或者第三方物流企业具有哪些战略价值？

10.1 电子商务物流

随着全球经济化进程的加快，企业面临着更加激烈的竞争环境，资源在全球范围内的流动和配置大大加强，世界各国更加重视物流对本国经济发展、民生素质和军事实力提升的影响，更加重视物流的现代化，使现代物流呈现出一系列新趋势。

电子商务的发展，尤其是网络购物的爆发式增长，大大促进了电子商务物流服务业的发展，使其成为社会商品流通的重要渠道。

10.1.1 电子商务物流的概述

电子商务物流又称网上物流，是基于互联网技术，旨在创造新的物流行业发展的新商业模式。电子商务是物流企业应用电子化手段，实现物流商务运作的过程。物流电子商务化包括物流运输、仓储、配送等各业务流程中组织方式、交易方式、服务方式的电子化。电子商务物流中信息交流不仅是现实物流的信息反应，更主要的是通过信息的分析、判断进行决策，并控制现实物流运行的物流电子化指挥系统。电子商务物流充分运用了以信息技术为代表的现代科技手段，适应了现代社会对物流速度、安全、可靠、低费用的需求，是未来现代物流的主要发展方向。

10.1.2 电子商务物流的特点

电子商务时代的来临，给物流带来了新的发展，也使传统物流具备了一系列的新特点。

1. 信息化

电子商务时代，物流信息化是电子商务的必然要求。物流信息化表现为物流信息的商品化、物流信息收集的数据库化和代码化、物流信息处理的电子化和计算机化、物流信息传递的标准化和实时化、物流信息存储的数字化等。因此，条码技术、数据库技术、电子订货系统、电子数据交换、快速反应及有效的客户反应、企业资源计划等技术与观念在物流中将会得到普遍应用。信息化是一切的基础，没有信息化，任何先进的技术设备都不可能应用于物流领域，信息技术及计算机技术在物流中的应用将会彻底改变世界物流的面貌。

2. 自动化

自动化的基础是信息化，核心是机电一体化，外在表现是无人化，效果是省力化，自动化可以扩大物流作业能力、提高劳动生产率、减少物流作业的差错等。物流自动化的设施非常多，如条码、语音、射频自动识别系统、自动分拣系统、自动存取系统、自动导向车、货物自动跟踪系统等。这些设施在发达国家已普遍用于物流作业流程中，而在我国由于物流业起步晚，发展水平低，自动化技术的普及还需要相当长的时间。

3. 智能化

智能化的电子商务物流管理系统可以模拟现实，发出指令，实施决策，根据物流过程的特点采用对应管理手段，真正实现电子商务物流管理柔性化和智能化。物流的智能化已成为电子商务物流发展的一个显著特点。

4. 柔性化

20 世纪 90 年代，国际生产领域纷纷推出弹性制造系统、计算机集成制造系统、制造资源系统、企业资源计划，以及供应链管理的概念和技术，这些概念和技术的实质是要将生产、流通进行集成，根据需求端的需求组织生产，安排物流活动。因此，柔性化的物流正是适应生产、流通与消费需求而发展起来的一种新型物流模式，要求物流配送中心要根据消费需求多品种、小批量、多批次、短周期的特色，灵活组织和实施物流作业。

5. 增值化

物流是供应链的组成部分，供应链是一条物流链、信息链、资金链、增值链，物流在供应链上因加工、包装、运输、配送等活动增加了产品的价值，供应链是物流的充分延伸，是产品与信息从原材料到消费者之间的增值服务。

6. 全球化

电子商务的发展加速了经济全球化的进程，国际交往越来越频繁，国际贸易量与日俱增，必然推动物流业向跨国经营和全球化迈进，国际物流、国际供应已是不可阻挡的经济大潮，物流全球化已成为一种必然趋势。

10.1.3 电子商务物流的主要模式

电子商务物流模式主要以市场为导向，以满足顾客要求为宗旨，以获取系统总效益最优的适应现代社会经济发展的模式。

1. 自营物流模式

企业自身经营物流，称为自营物流。由于中国物流公司大多由传统的储运公司转变而来，还不能满足电子商务的物流需求，因此，很多企业借助自身开展电子商务的经验开展物流业务，即电子商务企业自身经营物流。

自营物流，从配送中心到运输队伍，全部由电商企业自己整体建设，这是完全不同于外包的物流模式，它将企业大量的资金用于物流队伍、运输车队、仓储体系建设。典型企业如京东商城、苏宁电器等，通过自营物流改变了过于注重平台运营而轻视物流配送的状况，将较多的资金和精力转投物流体系建设，希望凭借物流方面的优势加大在电商业务上的竞争力。

通过建设自营物流，企业对物流环节有较强的控制能力，易于与其他环节密切配合，全力服务该企业的运营管理，使企业的供应链保持协调、简洁与稳定。此外，自营物流能够保证供货的准确性和及时性，保证顾客服务的质量，维护了企业和顾客间的长期关系。但自营物流所需的投入非常大，建成后对规模的要求很高，否则将会长期处于不盈利的境地。此外，自营物流需要较强的物流管理能力，建成之后需要工作人员具有专业化的物流管理能力。

2. 物流外包模式

物流外包模式是电子商务企业做自己最擅长的，如平台、数据，而把物流外包给专业的第三方企业，最终是把公司做小，把客户群体做大。

国内电商物流中的物流外包模式，即电商企业着重管理业务数据、物流信息等，把配送环节全部外包，这是传统电商企业的运作模式，实现归核化和服务外包。

物流外包模式减轻了电商企业在物流体系建设方面的资金压力，但对与其合作的第三方依赖度很高，如果第三方的服务出现问题，势必连累电商企业。统计数据显示，第三方物流的投诉率是电商企业自建物流的12倍，因此，这种合作模式需要电商企业具备较高的合作风险管控能力。

3. 半外包模式

相对于自营物流模式的复杂和庞大，半外包是比较经济且相对可控的模式，它也被称为半一体化模式，即电商企业自建物流中心和掌控核心区域物流队伍，而将非核心区域物流业务进行外包。

半外包模式仍需要电商企业投入大量资金进行物流体系建设。虽然这对做好顾客的物流服务有较高的保障，但需要电商企业投入较多的资金和精力，以及具备较丰富的物流管理经验，实际上存在很大的经营风险。

4. 云物流模式

云物流模式指充分利用分散、不均的物流资源，通过某种体系、标准和平台进行整合，打造为我所用、节约资源的物流模式，相关概念还有云快递、云仓储。

从理论上讲，云物流模式实现了"三化"：一是社会化，快递公司、派送点、代送点等成千上万的终端都可以调用；二是节约化，众多社会资源集中共享一个云物流平台，实现规模效应；三是标准化，改变物流行业散、乱现状，建立统一的管理平台，规范服务的各个环节。

云物流模式利用订单聚合的能力推动物流体系的整合，包括信息整合、能力整合。但目前的问题在于，云物流只提供了一个信息交换的平台，解决了供给能力的调配问题，但不能从根本上改变行业配送能力的整合问题、服务质量问题、物流成本及物流效率的控制问题。如何整合和管理好云资源，也是云计算、云制造面临的共同问题。

10.1.4 电子商务物流的业务流程

电子商务体系中，整个供应链由供应商、制造商、物流中心和用户组成，它们通过互联网共享需求信息。供应商根据用户的订单提供原材料，经过制造商生产、加工、包装等一系列作业，将产品汇集到物流中心，物流中心按用户的订单将商品送到用户手中。这样，物流中心就成为企业和供应商对用户的唯一供应通道。可见，在电子商务环境中，物流中心的作用越来越突出。

1. 制造企业的物流业务流程

①各批发商根据实际情况预测产品的品种、数量,通过互联网向供应商下订单。
②企业销售部门收到订单后,待供货情况核实后签订供货合同。
③销售部门将签订的订单合同通知生产部门,让其先查询库存情况,如有存货立即安排供货;若无库存则及时组织原材料,安排生产,保证及时供货。
④如需采购原材料,采购部门按生产部门提供的采购计划,通过互联网向供货商确定采购原材料计划。
⑤原材料供应商通过互联网确认并向采购部门发出供货通知。
⑥采购部门验收后,办理相关支付手续,准备接货。
⑦原材料供货商开始供货,并提供相关供货单据、发票,企业收到供货后验收入库。
⑧生产部门组织生产,并通过互联网将生产产品信息反馈给销售部门和用户,并办理相关支付手续,准备发货。
⑨销售部门开始供货,并提出相关的供货单据、发票,用户收货验收。

2. 流通企业的物流业务流程

现代物流企业一般由物流业务管理部门和仓储中心组成,其作业包括以下流程。

(1) 采购作业流程

物流业务管理部门根据用户要求及库存情况,通过电子商务中心向供应商发出采购订单,在互联网确认、物流业务管理部门确认后,通过互联网向供应商和仓储中心发出供货信息,供应商向仓储中心发货,同时,仓储中心根据商品的情况安排收货。

(2) 销售作业过程

销售作业过程是用户通过网络向业务管理部门发出采购订单,双方确认后,业务管理部门向仓储中心发出配送通知,仓储中心根据发货的种类和数量向用户发出配送通知,确定配送时间、配送产品及数量,同时按时将货物连同单据送达用户。

(3) 仓储中心作业流程

仓储中心由业务管理部门管理,主要承担库存管理和接发货任务。当仓储中心收到供应商的货单和货物后,通过条码扫描仪进行验收确认后对货物进行进一步处理,属于直接发货的则根据业务受理发出的供货通知向用户发货;属于存放的货物则通过自动分拣输送系统,进入自动化仓库储存。

10.2 智慧物流

10.2.1 智慧物流的概念

智慧物流是将先进的物联网技术、大数据技术、传感技术、控制技术及人工智能技术等有效集成并应用于物流活动的各个环节和主体,是具有感知和学习能力的高效物流系统。

2009 年,IBM 中国研究院提出了智慧物流的构想,认为智慧物流首先是以智慧供应链为基础,即建立一个面向未来的具有先进、互联和智能三大特征的供应链,通过感应器、射频识别技术标签、GPS 和其他设备及系统生成实时信息的智慧供应链。与智能物流强调构建一个虚拟的物流动态信息化的互联网管理体系不同,智慧物流更重视将物联网、传感网与现有互联网整合,通过精细、动态、科学的管理,实现物流的自动化、可视化、可控化、智能化、网络化,从而提高资源利用率和生产力水平。

10.2.2 智慧物流的发展现状

1. 利好政策推动智慧物流快速发展

2016 年 4 月发布的《国务院办公厅关于深入实施"互联网+流通"行动计划的意见》,要求鼓励发展共享经济新模式,激发市场主体创业创新活力,鼓励包容企业利用互联网平台优化社会闲置资源配置,扩大社会灵活就业规模。

2016 年 6 月,国家发改委发布了《营造良好市场环境推动交通物流融合发展实施方案》,推行物流全程"一单制",推进单证票据标准化,以整箱、整车等标准化货物单元为重点,制定推行企业互认的单证标准,形成包含货单基本信息的唯一电子身份,实现电子标签码在物流全链条、全环节互通互认以及赋码信息实时更新和共享。

2016 年 7 月,国家发改委在《"互联网+"高效物流实施意见》中提出,发展目标是要使"先进信息技术在物流领域广泛应用,仓储、运输、配送等环节智能化水平显著提升,物流组织方式不断优化创新;基于互联网的物流新技术、新模式、新业态成为行业发展新动力,与'互联网+'高效物流发展相适应的行业管理政策体系基本建立;形成以互联网为依托,开放共享、合作共赢、高效便捷、绿色安全的智慧物流生态体系,物流效率效益大幅提高"。

2016 年 7 月,交通运输部在《综合运输服务"十三五"发展规划》中,提出适应智能制造的需要,推进智慧物流服务,统筹规划制造业集聚区配套物流服务体系,引导物流企业完善智能货运与物流系统,促进物流业与制造业相关标准对接、资源交互、信息共享。

2016 年 8 月,国家邮政局在《推进快递业绿色包装工作实施方案》中明确,快递业包装要实现"低污染、低消耗、低排放、高效能、高效率、高效益"的绿色发展总体目标,快递业电子运单使用率年均提高 5%,到 2020 年,符合标准要求的环保箱、环保袋和环保胶带使用率大幅上升,基本淘汰有毒有害物质超标的包装物料,基本建成社会化的快件包装物回收体系。

2016 年 9 月,国家发改委出台《物流业降本增效专项行动方案(2016—2018)年》,提出鼓励信息平台创新发股。发挥物流信息平台在优化合物流资源、促进信息互联互通、提高物流组织化程度中的重要作用,扶持运输配载、跟踪追溯、库存监控等各类专业化、特色化的物流信息平台创新发展,提供追踪溯源、数据分析、担保结算、融资保险、信用评价等增值服务。推动物流信息平台与供应链上下游企业系统对接,增强协同运作能力。同时,加强大数据、云计算等技术应用,探索"商贸+互联网+物流"融合发展新模式,增强物流协同服务能力,提升物流服务质量和效率,降低实体商贸企业的物流成本。

2017 年 2 月,商务部在《商贸物流发展"十三五"规划》中,提出深入实施"互联网+"高效物流行动,推广应用物联网、云计算、大数据、人工智能、机器人、无线射频识别等先进技术，促进从上游供应商到下游销售商的全流程信息共享，提高供应链精益化管理水平。顺应流通全渠道变革和平台经济发展趋势，探索发展与生产制造、商贸流通、信贷金融等产业协调联动的智慧物流生态体系。

2017年2月，国家邮政局在《快递业"十三五"发展规划》中，提出加强移动互联网、物联网、大数据、云计算、虚拟现实、人工智能等现代信息技术在企业管理、市场服务和行业监管中的应用。加大数据信息集成应用，推动实现业务平台一体化，作业采用先进适用技术和装备，推进机器人、无人机、无人车研发和应用。加快大数据及云平台等基础设施建设，推动信息应用向"邮政云""快递云"平台迁移。推广数据分单、数据派单等技术应用，提高生产效能。鼓励快递企业采用先进及技术和设备，推进机器人、无人机、无人车研发和应用。

2. 发展规模扩大

近年来，我国智慧物流保持较快的发展速度，2019年，中国智慧物流市场规模4 872亿元，同比增长22.55%。智慧物流作为新一代物流产业与信息技术产业集成发展的重要组成部分，促进了物联网概念的落地，利用互联网电子科技实现了不同物品之间信息交换与通信的便利性，对实现资源配置效率和管理效能的提升具有重要意义。

我国智慧物流产业虽然刚兴起不久，但实际发展情况良好，从最早的TMS等软件，到最近的物流园区信息交易大厅系统、同城配、区域配、干线网、落地配、仓配一体化等，以及物流信息的在线展示、交易、运营的发展均十分迅速，市场占有率持续上升，一些大中型城市已经具备货主自动提货、订单自动计算发货等的物流模式。

3. 物流供应链管理与规划能力更强

智慧物流概念下，管理系统之间的联网在很大程度上外化为物联网，在现代互联网技术覆盖下的物流环节，以物连接物比以人连接物的方式更节省资源，也可以充分应用信息，形成大数据集成，对提升目前的物流效率，加速商品周转和降低企业在物流成本方面的投资等都具有显著的意义。智慧物流对货品的价值及其处在供应链上的对应环节进行了精确的分配和研究，即结合价值和成本要素进行了完善物流供应链的规划。传统的物流供应链较少考虑货品对应的价值，在物流流转的过程中经常造成损失，而物联网应用高科技传感器、控制器等有效地实现了信息化及远程管理、智能管理，对货品信息、出入库时间、运输路径规划等具有良好的管理能力，可以保证在完成运输的同时加速物流价值链的构建，使物流更具效率和价值。

智慧物流可以对企业日常产品流量、订单数量、成本投入规模等进行分析，根据价值和成本考虑供应链建设与价值链等链条的相互作用，这是实现现代物流企业管理要素中不可忽视的环节。

4. 优化了货物上下游配置的环节

传统物流行业对货物的出入库往往需要统一的调配手续，否则频繁的货物进出对仓储货品的管理与安全保护十分不利。而应用物联网技术后，每件物品都有其专属的输出渠道，可在综合考虑现实需求环境之后加强需求方与供货方的信息沟通，能在一定程度上减弱仓库出入货模式的僵化，做到货品按需配置。货品有效配置，是实现良好的供应链管理的第一步，也更容易保证物流的时效，激发更大的市场前景。

10.2.3 智慧物流未来趋势

智慧物流是党中央提出的"十三五"时期五大发展理念在物流领域的实践。创新、协调、绿色、开放、共享在物流新技术、新模式、新业态、新服务上体现得淋漓尽致。近几年，智慧物流创新亮点凸显，诸多企业形成了百花齐放的良好局面。

1. 协同创新和资源共享

(1) 许多企业在战略联盟和跨界合作领域进行诸多探索

菜鸟网络联合多家快递企业成立"菜鸟联盟"，运用大数据赋能合作伙伴，为消费者提供当日达、次日达等高效的快递服务，目前当日达、次日达服务已覆盖超过1 000个区县；"互联网+"物流平台联合互联网金融企业，上线物流供应链金融产品，从销售端向生产端延伸，从物流业向金融业拓展，通过大数据算法，打通了存货与销售的授信，真正实现全链路覆盖的金融解决方案；中国铁路总公司与海尔集团战略合作，开通海尔电器特需专列。在货运市场，加盟模式快速推进，德邦物流加盟事业部签约合伙人突破5 000家，互联网平台型公司卡行天下加盟网点超过1万家。

(2) "互联网+"高效物流助力模式不断创新

互联网去中心化、自组织和个性化的运作方式，重构了商业模式、组织方式以及企业与客户的关系。"互联网+"高效物流重构了物流行业的生态体系和业务流程，推动一批新的商业模式和业态产生及发展。

"互联网+"智能仓储。目前，快递多采用"单点发全国"的模式，包裹平均运距大于1 000千米（买家和卖家之间的干线运输距离）。智能分仓利用大数据技术预测未来销售，可以把货物预先安排到离消费者最近的仓库，从而大大缩短了运距。例如，菜鸟驿站构建的全国智能骨干网络，可使绝大多数包裹的运距缩短至500千米之内。菜鸟驿站仓内实施仓配一体化，为商家提供仓储与配送的一条龙服务，物流订单生成后，货物可以从仓内直接分拣、包装并交给合作企业配送，大大提高了物流链路的整体效率。

"互联网+"高效运输。2014年以来，我国货运市场上出现了一批"互联网+"物流的创新性模式，如"互联网+"车货匹配、"互联网+"甩挂运输、"互联网+"专业物流等，涌现出了一批像运满满、货车帮、罗计物流、卡行天下等高效运输企业。

"互联网+"便捷配送。一批专注于城市配送的平台型企业，如日日顺、速派得、云鸟配送等，纷纷搭建城市货物运输平台，利用信息技术创新共同配送模式；美团外卖、百度外卖、饿了么等企业的外卖即时配送模式，已成为城市配送的重要组成部分。

"互联网+"末端基础设施共享。共建共享城市末端节点逐步成为行业发展趋势。以菜鸟驿站为例，作为城镇社区和大学校园物流配送"最后一公里"的末端节点，驿站通过与大学、社区服务站、便利店、商超、物业等既有社会资源合作，开展代收代存包裹业务，一方面有效缓解了"最后一公里"的效率和成本问题，另一方面还改变了快递包裹末端配送服务杂、乱、差的局面。

(3) 多式联运促进资源集约利用

多式联运作为一种集约高效的现代化运输组织模式，在"一带一路"倡议的布局实施过程中，迎来了加速发展的重要机遇。当前，我国已经初步形成具有一定规模的集装箱铁水联运网络，铁水联运量 2015 年增长到 237 万标箱，年均增长 10% 以上，帮助运输企业降低干线运输成本 15%~30%。

试点推广成效显著。示范企业主动拥抱"互联网+"，开发建设集装箱海铁联运、公铁联运等物流信息系统，加强与上下游企业和海关、海事等部门的信息互联，为多式联运相关方提供开放式、一站式多式联运信息服务，实现在站场设施、运力调配、货源汇集、通关查验等方面的信息共享。

装备技术不断进步。转运装备技术及信息技术促进多式联运快速发展。部分企业应用快速转运装备技术，充分利用无线射频、物联网等先进信息技术，建立智能转运系统，大大提高多式联运换装转运的自动化作业水平。

(4) 无车承运人推动货运行业转型升级

2016 年 9 月 1 日，交通运输部办公厅发布关于推进改革试点加快无车承运物流创新发展的意见。意见提出，目前，我国无车承运人的发展尚处于起步探索阶段，在许可准入、运营监管、诚信考核、税收征管等环节的制度规范还有待探索完善。通过开展试点工作，逐步调整完善无车承运人管理的法规制度和标准规范，创新管理方式，推动实现"线上资源合理配置、线下物流高效运行"，对于推进物流业供给侧结构性改革，促进物流行业"降本增效"，提升综合运输服务品质，打造创新创业平台，培育新的经济增长点，全面支撑经济社会发展具有重要意义。10 月，交通运输部启动我国第一批道路货运无车承运人试点企业申报工作。随着信息技术与物流活动深度融合，未来无车承运人依托移动互联网对零散运力和货源的整合成为可能，通过信息平台，车辆平均等货时间将大幅缩短，空驶率将大幅降低。

2. 业务数据化和业务数据化

(1) 一切业务数据化

一切业务数据化体现了物流信息的可跟踪可追溯，把供应链的每个环节信息转化为数据，将这些数据打通实现在线化。

第一，物流数据标准化基础产品——电子面单。电子面单是一种数字面单，反映了快递物流企业在数据采集、录入、传输等基础领域的数据化程度。2014 年 5 月，菜鸟电子面单正式上线，电子面单采用"$N-1-N$"的模式，即前端对接 N 个商家、后端对接 N 家快递公司，菜鸟驿站作为居中的"1"为前后端提供技术支持服务。快递企业使用电子面单后，减少了成本，提升了派送效率，降低了出错风险，提高了绿色环保水平。根据快递企业用户反馈的数据测算，使用电子面单后，中转环节错分率平均降低了 40%，每年节约纸张消耗费用约 12 亿元。

第二，物流业务在线化的重要指标——物流云。目前，物流行业采用云计算比例还不高。但从 2016 年开始，接入物流云的企业数量在快速上升，韵达、天天快递等已全面接入物流云。

第三，物流业务大数据化的关键指标——物流详情数据完备率。物流企业在揽收点、配送点、中转点等静态网点的数据回传完整度，综合反映了行业智能手持终端的普及率、信息系统建设能力以及数据对接协同能力。根据统计，2016 年电商物流数据详情完整率已超过 80%，这意味着电商物流行业的物流静态数据化程度已经达到较高水平，在揽收、配送、中转等关键环节，数据基本做到了可采集、可录入、可传输、可分析、可视化。

(2) 一切数据业务化

一切数据业务化是通过大数据产品开发，把大数据应用到具体业务的过程，通过大数据产品赋能物流各个环节，从而实现提高效率和降低成本。

传统物流公司分拨中心流水线上会有大量的分拣员，他们需要看包裹上的地址信息，确定包裹下一站到达哪个网点，这个过程至少需要 3~5 秒。菜鸟驿站开发的"智能路由分单"，对海量地址进行分析，实现包裹跟网点的精准匹配，准确率在 98% 以上，分拣用时下降到每单 1~2 秒，仓库分拣效率普遍提高 50% 以上。目前，中通、圆通等越来越多的快递公司纷纷开始使用智能路由分单。

此外，为了更充分地利用包装箱内的空间，企业通过测算各类商品的体积数据和包装箱尺寸，开发出智能打包算法技术，合理安排箱型和提供摆放方案。相比人工判断，每件包装平均可节省 5% 以上的耗材，以 2016 年"双十一" 6.57 亿包裹来计算，一天能节省 3 000 万个包装箱，相当于少砍伐 10 万棵树木。

3. 人工智能和万物互联

（1）人工智能和自动化促进物流企业转型升级

近年来，货物跟踪定位、无线射频识别、电子数据交换、可视化技术、机器人技术、移动信息服务和位置服务等一批新兴技术在物流行业得到广泛应用。可以预见，物流智能化设备的应用有望在一定程度上缓解"用工荒""用工贵"等难题。

目前，越来越多的仓库采用大型自动化流水线和智能机器人，自动化流水线改变了传统作业模式，把"人找货"变成"货找人"，不但提高了作业效率，还减少了人工投入，提高了一线人员的工作效率。据计算，采用手动作业的拣货员日均行走里程超过 10 千米，而借助自动化流水线，同样的拣货数量一天行走里程仅 1 千米左右。

各大公司纷纷加强对物流未来科技的研发投入。如仓内智能搬运机器人可以自动驮着拣货车前往指定货架，360° 运行的缓存机器人可以瞬间从 500 个箱位中准确找到包裹，播种机器人可以通过真空吸盘把货品投入消费者的快递箱。申通义乌分拨中心试验 350 个机器人在 2 000 米的仓库同时作业，1 小时可分拣 18 000 个快件。苏宁物流积极开发全自动仓储系统，使用智能仓储机器人，充分利用仓储信息，优化订单管理，大幅提高仓储作业机械化、自动化、信息化和数据化水平。

此外，企业将无人机应用于物流园区安防巡检，通过实时处理巡检过程中无人机回传的监控视频，对园区车辆违章行驶、人员违规行为、物品遗撒等异常事件进行识别和报警，可以第一时间通知园区值班人员快速处理异常事件，不仅降低了巡检成本，还大大提升了巡检效率。

（2）物联网技术促进物流过程透明化

一是车辆调度。通过在运输车辆上安装全球定位系统以及附属信息采集设备，可以采集车况、路况、周边环境、实时天气等信息，自动上传到调度中心，通过智能化调度系统对车辆进行调度优化。

二是货物追溯。通过在货物托盘上加装标签，货车增加门磁开关、卫星定位系统和视频系统，可对货物进行远程视频追溯。

三是全程冷链。对车厢内进行温度感知，实现运输全过程温度可采集，保障冷链物流不断"链"。

四是驾驶安全。实时获取车辆速度、位置、驾驶室环境信息,对货车驾驶员超速、超载、疲劳驾驶等行为进行监控,易发事故路段及时提醒,保障驾驶安全。

五是供应链协同。通过物联网技术及时传递供应链上下游企业物流信息,打通信息壁垒,实现供应链高效协同,避免因库存过高、装卸等待时间过长导致的供应链低效。

4. 节能减排和绿色发展

(1) 甩挂运输降低单位运输能耗

甩挂运输是一种高效、集约、环保的干线运输组织模式,在提高运输效率、降低物流成本、促进节能减排等方面优势明显,是道路货运产业升级的重要途径。

(2) 新能源物流车辆助力城市配送

中国在巴黎会议上承诺将于 2030 年左右使二氧化碳排放达到峰值,并争取尽早实现单位国内生产总值二氧化碳排放比 2005 年下降 60%~65%,非化石能源占一次能源消费比重达到 20% 左右,森林蓄积量比 2005 年增加 45 亿立方米左右。

近年来,工信部发布了 1~6 批《新能源汽车推广应用推荐车型目录》,在第四批目录中,新能源乘用车型共 27 款,占比 6%;新能源客车共有 53 家企业的 268 款产品,占比 59%;新能源专用车共有 47 家企业的 158 款产品,占比总数的 35%,创下新高。在第五批目录中,共有 309 款新能源车入选,新能源专用车有 91 款,占比 29.45%,其中,纯电动专用车以纯电动物流车为主,达 79 款,占新能源专用车的 87%。在第六批目录中,共有 201 款新能源车入选,其中,纯电动专用车有 57 款,占比 28.4%,纯电动物流车共 46 款,占新能源专用车的 80.7%。

在新能源物流车辆运营创新方面,荷兰阿姆斯特丹和德国柏林的新能源物流车辆城市配送创新项目颇具特色。由于新能源物流车辆噪声水平低,货物的运输时间可以扩展到非高峰时段以及夜晚,从而避开交通运输的高峰时段,同时降低二氧化碳及其他污染物的排放。因此,阿姆斯特丹在城市周边建立了城市物流配送中转站,规定要进入阿姆斯特丹的货物,传统运输工具进入中转站之后,再用新能源物流车辆送至市中心;柏林也致力于利用新能源物流车辆的优势,创立新能源物流车辆城市配送,发挥电动商用车辆在城市中的运输潜力。此模式充分利用了新能源物流车辆的优势,在很大程度上降低了城市配送的压力。

(3) 绿色包材减少环境污染

随着快递业务量的快速增长,对绿色包装的关注也越来越高。绿色环保可持续、减量化、可循环,已成为快递包装行业的发展趋势。2016 年 8 月,国家邮政局出台《推进快递业绿色包装工作实施方案》,提出了"低污染、低消耗、低排放,高效能、高效率、高效益"的绿色发展要求。

行业领军企业也积极展开行动。2016 年 6 月,菜鸟网络联合国内外 32 家物流合作伙伴成立菜鸟绿色联盟,宣布启动绿色行动计划,包含绿色配送、绿色包裹、绿色智能、绿色回收四个方面,并明确提出了量化目标:到 2020 年,争取行业总体碳排放量减少 362 万吨,50% 的电商包裹包材替换为绿色包材。为此,菜鸟网络联合产学研等各方力量,开发了全生物降解塑料包材、免胶带纸箱,并联合淘宝推出绿色包裹专区,号召更多商家使用绿色包材;同时,菜鸟联合天猫企业购平台开设绿色包材专区,为环保包材生产商和电商卖家建立供需通道。另外,菜鸟网络在高校菜鸟驿站开始设立"绿色行动包材回收区",

计划在 1 000 所高校实现纸箱循环利用，推广绿色包材使用。

2017 年 1 月，申通快递的江浙沪皖各网点及转运中心互流件全面使用环保袋。新环保袋包装无污染、可循环使用，节约编织袋成本 40% 左右，环保袋内置芯片拥有定位跟踪功能，能够准确定位袋子最终所在位置，可实现实时扫描和在线查询等功能。

2017 年 3 月 17 日，中国首个物流环保公益基金——菜鸟绿色联盟公益基金在北京成立。该基金是由菜鸟网络、阿里巴巴公益基金会、中华环境保护基金会发起，并联合圆通、中通、申通、韵达、百世、天天六家快递公司，共同出资成立，基金计划投入 3 亿元人民币，用于开展绿色物流、绿色消费、绿色供应链等方面的研究、倡导和推动行动，专注解决日趋严重的物流业污染问题，推动快递包装创新改良，促进快递车辆使用清洁能源，引导运用大数据技术减少资源浪费，保护生态环境。

10.3 冷链物流

近年来，随着生活水平的逐步提高和生活方式的不断转变，人们对冷冻冷藏及生鲜食品的需求大幅度上涨。初级农产品、速冻食品、包装熟食以及奶制品等产量和流通量逐年增加，相关的冷链物流运作受到越来越多的关注。同时，人们的食品安全意识、食品质量意识进一步提高，全社会对生鲜食品的安全和品质提出了更高的要求，因此，以冷冻冷藏、生鲜食品和药品为主要服务内容的冷链物流，在现代经济社会中扮演越来越重要的角色。

10.3.1 冷链物流的概念

根据《冷链物流分类与基本要求》（GB/T 28577—2012），冷链物流是指以冷冻工艺为基础、制冷技术为手段，使冷链物品从生产、流通、销售到消费者的各个环节中始终处于规定的温度环境下，以保证冷链物品质量，减少冷链物品损耗的物流活动。

冷链物流适用的物品通常包括以下几种。

①初级农产品，如蔬菜、水果、肉、禽、蛋、水产品、花卉产品等。

②加工食品，如速冻食品，禽、肉、水产等包装熟食，冰淇淋和奶制品，快餐原料。

③特殊商品，如药品、生物供体、血液。

冷链物流全过程质量管理应遵循以下原则。

"3C" 原则——冷却（Chilling）、清洁（Clean）、小心（Care），即要使产品尽快进入所要求的低温状态；保证产品的清洁，不受污染；在操作的全过程中要小心谨慎，避免产品受任何损害。

"3P" 原则——原料（Products）、加工工艺（Processing）、包装（Package），即要求加工原料一定要用品质新鲜、不受污染的产品；采用合理的加工工艺；成品具有健康卫生规范又不污染环境的包装。

"3T" 原则——产品最终质量取决于冷链的储藏与流通的时间（Time）、温度（Temperature）、产品耐藏性或容许变质量（Tolerance）。

"3Q" 条件——冷链中设备的数量（Quantity）协调、设备的质量（Quality）标准一致,以及快速的(Quick)作业组织。

"3M"条件——保鲜工具与手段(Means)、保鲜方法(Methods)和管理措施(Management)。

10.3.2 冷链物流的构成

冷链物流由冷藏加工、控温储藏、冷藏运输、冷藏销售四个方面构成。

1. 冷藏加工

冷藏加工包括肉禽类、鱼类和蛋类的冷却与冻结,以及在低温状态下的加工作业过程,也包括果蔬的预冷,以及各种速冻食品和奶制品的低温加工等。这一环节主要涉及的冷链装备是冷却、冻结装置和速冻装置。

2. 控温储藏

控温储藏包括食品的冷却储藏和冻结储藏,以及水果蔬菜等食品的气调贮藏,生化制品、疫苗及血液制品的冷藏和冷冻。此环节主要涉及各类冷藏库、加工间、冷藏柜、冻结柜及冰箱等。

3. 冷藏运输

冷藏运输包括商品的中、长途运输及短途配送等物流环节的低温状态。它主要涉及铁路冷藏车、冷藏汽车、冷藏船、冷藏集装箱等低温运输工具。在冷藏运输过程中,温度波动是引起食品品质下降的主要原因,所以运输工具应具有良好的性能,在保持规定低温的同时,更要保持稳定的温度。

4. 冷冻销售

冷冻销售包括各种冷链产品进入批发零售环节的冷冻储藏和销售,它由生产厂家、批发商和零售商共同完成。随着大中城市各类连锁超市的快速发展,连锁超市正在成为冷链食品的主要销售渠道,在这些零售终端中,大量使用了冷藏、冷冻陈列柜和储藏库,它们成为完整的冷链物流链中不可或缺的重要环节。

10.3.3 冷链物流的分类

根据《冷链物流分类与基本要求》(GB/T 28577—2012),冷链物流按照不同的标准分类有所不同。

1. 按温度范围划分

(1) 超低温物流

超低温物流适用温度范围在-50℃以下,如一些生化试剂和有低温保存要求的海鲜。

(2) 冷冻物流

冷冻物流适用温度范围在-18℃以下,如血液试剂、血清、血浆、红细胞、白细胞、血小板、肉类、水产品等。

(3) 冰温物流

冰温物流适用温度范围在-2℃~2℃。该温域一般保存农产品、水产品等,使其保持在刚摘取时的新鲜度。

(4) 冷藏物流

冷藏物流适用温度范围在0℃～10℃。冷藏物流适用的对象广泛，如冷冻食品、冷藏农产品、冷冻水产品、冷藏花卉、冷冻肉类、疫苗、血液、医药、含有益生菌的奶制品、巧克力等。

(5) 其他控温物流

其他控温物流适用温度范围在10℃～25℃，如一些蔬菜水果、农作物种子等。

2. 按所服务的物品对象划分

(1) 肉类冷链物流

肉类冷链物流主要为畜类、禽类等初级产品及其加工制品提供的冷链物流服务。

(2) 水产品冷链物流

水产品冷链物流主要为鱼类、甲壳类、贝壳类、海藻类等鲜品及其加工制品提供的冷链物流服务。

(3) 冷冻饮品冷链物流

冷冻饮品冷链物流主要为雪糕、食用冰块提供的冷链物流服务。

(4) 乳品冷链物流

乳品冷链物流主要为液态奶及其乳制品提供的冷链物流服务。

(5) 果蔬花卉冷链物流

果蔬花卉冷链物流主要为水果、蔬菜和花卉等鲜品及其加工制品提供的冷链物流服务。

(6) 谷物冷链物流

谷物冷链物流主要为谷物、农作物种子、饲料提供的冷链物流服务。

(7) 食品冷链物流

食品冷链物流主要为米、面类等食品提供的冷链物流服务。

(8) 药品冷链物流

药品冷链物流主要为中药材、中药饮品、中成药、化学原料及其制剂、抗生素、生化药品、放射性药品、血清、疫苗、血液制品和诊断药品等物品提供的冷链物流服务。

(9) 其他特殊物品冷链物流

其他特殊物品冷链物流主要为胶卷、定影液、化妆品、化学危险品、生化制剂、医疗器械等提供的冷链物流服务。

10.3.4　冷链物流的特点

冷链物流由于其特殊的服务对象及较高的服务要求，与一般物流相比呈现出以下特点。

1. 投资大，资产专用性高

冷链物流的货品储运需要冷库，冷库还须分为冷却间、冻结间、冷藏间、冰库和穿堂等，需要制冷系统以及冷冻柜、冷藏柜、冷库机组、制冷压缩机等制冷设备。冷库的运行需要保持在一定温度和湿度范围内，能源消耗大。在运输过程中需要专用的冷藏车，造价比较高；需要专用的冷冻保鲜的包装，如生鲜食品需要泡沫包装以及冰装等。

2. 技术性强，要求标准高

冷链物流的技术包括预冷技术、控温技术、低温运输技术，对运输和储存的货品进行质量监控的技术等，这些技术需要应用相应的信息系统和设备配合，并需要相关技术的专业人才进行操作、管理与维护。这都对冷链物流服务的技术能力提出了较高要求。冷链物流过程中所涉及的技术、学科、行业跨度很大，从生物学、微生物学到制冷科学，从食品加工工艺到生鲜食品加工中心的规划设计，从农林牧渔业到信息产业等，对工作人员知识面和技术要求高。

冷链物流从验收、入库、储存、分拣、出库、运输直至客户验收收货，由于冷冻冷藏商品对储存环境有严格的要求，就决定了冷链物流运作的高复杂性。例如，冷库要具有温湿度自动监控设备，冷藏车应具备温度自动检测设备，温度记录仪要能记录实时温度情况，冷藏车以及冷柜、冷藏箱保鲜容器等冷藏设备都要严格选择、认证与维护，同时要配备完善的信息系统以实现商品的可追溯等，这是其他物流活动所不能比拟的，充分体现了冷链物流的技术复杂性。

> **小案例**
>
> 以冷链运输新鲜的葡萄为例，不但需要硬包装还需要软包装。硬包装主要包括瓦楞纸箱、塑料箱、泡沫塑料箱、木质箱和托盘等，高度一般在15～20厘米，包装量不超过10千克，其功能是起支撑作用。软包装包括单穗包装、保鲜袋和运输用多孔保鲜袋等，其作用是保湿、气调和方便销售。

3. 时效性强，需较高的组织协调性

一方面，在冷链物流过程中要保证商品不发生腐败变质，否则将会给企业带来巨大损失；另一方面，冷链物流的时效性还体现在运输的及时性上。冷链物流的运输对象，如农产品、食品以及生物制剂、血液制品等，往往有效期较短，而在采用冷藏冷冻车进行运输时，必须严格遵守运输的时限要求。

> **小案例**
>
> 云南是我国有名的花卉大省。在鲜花的养育和加工生产方面有得天独厚的优势。但目前云南的鲜花加工普遍在切花上，对于鲜花类食品的加工比较少。据了解，玫瑰花之类的鲜花在加工成食品前，需要在采摘之后直接进入冷库或者冷藏车，以最短的时间运输至工厂进行加工，一般不会超过8小时，最短的时间是3小时，力求保障玫瑰花原料的良好品质。

总之，冷链物流的储存、加工包装、配送、流通等条件均与一般常温物流存在很大差异，所需配合的运送车辆及仓储设备也非常昂贵，需要大量的资金投入在冷冻、冷藏保温设备及周边配套设施上。此外，低温冷冻链体系的建立，除了冷藏、冷冻储存库的设备外，更要有良好的管理及作业规范，才能维护低温食品的质量。可见，冷链物流是一个对资金、管理和技术都要求很高的产业。

10.4 精益物流

10.4.1 精益物流的概念

精益物流是起源于日本丰田汽车公司的一种物流管理思想,其核心是追求消灭包括库存在内的一切浪费,并围绕此目标发展一系列具体方法。它是从精益生产的理念中蜕变而来的,是精益思想在物流管理中的应用。

《物流术语》(GB/T 18354—2021)对精益物流的定义为:"消除物流过程中的无效和非增值作业,用尽量少的投入满足客户需求,并获得高效率、高效益的物流活动。"

作为即时制管理的发展,精益物流通过消除生产和供应过程中的非增值浪费,以减少备货时间,提高客户满意度。精益物流来源于精益思想,是物流活动的一种新型方式,它符合物流发展的一般规律,其内涵如下。

①以客户需求为中心。要从客户的立场,而不是仅从企业的立场,或一个功能系统的立场来确定什么创造价值、什么不创造价值。

②对价值链中的产品设计、制造和订货等的每一个环节进行分析,找出不能提供增值的浪费环节。

③根据不间断、不迂回、不倒流、不等待和不出废品的原则制订创造价值流的方案。

④及时创造仅由顾客驱动的价值。

⑤一旦发现有造成浪费的环节就及时消除。

10.4.2 精益物流的特点

1. 以客户需求为中心

在精益物流系统中,顾客需求是驱动生产的源动力,是价值流的出发点。当顾客没有发出需求指令时,上游的任何部分不提供服务;而当顾客需求指令发出后,则快速提供服务。系统的生产通过顾客需求拉动。

2. 准时

在精益物流系统中,电子信息流保证信息流动的迅速、准确,还可有效减少冗余信息,减少作业环节,消除操作延迟,这使得物流服务具有高质量的特性。

货品在流通中顺畅,有节奏地流动是物流系统的目标,而保证货品顺畅流动的关键是准时。准时包括物品在流动中的各个环节按计划按时完成,包括交货、运输、中转、分拣、配送等。准时也是保证物流系统整体优化方案得以实现的必要条件。

3. 降低成本

降低成本、提高效率是精益物流的宗旨,以需定产,充分合理发挥优势和实力;通过电子化的信息流,进行快速反应、准时化生产,从而消除诸如设施设备空耗、人员冗余、操作延迟和资源等浪费问题,保证其物流服务的低成本。

4. 快速

精益物流系统的快速包括两方面，一是物流系统对客户需求的反应速度，二是货品在流通过程中的速度。

物流系统对客户个性需求的反应速度取决于系统的功能和流程，当客户提出需求时，系统应能对客户的需求进行快速识别、分类，并制定出与客户要求相适应的物流方案。客户历史信息的统计、积累有助于系统快速制订物流服务方案。

货品在物流链中的快速性包括货物停留的节点最少，流通所经路径最短，仓储时间合理，并达到整体物流的快速。速度是影响成本和价值的重要因素，也是竞争的强有力手段，快速的物流系统是实现货品在流通中增价的重要保证。

5. 系统集成

精益系统由资源、信息和能够使企业实现精益效益的决策规则组成。具有能够提供物流服务的基本资源是建立精益物流系统的基本前提，在此基础上需要对这些资源进行最佳配置，如设施设备共享、信息共享、利益共享等，旨在充分地调动优势和实力，合理利用资源，消除浪费，以最经济合理的方案为客户提供优质服务。

6. 信息化

高质量的物流服务有赖于信息化。物流服务是一个复杂的系统项目，涉及大量繁杂的信息。电子信息便于传递，使得信息流动迅速、准确，保证物流服务的准时和高效；电子信息便于存贮和统计，有效减少冗余信息传递，减少作业环节，降低人力浪费。

10.4.3 精益物流的实施

1. 企业系统的精益化

企业系统的精益化包括组织结构、系统资源、信息网络、业务系统、服务内容及对象的精益化，不断地完善与鼓励创新。

实现企业系统的精益化，第一，要利用精细化思想改变制约企业变革的组织结构，实现扁平化管理。在组织结构简化的基础上进行资源整合与重组，以便把劣势变为优势，参与市场竞争。第二，通过建设精益化的信息网络系统带动精益物流的发展，对当前企业的业务流程进行重组与改造，删除不合理的因素，使之适应精益物流的要求。第三，选择适合本企业体系及设施的对象及商品，提升企业核心竞争力。第四，建立一种鼓励创新的机制，形成一种鼓励创新的氛围，在不断完善的基础上实现跨越式的提高。在物流过程中，人的因素发挥着决定性的作用，任何先进的物流设施、物流系统都要由人来完成，物流形式的差异、客户个性化和物流高质量发展要求也必然需要物流人员具有不断创新的精神。

2. 精益物流服务的提供

精益物流服务的提供要以客户需求为中心，提供准时、快速、低成本及增值服务。

精益物流作为一种全新的管理思想，将对我国的物流企业产生深远的影响，将改变企业粗放式的管理观念，使企业尽快适应经济全球化，保持并提升核心竞争力。

10.5 绿色物流

10.5.1 绿色物流产生背景

20世纪，人类社会采用了大量生产、大量消费、大量废弃的经济模式与生活方式，这造成了全球性的环境与资源问题。其中，物流活动带来的环境污染，已经引起社会的广泛关注，各种因素要求物流走绿色发展的道路。

1. 人类环境保护意识的觉醒

随着世界经济的不断发展，人类的生存环境不断恶化，主要表现为环境污染、能源危机、资源枯竭、臭氧层空洞扩大、生态系统失衡等。20世纪60年代以来，人类的环境保护意识觉醒，开始关心和重视环境问题，绿色消费在世界各国兴起，消费者不仅关心自身的安全和健康，更加关注地球环境的保护与改善，拒绝接受不利于环境保护的产品、服务及相应的消费方式。与此同时，绿色和平运动在世界范围内展开，对激励人们的环保热情、推动绿色物流的发展，发挥了重要的作用。

2. 经济全球化潮流的推动

1993年，国际标准化组织制定了环境管理领域的国际标准，即ISO 14000。ISO 14000成为众多企业进入国际市场的通行证。其两个基本思想是预防污染和持续改进，它要求建立环境管理体系，使其经营活动、产品和服务的每一个环节对环境的影响最小化。ISO 14000不仅适用于第一、二产业，也适用于第三产业，更适用于物流业。物流企业要想在国际市场上占一席之地，发展绿色物流是其必然选择。

3. 各国政府和国际组织的倡导

绿色物流的发展与政府行为密切相关。凡是绿色物流发展较快的国家，都得益于政府的积极倡导。各国政府在推动绿色物流发展主要起三个方面作用：一是追加投入以促进环保事业的发展；二是组织力量监督环保工作的开展；三是制定专门政策和法令引导企业的环保行为。

环保事业是关系人类生存与发展的伟大事业，国际组织为此做出了极大的努力并取得了显著成效。1992年，第27届联合国大会决议通过将每年的6月5日作为世界环境日，每年的世界环境日都有专门的活动主题，以推动世界环境保护工作。联合国环境署、世贸组织环境委员会等国际组织召开了许多环保方面的国际会议，签订了系列环保方面的国际公约与协定，在一定程度上为绿色物流的发展铺平了道路。

4. 现代物流业可持续发展的需要

可持续发展指既满足当代人的需要，又不损害后代人的利益，又能保证子孙后代发展的要求。1987年世界环境与发展委员会发表的《我们共同的未来》研究报告提出，当代对资源的开发和利用必须有利于下一代环境的维护及其资源的持续利用，因此，为了实现长期、持续发展，就必须采取各种措施保护自然环境。这种经济上的可持续发展思想同样适用于物流管理活动。现代绿色物流管理正是依据可持续发展理论，形成物流与环境之间相辅相成的推动和制约关系，进而促进现代物流的发展，达到环境保护的目的。

10.5.2 绿色物流的概念

《物流术语》（GB/T 18354—2021）对绿色物流的定义为："通过充分利用物流资源、采用先进的物流技术，合理规划和实施运输、储存、装卸、搬运、包装、流通加工、配送、信息处理等物流活动，降低物流活动对环境影响的过程。"

绿色物流以经济学一般原理为基础，建立在可持续发展理论、生态经济学理论、生态伦理学理论、外部成本内部化理论和物流绩效评估的基础上。同时，绿色物流也是一种能抑制环境污染，减少资源消耗，利用先进的物流技术规划和实施运输、仓储、装卸搬运、流通加工、包装、配送等作业流程的物流活动。

绿色物流具体包括以下四个方面。

（1）集约资源

这是绿色物流的本质，也是物流业发展的主要指导思想之一。通过整合现有资源，优化资源配置，提高资源利用率，减少资源浪费。

（2）绿色运输

运输过程中的燃油消耗和尾气排放是物流活动造成环境污染的主要原因。因此，要打造绿色物流，首先要对运输线路进行合理布局与规划，通过缩短运输路线，提高车辆装载率等措施，实现节能减排的目标。此外，还要注重对运输车辆的养护，使用清洁燃料，减少能耗及尾气排放。

（3）绿色仓储

绿色仓储一方面要求仓库选址要合理，有利于节约运输成本；另一方面要求仓储布局要科学，实现仓储面积利用的最大化，减少仓储成本。

（4）绿色包装

包装是物流活动的一个重要环节，绿色包装可以提高包装材料的回收利用率，有效控制资源消耗，避免环境污染。

10.5.3 绿色物流的特征

与传统的物流相比，绿色物流在理论基础、行为主体、活动范围及其目标四个方面都有个性化的特点。

绿色物流的理论基础更广，包括可持续发展理论、生态经济学理论、生态伦理学理论、外部成本内部化理等。

绿色物流的行为主体更多，它不仅包括专业的物流企业、产品供应链上的制造企业和分销企业，还包括不同级别的政府和物流行政主管部门等。

绿色物流的活动范围更宽，它不仅包括商品生产的绿色化，还包括物流作业环节和物流管理全过程的绿色化。

绿色物流的最终目标是可持续性发展，实现该目标的准则不仅仅是经济利益，还包括社会利益和环境利益，并实现这些利益的统一。

10.5.4 绿色物流的实施

1. 树立绿色物流观念

观念是一定生产力水平、生活水平和思想素质的反映,是人们活动的指南。由于长期的低生产力,人们更多地考虑温饱等低层次问题,往往为眼前利益忽视长远利益,为个体利益忽视社会利益,企业因这种非理性需求展开掠夺式经营,忽视长远利益和生态利益及社会利益,进而导致来自大自然的警告。人们开始意识到:一切经济活动都离不开大自然,取之于大自然,复归于大自然。相应的循环经济或绿色经济应运而生,引起人们经济行为的变化,甚至社会经济结构的转变,一系列新的市场制度和经济法规,迫使企业降低环境成本,而采用绿色技术,进行绿色生产、绿色营销及绿色物流等经济活动。因此,企业经营者必须尽快提高认识和转变观念,绝不能存在"环保不经济,绿色要花费"的思想,把绿色物流作为世界全方位绿色革命的重要组成部分,面向绿色物流的未来。

2. 推行绿色物流经营发展

物流企业要从保护环境的角度制定绿色经营管理策略,以推动绿色物流进一步发展。

(1) 选择绿色运输

通过有效利用车辆,提高配送效率,如合理规划网点及配送中心、优化配送路线、实施共同配送、提高往返载货率、改变运输方式、使用绿色工具等。

(2) 提倡绿色包装

包装不仅能保护商品,也是商品进入市场的通行证。绿色包装要醒目、环保,还应符合"4R"要求,即少耗材(Reduction)、可再用(Reuse)、可回收(Reclaim)和可再循环(Recycle)。

(3) 开展绿色流通加工

由分散加工转向专业集中加工,以规模作业方式提高资源利用率,减少环境污染;集中处理流通加工中产生的边角废料,减少废弃物污染等。

(4) 搜集和管理绿色信息

物流不仅是商品空间的转移,也包括相关信息的搜集、整理、储存和利用。

3. 开发绿色物流技术

绿色物流不仅依赖绿色物流观念的树立、绿色物流经营的推行,更离不开绿色物流技术的应用和开发。没有先进物流技术的发展,就没有现代物流的立身之地。

4. 制定绿色物流法规

绿色物流是经济可持续发展的一个重要组成部分,它对人类生活质量的不断提高具有重要意义。正因如此,绿色物流的实施不仅是企业的事情。

10.6 物流发展趋势

现代物流是伴随社会化大生产进程产生和发展的,随着科学技术的进步、贸易范围的扩大,其功能也在不断拓展、服务领域不断延伸,因此,现代物流的发展呈现出一体化、网络化、智能化、专业化、社会化、国际化等趋势，这些趋势大多数也呈现于许多其他产业的发展轨迹之上。

现代物流业存在于国民经济体系之中，但又具有区别于其他产业门类的产业特性，它是一个复合产业，依附于其他产业，具有明显的外部性等，这些产业特性必然使物流业的发展有个性化的独特趋势。随着产业环境、服务对象以及产业自身的发展变化，现代物流呈现出许多新的发展趋势。

10.6.1 产业布局：新的物流中心伴随产业转移而兴起

现代物流这一先进的管理模式起源于经济较为发达的地区，随着地区产业规模的扩大、分工的细化，要求物资在生产、流通和消费环节之间更为顺畅地流转。在需求的刺激下，现代物流逐渐发展、成熟，一些大型物流中心也在这些地区逐渐形成。

但是，产业聚集也使这些地区的土地、原材料、劳动力等生产成本不断上升，资源约束问题日益凸显，迫使对原材料、劳动力投入量较大的制造业从这些地区转移到经济相对欠发达、有大量廉价原材料和劳动力的地区。

但是，制造业物流量巨大，对物流服务需求旺盛，因此，产业的转移必然引起物流中心的转移。海运是国际物流最主要的方式，20 世纪 90 年代以前，全球大型港口主要集中于欧洲和北美，但随着劳动力密集型产业向发展中国家转移，当前全球最繁忙的集装箱港和远洋班轮航线集中在亚洲和太平洋地区，这些地区以港口为核心，整合其他运输方式，拓展各种物流服务功能，成为新兴的国际物流中心，并通过国际航线的延伸和信息的交汇构筑了覆盖全球的物流网络。

发达国家转移出来的产业首先落户于发展中国家区位条件相对较好、物流环境相对完善的地区，而这些地区会因为承接了转移产业而使经济发展加速，同时其本地产业也依靠外来资金和技术的注入迅速成长。因此，发展中国家经济发达地区产业达到饱和状态所经历的时间一般比发达国家短，由此也加速了产业二次转移的进程，即从发展中国家的经济发达地区转向相对落后地区，伴随产业的二次转移，新的物流中心又会在承接产业二次转移的地区兴起。

10.6.2 产业分工：物流产业由水平分工转向垂直分工

物流业是一个复合产业，在运输、仓储、包装、加工等多个传统产业的基础上整合发展而成。传统物流产业内部分工一般是水平横向式，即按照功能进行划分，而物流供应商也是运输、仓储、配送、装卸公司等具有单一功能的传统物流企业。但随着现代物流的发展，整合各种物流服务功能的现代物流服务模式应运而生，并且逐渐取代了传统物流服务模式的主体地位。物流服务主体也由功能单一的运输、仓储等传统物流企业，发展为具备运输、仓储、配送、加工等多种服务功能的综合物流企业，物流产业水平分工的界限变得越来越模糊。

与此同时，物流需求的时间与空间跨度不断扩大，促使物流网络不断延伸，物流服务范围不断拓展，"门到门"、JIT 等物流服务要求不断提高物流服务的专业化水平和运作精度。在这一背景下，很少有物流供应商能够在构建覆盖全球物流网络的同时，又在所有网点建立综合各种功能的物流服务企业。因此，物流产业通过垂直分工整合和完善系统，建构国际物流区域的垂直层次结构。如今，许多跨国物流集团与当地物流企业联合建立这种垂直纵向分工关系，即大集团设置覆盖全球的物流网络，许多物流节点全部或部分采用当地物流企业。这种垂直产业分工模式既降低了大集团开辟新市场的门槛和风险，也充分利用了当地资源，拓展了小企业的生存空间，是双赢之举，有利于物流产业的健康发展。

10.6.3 运营模式：物流管理与设施"软""硬"分离

最原始的物流形态是企业自办物流，即生产和销售企业自己拥有运输工具、仓库堆场、装卸机械等物流设施设备，且这些设施一般只为本企业服务。随着物流业的发展，出现了企业间的联合配送，之后又出现第三方物流，物流开始走向社会化及产业化，物流服务供应商与服务对象逐渐分离。但由于第三方物流企业一般拥有一定数量的物流硬件设施设备，因此，这个阶段物流产业还维持着硬件设施与软件管理一体化的状态。

现代物流的进一步发展产生了第四方、第五方物流，即专门提供物流方案和进行物流人才培训的企业或机构，不依托或者不完全依托物流硬件设施设备的物流服务提供者或参与者在产业内开始涌现，且其市场份额在逐渐扩大。

物流产业内"软"的管理和设计与"硬"的设施和设备相分离，使产业分工更加明晰，提高服务的专业化程度和服务水平，加速市场发育和产业升级，这一发展趋势在未来会更加明显。

10.6.4 产业驱动力：物流的经济效益与社会环境效益趋于一致

在传统发展模式下，物流产业对资源占用、能源消耗只需付出极低的代价，对环境污染的补偿十分有限，甚至无须补偿。而物流企业通过采用先进技术手段、设施设备提高物流效率和服务质量，落实节约资源及保护环境策略，企业会加大内部成本投入，使物流服务对象和全体社会成员获益。如果物流业的成本与效益独立于社会、环境系统之外，企业逐利性必然导致通过牺牲社会利益来追求自身经济效益的最大化。

现代物流理念已经意识到，物流业是一个独立地位较弱的产业，它不能独立地创造价值，而是依附于其他产业创造附加值，物流服务的提供者和接受者之间由竞争关系转变为合作关系，成为利益共同体，物流服务提供者必须充分考虑服务对象的需求和利益。此外，现代物流始终追求系统整体效益最大化，而这个系统不只局限于各个功能组成的内部系统，也包括物流连接的整个供应链系统及其所在的社会和自然环境大系统。随着绿色物流理念在全球的普及，高消耗、高污染的传统物流业发展模式将受到限制或付出高昂代价，同时，服务更好而不是价格更低的物流企业将在市场中获得更加有利的竞争地位和更加合理的回报。现代物流企业将推动产业发展模式的转变，在兼顾社会效益与经济效益的前提下，推动现代物流业健康、快速、持续发展。

阅读材料

我国物流业2020年发展回顾与2021年展望

中国物流与采购联合会 何黎明

2020年，在全面建成小康社会决胜之年和"十三五"规划收官之年，我国物流业遭遇新冠肺炎疫情严重冲击和复杂国际形势严峻挑战。全行业紧跟党中央决策部署，统筹推进抗击疫情和现代物流体系建设，取得了不同寻常的成绩。当前，根据"十四五"规划物流业需要谋划发展战略,明确发展方位,构建现代物流体系,迈向建设"物流强国"新征程。

一、积极投身伟大抗疫斗争

2020年开年伊始,一场突如其来的新冠肺炎疫情来势汹汹,党中央领导全国人民开展了一场波澜壮阔的"人民战争"。物流行业紧急行动起来,积极投身抗疫斗争中,争当"先行官",维护"生命线",为抗疫保供、复工复产做出了重要贡献。

(一)保通保畅,冲锋在前

新冠肺炎疫情暴发初期,多地"封城断路",物流运行严重受阻。中物联积极响应党中央号召,向全国物流行业发起了《关于做好新型冠状病毒肺炎防控工作的紧急倡议》。广大物流企业争当逆行者,全力驰援打赢武汉保卫战、湖北保卫战。有关部门委托中物联提供疫情防控和生活物资应急运输保障重点物流企业名单,增强应急物流运力储备。物流企业纷纷组建应急运输车队,投身一线抗疫物资保供。多家骨干物流企业开通疫情防控物资"绿色通道",航空货运企业增开抗疫物资全货机航班,一批国家物流枢纽、示范物流园区无偿开放应急仓储与中转服务,一批公路货运企业驰援雷神山医院建设,湖北物流企业协助武汉红十字会分发社会捐赠物资。全行业群策群力,为各地疫情防控物资提供物流服务,有效筑起了应急保供的"生命线"。

(二)复工复产,坚强后援

随着新冠肺炎疫情逐步得到控制,各部门及时出台一系列保通保畅政策,坚持"一断三不断",阶段性免收收费公路车辆通行费,设立应急转运中心,取消对货车通行和司机隔离的限制等政策,物流业从2月下旬开始复苏。邮政快递业率先复工复产,3月10日复工率达92.5%,货运物流企业二季度末复工率达到99.6%,陆续推出铁路"七快速"、公路"三不一优先"、水运"四优先"、航空货运"运贸对接"等措施。示范物流园区上半年基本全面复工复产,减免物流租金政策切实有效,区域物资调运配送保障供应。物流业保供保畅坚强有力,成为各行业复工复产的"先行官"。

(三)使命光荣,责任担当

行业社团组织勇担社会责任,配合有关部门带动行业加大物流保障力度,为打赢疫情防控阻击战提供坚实基础。中物联密切联系企业,积极反映保通保畅和复工复产政策要求,提出的政策建议被政府有关部门采纳;制定《新型病毒流行期间公路货运企业运营防控指南》和《骑手心理防护手册》等指南,帮助行业企业在疫情期间规范防控措施;联合200多家物流企业、行业协会及有关单位共同发起《驰援疫情防控阻击战一线卡车司机的倡议书》;组织应急物资运输需求对接与援助,搭建信息平台,完成超过万项的全国运力的调配;组织开展疫情援助捐款捐物活动,协助数千家爱心会员企业的捐赠对接落实。

各地方行业协会纷纷成立抗疫应急办公室,密切联系企业,积极配合政府,做好应急物流保障协调工作,涌现了一批先进典型工作者。招商局集团"灾急送"应急物流志愿服务队等先进集体、湖北顺丰速运有限公司分部经理汪勇等先进个人受到党中央、国务院和中央军委表彰。九州通医药集团物流有限公司等230家企业被中物联授予"全国物流行业抗疫先进企业"称号。

二、大灾之年取得新进展

2020年，我国物流业经受了前所未有的严峻挑战，取得了来之不易的不俗成绩。2020年2月中国物流业景气指数跌至历史最低点26.2%，一季度社会物流总额同比降幅超过10%。面对严峻挑战，全行业奋起追赶。二季度实现快速反弹，三季度基本转正，全年呈现快速触底反弹态势。全年实现社会物流总额超过300万亿元，同比增长约3.5%；物流业总收入超过10万亿元，同比增长约2.2%；全社会物流总费用与GDP比率为14.7%，与上年基本持平，物流市场运行基本恢复到正常水平。12月中国物流业景气指数为56.9%，继续保持高位运行，公路物流、仓储、快递物流、电商物流等各项指数均处于扩张区间，物流业的强大韧性，为我国经济运行率先由负转正做出了重要贡献。

（一）民生物流产业物流呈现新亮点

内需驱动的民生物流成为疫情下增长亮点，助力强大国内市场发展。无接触配送、社区电商物流、统仓统配，共同化、多频次的物流模式适应消费即时化、个性化、多样化的需求转变。电商快递、冷链物流、即时配送等民生物流领域经受疫情考验仍保持较快增长。2020年全年单位与居民物品总额同比增长约13.2%，超过社会物流总额增速近10个百分点。2020年全年全国快递业务量超过800亿件，同比增长30%以上。冷链物流市场规模超过3 800亿元，同比增长10%以上，冷链需求总量约2.65亿吨。疫情下全球对中国商品的需求上升，12月进出口3.2万亿元，创下单月最高纪录。工业品物流需求稳步增长，全年工业品物流总额同比增长约2.8%，其中，高技术制造、装备制造等中高端制造物流需求全面回升，增速超过10%。制造业服务化提速，带动制造业物流一体化、精益化、集成化发展，支撑实体经济稳定向好。进口物流需求增势良好，原油、钢材、农产品、机电产品等重要原材料和零部件保持较快增长，大宗商品物流全力保供，有力保障生产供应和国内经济正常运转。

（二）国际物流保障能力开辟新路径

受贸易摩擦和新冠肺炎疫情冲击，国际供应链断链风险增加。疫情初期，国际客运飞机停飞，腹仓资源大幅缩减，国际航空货运短板凸显，严重影响国家防疫物资运输保供。随着新冠肺炎疫情在全球蔓延，境外港口压港严重，舱位紧张和空箱不足导致价格大幅上扬。党中央国务院及时决断，保产业链供应链稳定被纳入"六保"工作，交通运输部等部门共建国际物流工作专班，畅通国际物流大通道。航空货运全货机加开国际航线，中欧班列逆势增长。2020年全年国际航线全货机起飞超过3万架次，中欧班列开行超过1.2万列，同比增速均超过50%。航空货运枢纽、中欧班列集结中心、海外仓获得政策支持，快递物流企业加大航空货运枢纽规划建设，五地获批铁路集结中心，海外仓超过1 800个，有力支撑产业链供应链安全稳定。

（三）物流企业分化调整显现新格局

受2020年年初新冠肺炎疫情影响，部分中小微物流企业因抗风险能力不足，生存困难甚至退出市场。一批骨干物流企业迎难而上，市场集中度有所提升。截至2020年年底，全国A级物流企业达到6 882家，其中规模型5A级企业367家。50强物流企业物流业务收入合计1.1万亿元，占物流业总收入的10.5%，进入门槛提高到37.1亿元，比2019年增加4.5亿元。首批网络货运平台企业和供应链服务企业评估工作启动，星级冷链物流、星级车队逐步形成规模。电商快递、零担快运、合同物流、航空货运、国际航运、港口物流等细分市场集中度有所加强，涌现出一批规模型骨干物流企业。企业间开展多种形式的联盟合作、重组整合共御疫情风险，一批物流企业上市发展。传统物流企业逐步从物流提供商向物流整合商和供应链服务商转变，物流核心竞争力显著增强。

（四）数字化转型智能化改造迈开新步伐

新冠肺炎疫情加速行业数字化转型。2020年全年实物商品网上零售额增长14.8%，比上年提高4.2个百分点，占社会消费品零售总额首超四分之一。传统企业积极向网上转移，带动传统物流发展方式向线上线下融合转变，全程数字化、在线化和可视化渐成趋势。头部物流企业加大智能化改造力度，物流机器人、无人机、无人仓、无人配送、无人驾驶卡车、无人码头等无人化物流模式走在世界前列。连接人、车、货、场的物流互联网正在加速形成，物流数据助力企业"上云用数赋智"（即云服务支持、大数据融合运用、智能化改造）。网络货运日均运单量13万单，车货匹配向承运经营转变。运力服务、装备租赁、能源管理、融资服务等互联网平台服务中小物流企业，助推中小企业数字化转型。物流业作为现代信息技术应用场景最多的服务业，迎来数字化转型的加速期。

（五）现代供应链创新应用取得新进展

国际贸易摩擦和全球新冠肺炎疫情，对供应链弹性和柔性化提出更高要求。全球产业格局深化调整，现代供应链出现短链、内生、协同、智能新局面。一些发达国家推动制造业回流计划，倒逼国内制造业向中高端延伸，提升配套能力。中间投入产品转向国内生产，缩短产业链供应链长度。国内市场消费能力提升，推动本土市场替代国际市场成为主要目标市场之一，产业链供应链靠近市场提升响应速度。供应链核心企业带动产业链上下游协同发展，与物流、采购、金融等服务业深化融合，助力模式创新和价值增值，拓展产业链供应链深度。数字供应链加快发展，现代信息技术广泛应用，结合智能制造实现大规模定制，提升产业链供应链运行速度。现代供应链试点城市及企业创新驱动，供应链金融规范发展，在抗击疫情阻击战中发挥重要作用。中国物流与采购联合会首批A级供应链服务企业出炉，引导供应链内部管理向供应链外部服务转变，创新企业增长新范式。

（六）物流基础设施建设引入"新基建"

传统物流基础设施和物流新基建投入保持高位运行。2020年全年预计完成交通固定资产投资3.4万亿元，预计全年投产铁路营业里程4 585千米，新改（扩）建高速公路约1.3万千米，智能快递箱超40万组。针对疫情防控暴露出来的物流短板，首批17个国家骨干冷链物流基地建设名单发布，农产品仓储保鲜冷链物流设施得到支持，国家冷链物流网络开始搭建。第三批示范物流园区工作组织开展，铁路专用线建设得到政策支持。国家物流枢纽再添新成员，第二批22个国家物流枢纽建设名单发布。国家物流枢纽联盟组建运行，45家枢纽运营主体单位加入。智慧物流基础设施建设发力，智慧物流园区、智慧港口、智能仓储基地、数字仓库等一批新基建投入，促进"通道+枢纽+网络"的物流基础设施网络体系加快布局建设。

（七）行业基础工作得到提高

物流标准化工作有新突破。自2003年9月全国物流标准化技术委员会建立以来，已制定发布国家标准77项、行业标准57项、团体标准23项，国际标准推进取得实质性突破。教育培训工作有新提升。目前，全国已有 698 个本科物流专业点和 2 000 多个中高职物流专业点，五年培养物流毕业生近 80 万人。全国已有 60 万人参加了物流、采购等职业能力等级培训与认证，高素质物流人才队伍成长壮大。统计信息工作有新成绩。自 2004 年 10 月物流统计制度建立以来，已形成中国及全球制造业采购经理指数（PMI）、社会物流统计、物流业景气指数、公路运价指数、仓储指数、电商指数、快递指数等指数系列。

（八）行业营商环境展现新风貌

面对新冠肺炎疫情冲击，党中央、国务院建立联防联控机制，各部门及时推出一系列保通保畅、援企稳岗、复工复产政策，助力物流企业纾困解难，轻装上阵。新冠肺炎疫情暴发带动电子政务、数字监管发力，各类政务服务网上办、在线办，便民利民。国务院办公厅转发国家发展改革委、交通运输部提出的 24 条降低物流成本的政策措施，继续推动降低各项物流成本。安全、环保、技术等政策措施和标准规范陆续出台，引导强化行业合规发展，环保治理、超限超载、非法改装、货车通行等政策措施出台，努力营造公平竞争的物流市场环境。

总体来看，2020 年我国物流业经受了严峻考验，顶住了冲击挑战，取得了不凡业绩。但是，我们也要清醒地认识到，物流发展不平衡不充分不协调问题依然存在，物流业整体发展水平和应对不确定因素的能力有待提高，国际物流、应急物流、绿色物流等方面尚有短板，运行规模和质量方面表现为大而不强，与人民群众日益增长的美好生活需要和经济高质量发展的要求还有一定差距，由物流大国向物流强国转变任重道远。

三、新阶段物流业发展新方位

2021 年是"十四五"规划的开局之年，也是全面建设社会主义现代化国家新征程的起步之年。"十四五"时期，我国物流业发展仍将处于重要战略机遇期，但机遇和挑战都有新的发展变化。需要我们精准把握新发展阶段、认真贯彻新发展理念、支撑构建新发展格局，明确现代物流发展新方位。

把握新发展阶段，物流业在国民经济中的产业地位将进一步提升。《中共中央关于制定国民经济和社会发展第十四个五年规划和二〇三五年远景目标的建议》对物流发展、供应链创新高度重视，明确提出构建现代物流体系。现代物流"十四五"规划即将出台，现代物流体系建设加紧谋划、科学布局，物流业在国民经济中的基础性、战略性、先导性作用将进一步巩固提升。

贯彻新发展理念，物流业高质量发展将聚焦提质降本增效。实现更高质量、更有效率、更加公平、更可持续、更为安全的发展，必须贯彻新发展理念。新发展理念将贯穿发展全过程和各领域，指导物流业转变发展方式，推动质量变革、效率变革和动力变革，探索物流高质量发展的目标要求、实现路径和保障措施，全面推进物流大国向物流强国的转变。

构建新发展格局，物流业将成为畅通国内大循环、促进国内国际双循环的战略支点。中央财经委员会第八次会议研究指出，建设现代流通体系对构建新发展格局具有重要意义，并要求培育壮大具有国际竞争力的现代物流企业。畅通国内大循环，立足扩大内需战略基点，建设完善国内物流网络，培育壮大现代物流企业，支撑现代流通体系运行，将打通产业间、区域间、城乡间物流循环，带动枢纽经济成为新增长极，促进形成强大的国内市场。促进国内国际双循环,立足国内市场,吸引全球资源要素集聚,加大国际物流补短板力度,将打通国内外物流循环,打造自主可控、安全高效的产业链供应链,协同推进强大国内市场和贸易强国建设。

未来一段时期,我国经济长期向好的基本面不会改变,物流业平稳增长的态势也不会改变。物流业发展方式、质量要求和治理能力提档升级,将全面迈入高质量发展新阶段。站在"两个一百年"奋斗目标的历史交汇点上,我们要以构建现代物流体系、建设物流强国为目标,以推动高质量发展为主题,以供给侧结构性改革为主线,认真谋划"十四五"以至2035年发展战略,高瞻远瞩把握行业趋势,脚踏实地做好当前工作,确保开好局,起好步。

(一)保障产业链供应链自主可控、安全高效

今后一段时期,全球产业链供应链将加快重构。新冠肺炎疫情暴露了国际国内供应链弹性不足、控制力偏弱的短板。供应链核心企业将更加关注解决物流等"卡脖子"环节,加强物流集中管理,寻找可替代物流解决方案,增强供应链弹性和可靠性,延伸供应链链长,提升产业链现代化水平。物流业将深度嵌入产业链供应链,助力产业链供应链稳链;增强供应链一体化服务能力,促进产业链供应链补链;创造物流服务供应链新价值,推动产业链供应链强链。自主可控的国际物流资源积累和服务能力将得到加强,提升产业链供应链国际竞争力,维护经济社会安全稳定。

(二)做强扩大内需战略支点

当前,内需已经成为并将长期成为我国经济增长的根本支撑。培育完整内需体系,将有利于激发我国超大规模市场优势,稳住经济增长基本盘。物流业作为连接生产与消费的重要环节,将成为扩大内需的战略支点。与居民生活和食品安全相关的即时物流、冷链物流、电商快递、城市配送等领域仍将保持较快增长速度;共同配送、仓配一体、逆向物流等服务模式将快速发展;配送中心、智能快递箱、前置仓、农村服务站点、海外仓等民生物流配套设施投入力度加大,消费物流服务网络和服务能力加快形成。

(三)推进物流业制造业深度融合

当前,我国作为世界第一制造大国,制造业智能化、服务化既是提升制造业质量效益的必然选择,也是构建现代产业体系的必由之路。物流业与制造业深化融合,将从简单的服务外包向供应链物流集成转变,通过内部挖掘降成本潜力,外部提升综合服务能力,增强产业链韧性;从物流与制造空间脱节向制造业与物流业集群发展转变,发挥物流枢纽集聚和辐射功能,吸引区域和全球要素资源,带动区域经济转型升级;从物流与制造资源分散向平台化智能化生态化转变,扩大企业边界,转变生产方式,优化资源配置,创造产业生态体系。工业互联网将带动物流互联网兴起,实现供应链全程在线化数据化智能化,助力智能制造创新发展,推动我国产业迈向全球价值链中高端。

(四)加速物流数字化转型

近年来,世界主要经济体正进入以数字化生产力为主要标志的全新历史阶段,我国以数字经济为代表的新动能加速孕育形成。传统物流企业数字化转型和新兴数字企业进入物流市场同步推进,物流商业模式和发展方式加快变革,拓展产业发展新空间。

现代信息技术从销售物流向生产物流、采购物流全链条渗透，将助力物流业务在线化和流程可视化，增强全链条协同管理能力。数据和算法推动物流大数据利用，传统物流企业加速数字化智能化网络化，智慧物流模式将全方位提升管理效能。依托新型基础设施，数字物流全面发展，智能化改造提速，将带动传统物流企业向云端跃迁，上下游企业互联互通，中小物流企业加快触网，构建数字驱动、协同共享的智慧物流新生态，更好实现与实体经济的融合发展。

（五）完善物流基础设施网络

中共十九大提出要加强物流基础设施网络建设，2020年政府工作报告提出重点支持"两新一重"建设，传统基础设施将加快与新型基础设施融合。我国交通与物流基础设施投入加大，但城市群、都市圈、城乡间、区域间、国内外物流网络尚未全面形成，国家物流枢纽、区域物流园区、城市配送中心和城乡末端网点对接不畅，多层次、立体化、全覆盖的物流基础设施网络还有较大发展空间。随着物流设施网络与区域经济协同发展，物流基础设施补短板和锻长板将成为重要投资方向。5G网络、人工智能、大数据、区块链等现代信息技术与物流设施融合，线上线下资源共享，互联高效、网络协同的智能物流骨干网有望形成，将成为现代化基础设施体系的重要组成部分。

（六）助力更高水平对外开放

今后一段时期，我国作为第一货物贸易大国的地位更加巩固，国内国际双向投资与世界经济深度互动，吸引国际商品和要素资源集聚，离不开全球物流服务保驾护航。国际航运、航空货运等助力打通国际大通道，中欧班列、陆海新通道等国际物流大通道将加快建设，带来更高水平、更大范围、更深层次的物流开放新局面。国际航空货运、铁路班列受疫情刺激将进入快速发展期，并逐步与国内网络实现有效衔接和双向互动。国际快递、国际航运、国际班列服务商将加速向全程供应链物流整合商转变，提供供应链一体化解决方案。具有国际竞争力的现代物流企业日益增多，将跟随国内外大型货主企业抱团出海，立足国际物流枢纽建设，加大境内外物流节点和服务网络铺设，参与国际物流规则制定，在全球物流与供应链网络中发挥更大作用。

（七）挖掘区域协同发展潜力

近年来，区域发展协调性持续增强，中西部地区经济增速持续高于东部地区，相对差距逐步缩小。新发展格局将推动我国经济发展的空间结构深度调整，促进各类生产要素合理流动和有效集聚，带动物流区域布局协同发展，物流要素区域集中化规模化趋势显现。中西部地区作为未来新型城镇化、新型工业化的主战场，物流资源将加速集中集聚，较快形成规模经济。东部地区物流设施现代化改造升级提速，物流布局与产业布局协同发展。粤港澳大湾区、"一带一路"、长三角、京津冀、长江经济带等区域发展重大战略全面推进，将带动区域物流基础设施布局优化，区域覆盖全面、功能配套完善、技术水平先进的物流基础设施建设先行，将提升区域物流服务水平，释放枢纽经济红利，打造区域经济新增长极。

（八）补齐"三农"物流短板

当前，脱贫攻坚战取得决定性成就，"三农"工作重心转向全面推进乡村振兴，重点是解决农业质量效益和竞争力不高的矛盾问题。农业和农村物流作为农业产业化的重要支撑，具有很强的发展潜力。产地物流基础设施将得到重点支持，交通、供销、邮政、快递等存量资源实现充分利用,助力农村物流服务网络建设。县域经济农业规模化发展提速,农产品深加工和存储保鲜技术发力,提升农业产业化水平。销地批发市场加快转型升级,冷链、物流、加工、交易等多种功能叠加,提升农产品服务价值。产地直销、销地直采、农超对接等多种物流模式流通环节减少,打通农产品上行通道,切实增加农民收入,有力推进乡村振兴。

(九) 实现物流绿色可持续发展

我国在第75届联合国大会上提出,力争2030年前二氧化碳排放达到峰值,努力争取2060年前实现碳中和。这一减排承诺引发国际社会热烈反响,也对持续改善环境治理提出了更高要求。物流业作为重要的移动排放源,环保治理压力将进一步加大,倒逼传统物流生产方式变革,绿色环保、清洁低碳成为发展新要求。绿色物流装备将得到全面推广,绿色包装、绿色运输、绿色仓储、绿色配送等绿色物流技术将加快普及应用。集装箱多式联运、托盘循环共用、甩挂箱运输、物流周转箱、逆向物流等绿色物流模式得到广泛支持,绿色物流质量标准将严格执行,一批绿色物流企业将加快涌现,促进经济社会全面绿色化转型。

(十) 不断优化治理营商环境

营造市场化、法治化、国际化的营商环境,是实现治理体系和治理能力现代化的内在要求。物流业营商环境将持续改善,充分激发市场主体活力。混合所有制改革在物流领域将进一步深化,探索提升做强做优做大国有物流资本。企业兼并重组和平台经济将更加规范,防范垄断和资本无序扩张。物流降本增效深入推进,放管服改革将进一步深化,数字化监管和治理兴起,跨部门协同共治将深入推进,更好发挥全国现代物流工作部际联席会议机制的作用,推动行业综合协调和机制创新。标准、统计、教育、培训、信用等行业基础工作稳步推进,行业社团组织协同治理体制将发挥更大作用,维护社会公共利益和会员正当权益,推进社会治理现代化发展,高效规范、公平竞争的物流统一大市场将加快形成。

资料来源:何黎明. 我国物流业2020年发展回顾与2021年展望 [J]. 中国流通经济. 2021 (3):3-8.

参 考 文 献

[1] 王之泰. 新编现代物流学 [M]. 4 版. 北京：首都经济贸易大学出版社，2018.
[2] [美] 小保罗·墨菲，[美] 迈克尔·克内梅耶. 物流学 [M]. 杨依依，译. 12 版. 北京：中国人民大学出版社，2019.
[3] 马士华，林勇. 供应链管理 [M]. 6 版. 北京：机械工业出版社，2020.
[4] 崔介何. 物流学概论 [M]. 5 版. 北京：北京大学出版社，2015.
[5] 赵林度. 供应链与物流管理. 北京：科学出版社，2011.
[6] 胡军，彭扬. 供应链管理理论与实务 [M]. 北京：中国物资出版社，2005.
[7] 彭扬，吴承健，彭建良. 现代物流学概论 [M]. 北京：中国财富出版社，2009.
[8] 陈子侠，蒋长兵，胡军. 供应链管理 [M]. 北京：高等教育出版社，2005.
[9] [美] 兰伯特，[美] 斯托克，[美] 埃拉姆. 物流管理 [M]. 张文龙，刘秉镰，译. 北京：电子工业出版社，2003.
[10] [美] 鲍尔索克斯，[美] 克劳斯，[美] 库珀，等. 供应链物流管理 [M]. 马士华，张慧玉，等译. 4 版. 北京：机械工业出版社，2014.
[11] 叶怀珍，李国旗. 现代物流学 [M]. 4 版. 北京：高等教育出版社，2019.
[12] 冯耕中. 现代物流与供应链管理 [M]. 西安：西安交通大学出版社，2003.
[13] 李向文. 现代物流发展战略 [M]. 北京：清华大学出版社，2010.
[14] 齐二石，方庆琯. 物流工程 [M]. 北京：机械工业出版社，2006.
[15] 彭扬，倪志伟，胡军. 物流信息系统 [M]. 北京：中国物资出版社，2006.
[16] 骆温平. 第三方物流 [M]. 3 版. 北京：高等教育出版社，2019.
[17] 彭扬，伍蓓. 物流系统优化与仿真. 北京：中国物资出版社，2007.
[18] 汝宜红，宋伯慧. 配送管理 [M]. 3 版. 北京：机械工业出版社，2016.
[19] 王卓明. 现代物流业趋势演变与系统重构 [M]. 北京：中国言实出版社，2018.
[20] 潘永刚，余少雯，张婷. 重新定义物流 [M]. 北京：中国经济出版社，2019.
[21] 李翠芝. 互联网+背景下物流活动要素管理及发展趋势研究 [M]. 北京：中国水利水电出版社，2019.
[22] 钟伟，沙颖. 物流学 [M]. 北京：清华大学出版社，2014.
[23] 王先庆. 新物流：新零售时代的供应链变革与机遇 [M]. 北京：中国经济出版社，2019.
[24] 林庆. 物流 3.0："互联网+" 开启智能物流新时代 [M]. 北京：人民邮电出版社，2017.
[25] 崔忠付. 中国物流与采购信息化优秀案例集（2017）[M]. 北京：中国财富出版社，2017.

［26］李汉卿. 大数据时代的智慧物流［M］. 北京：人民交通出版社，2018.

［27］钱芝网，孙海涛. 第三方物流运营实务［M］. 2版. 北京：电子工业出版社，2011.

［28］骆温平. 物流与供应链管理［M］. 3版. 北京：电子工业出版社，2013.

［29］宋华. 物流与供应链管理［M］. 3版. 北京：中国人民大学出版社，2017.

［30］魏学将，王猛，张庆英. 智慧物流概论［M］. 北京：机械工业出版社，2020.

［31］董千里. 物流运作管理［M］. 2版. 北京：北京大学出版社，2015.

［32］朱道立，龚国华，罗齐. 物流和供应链管理［M］. 上海：复旦大学出版社，2011.

［33］赵林度. 电子商务物流管理［M］. 北京：科学出版社，2016.